高职高专会计类精品教材系列

会计基础

主　编　苏　飏

副主编　张从容　宋慧霞
　　　　曾东明　区长英

科学出版社

北　京

内容简介

本书以培养学生的会计职业能力为目标，以企业的实际工作流程为导向，以“理实一体化、做中学”为原则，系统地介绍会计基础知识和核算方法。

本书采用项目任务式编写模式，共包括8个项目，分别是认识会计、填制和审核原始凭证、填制和审核记账凭证、设置和登记会计账簿、财产清查、期末记账、编制会计报表、账务处理程序等。每个任务都配有丰富的习题和学习资源。

本书可作为应用型本科院校、高等职业院校、成人高等学校等会计类、经济管理类专业的教学用书，也可作为会计从业者的工作参考用书。

图书在版编目（CIP）数据

会计基础/苏飏主编. —北京：科学出版社，2021.6
（高职高专会计类精品教材系列）
ISBN 978-7-03-067994-9

Ⅰ. ①会…　Ⅱ. ①苏…　Ⅲ. ①会计学-高等职业教育-教材　Ⅳ. ①F230

中国版本图书馆 CIP 数据核字（2021）第 019480 号

责任编辑：薛飞丽　王　琳 / 责任校对：马英菊
责任印制：吕春珉 / 封面设计：东方人华设计部

科学出版社 出版
北京东黄城根北街 16 号
邮政编码：100717
http://www.sciencep.com

北京市京宇印刷厂印刷

科学出版社发行　各地新华书店经销

*

2021 年 6 月第　一　版　开本：787×1092　1/16
2021 年 9 月第三次印刷　印张：16 3/4
字数：397 000

定价：48.00 元

（如有印装质量问题，我社负责调换〈北京京宇〉）
销售部电话 010-62136230　编辑部电话 010-62135763-2041

前　　言

“会计基础”是财经类专业的会计入门课程，它是会计理论的根基和技术奠基，在整个会计类课程体系中处于核心地位。通过本课程的学习，学生能够运用会计的基本理论和基本方法，分析解决企业的会计基础问题，掌握会计的基本操作技能。

本书以高职高专类新商科人才培养目标为指导，以学生职业能力逐步提升为主线，突出开放性、仿真性、实用性、创新性等教学改革的原则，案例选择体现地域和时代的特点，更切合工作实际；充分利用“互联网+”平台，让知识模块化，将技能训练融入教学任务中，使学生学起来更加灵活方便，使教师教起来更加得心应手。

本书的编写特色体现在以下几个方面。

（1）突出人才培养服务于区域经济发展的特点，响应国家对大学生创新创业的号召。本书选取的案例以当地较突出的行业产业为背景，以大学生创业加盟企业为主线，将企业资金循环的全过程融入一个月的经济业务中，以一套完整的账务贯穿整个课程体系，实现会计核算全流程的再现。

（2）采用项目任务式编写方式，本书共 8 个项目，按照对会计的认识和会计工作的流程来进行设计。项目里的每个任务由知识目标、技能目标、任务情境、知识准备、任务解析组成，脉络清晰地呈现会计核算的基本流程，使学生循序渐进地掌握会计基本原理和操作技能。

（3）加强课程思政教育的探索。每个项目均设置有会计思政案例微课堂。将会计的历史文化、会计职业道德规范、财务人员的素质要求、会计内控体系建设等内容融入其中，把思政课程与专业课程进行有机结合，达到教书同时育人的目的。

本书作为理实一体化教材，理论学时与实训学时分配建议如下表所示。

项目	名称	理论学时	实训学时
项目 1	认识会计	8	2
项目 2	填制和审核原始凭证	4	2
项目 3	填制和审核记账凭证	15	5
项目 4	设置和登记会计账簿	4	6
项目 5	财产清查	8	2
项目 6	期末记账	6	4
项目 7	编制会计报表	6	4
项目 8	账务处理程序	4	4
合计		55	29

本书由广东财贸职业学院苏飚担任主编，张从容、宋慧霞、曾东明、区长英担任副主编，佛山市三水区理工学校麦建华参与编写。编写分工如下：项目 1 和项目 8 由苏飚编写，项目 2 由区长英编写，项目 3 由宋慧霞编写，项目 4 和项目 6 由张从容编写，项

目 5 和项目 7 由曾东明编写。每个项目的会计思政案例微课堂由麦建华编写。苏飏负责全书的统稿和定稿。同时，编者非常感谢广州福思特科技有限公司的技术支持。

由于编者水平有限，书中难免存在不足之处，敬请读者批评指正。

编　者

2020 年 8 月

目　　录

项目 1

认 识 会 计

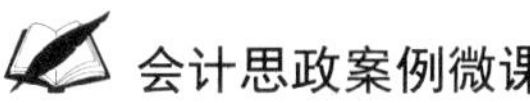

会计思政案例微课堂

晋商：汇通天下里的“会计智慧”

自明代以来，山西商帮雄踞中国商界 500 年。山西商人（简称晋商）艰苦创业，开拓进取，不仅积累了大量财富，还创造了辉煌的会计文化。1823 年，中国第一家票号——日昇昌在山西平遥诞生，中国金融业的雏形由此生成。“汇通天下”的经营理念令晋商稳居我国十大商帮之首。明清晋商发明的中式复式记账——“龙门账”（所有经济业务分为进、缴、存、该 4 类，四者关系是“进-缴=存-该”），在世界会计舞台上璀璨生辉。《中国会计报》第 204 期曾发文总结晋商会计的六大成就：最早实现所有权与经营权分离；中国股份制的鼻祖；中国期权激励制度的开拓者；中式会计四要素的缔造者；中国传统会计假设的奠基者；票号内部控制体系行之有效。明清晋商会计作为中国近代会计的典型代表，在长期的会计实践过程中，不断改进记账方法，更新记账手段，其普遍使用的“旧管+新收+开除=实在”的“四柱结算法”，与现在会计期末结账公式（期初余额+本期增加额-本期减少额=期末余额）相当。

（资料来源：朱啸波，张瑶瑶，2012．晋商：汇通天下里的“会计智慧”[N]．中国会计报，2012-10-12（5）.）

感悟：明清晋商会计为现代会计发展奠定了坚实基础。我们应该从中获得启迪，并传承其精髓。晋商对会计真善美的追求，值得每一位会计人学习和弘扬。我们要树立文化自信，深度研究会计文化，改进会计技术，提高会计审美能力。要坚信中国会计人的核心价值理念将代代相传。

任务 1.1　会计的基本认识

知识目标

1. 掌握会计的内涵和目标。
2. 熟悉会计核算的 4 个基本假设。
3. 认知会计的职能和会计核算的基础。
4. 明确会计信息的质量要求。

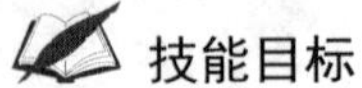

技能目标

能区分两种会计核算的基础并进行运用。

任务情境

李伟是广州某高校皮具设计专业的大学生，平时勤奋钻研专业知识，积极参与社会实践，加之他在皮具设计方面的天赋，使他在校期间取得了很多可喜的成绩。他曾代表学校多次参加国内外技能比赛并获大奖，取得多项设计专利，赚取了人生的第一桶金。广州市迪奥皮具有限公司（以下简称广州迪奥公司）主要从事皮具的生产和销售，公司高管在一次技能大赛中“慧眼识珠”，看到李伟身上具备的设计发展潜力，决定吸纳李伟为公司合伙人，共谋公司的更大发展。入职初期，公司领导派财务经理给李伟送来一份财务报表，让李伟对公司经营情况有个初步的了解，可是财务报表上密密麻麻的数字难倒了李伟，他根本看不懂这种独特的“商业语言”。通过这件事情，李伟认识到作为公司技术合伙人，在精进自身工艺技术的同时有必要掌握一定的会计知识。那么会计到底是什么呢？要想弄懂会计，必须先学习哪些基础知识呢？

知识准备

会计一词，一是指根据会计法、预算法、统计法对记账凭证、会计账簿、财务报表等进行经济核算和监督的过程，是以货币为主要计量单位，运用专门的方法，核算和监督一个单位经济活动的一种经济管理工作；二是指进行会计工作的人员。

会计作为对企事业单位经济活动进行核算、控制、监督和管理的重要手段，在经济管理和决策中发挥着重要作用。根据会计提供的各种会计信息，投资者能够更准确地了解投资回报；企业能够加强经营管理、提高经济效益，促进自身可持续发展；国家能够更有效地进行宏观调控，保证国民经济健康、有序地发展。

1．会计的内涵

会计是以货币为主要计量单位，采用一系列专门方法，对单位的经济活动进行全面、连续、系统的核算和监督，并在此基础上进行分析、预测和控制，向有关各方提供会计信息，促使单位提高经济效益的一种经济管理活动。会计的内涵涉及以下几个方面的内容。

（1）会计是经济管理的组成部分，会计的本质是一种管理活动。

（2）会计的主要特点是以货币为主要计量单位对经济活动进行统一计量，并具有一整套科学的专门方法。

（3）会计核算的范围是独立核算、自负盈亏的企业及行政、事业单位等。

（4）会计的对象是企业及行政、事业单位所发生的经济活动。

（5）会计的基本职能是核算和监督。

任何社会的经济管理活动，都离不开会计，经济越发展，管理越要加强，会计就越重要。会计是一门经济管理科学，它的理论与方法体系随着社会政治、经济和科学技术的发展及经济管理的需要而不断发展和创新。

会计的发展历程

2．会计的对象

会计对象是会计核算和监督的内容。根据会计的定义，凡是单位中以货币计量的经济活动都是会计核算和监督的内容。以货币表现的经济活动，通常又称为资金运动或价值运动。资金运动贯穿社会再生产过程的各方面，哪里有财产物资，哪里就有资金和资金运动，就有会计所要核算和监督的内容。因此，概括地说，会计对象就是社会再生产过程中的资金运动。

社会再生产过程中的资金运动，在不同的行业单位里，其表现方式各有不同。由于制造业企业生产经营比较复杂完整，下面以制造业企业为例来说明会计对象（即资金运动）的具体表现方式。制造业企业的资金运动包括资金的投入、资金的循环与周转、资金的退出3个部分。

1）资金的投入

资金的投入是企业经营活动的起点。资金投入主要有两种渠道：一种是投资者（通常称为“所有者”）投入；另一种是债权人投入。前者构成了企业的所有者权益，后者形成了企业的负债。

2）资金的循环与周转

资金的循环与周转是资金运动的主要组成部分。它包括供应、生产和销售3个环节。

（1）在供应环节，企业用筹集到的货币资金去购买材料物资并储存待用，企业的资金由货币资金形态转化为储备资金形态（即储存物资）。

（2）在生产环节，生产部门领用和耗用各种材料物资投入生产，这时储备资金又转为生产资金（主要指在产品、半成品等占用的资金）。产品生产完工后，生产资金又进一步转化为成品资金（即库存商品占用的资金）。

（3）在销售环节，企业要出售产品使库存商品减少并收回货币，此时成品资金又转为货币资金。这个过程是产品价值实现的阶段。

企业的资金随着供应、生产、销售3个环节的进行，从货币资金开始，依次转化为储备资金、生产资金、成品资金，最后又回到货币资金，这一转化过程称为资金循环。资金如此周而复始的循环就是资金周转。

3）资金的退出

资金的退出是指企业的资金不再参与生产经营过程中的循环与周转，而游离于企业资金运动之外，如偿还债务、上交税费、向投资者分配利润等。

制造业企业的资金运动如图1-1所示。

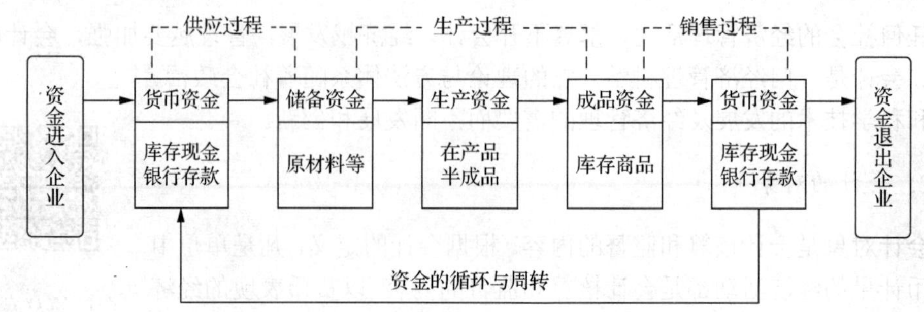

图 1-1　制造业企业的资金运动

3. 会计的职能

会计的职能是指会计在经济管理中所具有的内在功能。会计具有会计核算和会计监督两项基本职能。此外，还具有预测经营前景、参与经营决策和评价经营业绩等拓展职能，如图 1-2 所示。

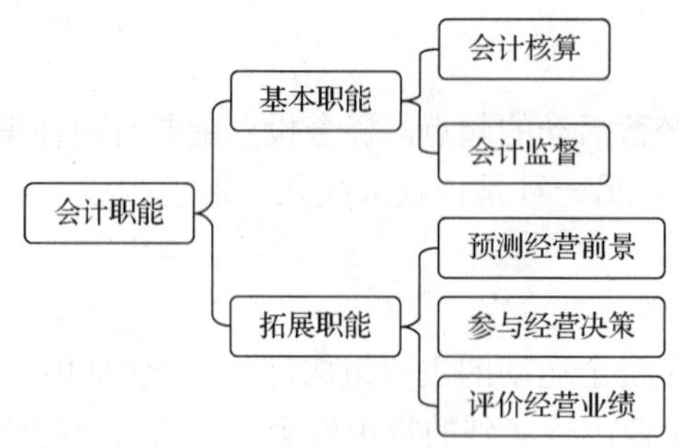

图 1-2　会计职能

1）会计的核算职能

会计的核算职能亦称会计的反映职能，是指会计以货币为主要计量单位，通过确认、计量、记录和报告等环节，反映特定主体的经济活动，向有关各方提供会计信息。

会计核算贯穿经济活动的全过程，是会计最基本的职能。

2）会计的监督职能

会计监督职能又称会计控制职能，是指对特定主体经济活动和相关会计核算的真实性、合法性和合理性进行监督检查。

会计监督贯穿会计管理活动的全过程，它分为事前监督、事中监督和事后监督。

（1）事前监督：参与编制计划和预算。

（2）事中监督：对经济活动进行合理性和合法性检查。

（3）事后监督：对照计划和预算进行检查、分析和总结。

3）会计核算与会计监督的相互联系

会计的核算职能和监督职能是紧密结合、密不可分、相辅相成的，同时又是辩证统一的。

核算职能是监督职能的基础，没有核算职能提供的信息，就不可能进行会计监督。

因为如果没有会计核算提供可靠、完整的会计资料，会计监督就没有客观依据，也就无法进行会计监督。

监督职能又是核算职能的保证，没有监督职能进行控制，提供有力的保证，就不可能提供真实可靠的会计信息，也就不能发挥会计管理的能动作用，会计核算也就失去了存在的意义。

4. 会计的目标

会计的目标是及时提供准确的信息，满足需求者了解财务状况和经营成果的需要，满足经营管理、提高经济效益的需要。

会计信息的需求者主要包括以下几种。

（1）投资者。投资者就是将资金投入企业以期获取利润的人，也就是股东。他们需要通过会计信息了解企业的经营状况和发展趋势，并做出相应的决策。

（2）债权人。债权人是将资金借给企业以期获取利息的一方，如银行等。它们需要通过会计信息了解企业的财务状况，进一步分析企业的偿债能力。

（3）企业管理者。企业管理者主要是指公司董事会、监事会、总经理及相关部门管理人员。他们需要通过会计资料分析生产的经营过程、预测经济前景、改善经营管理、提高经济效益。

（4）宏观经济管理部门。宏观经济管理部门是指财政、税务、审计、统计、证券监管部门等，它们需要了解企业的财务状况，以便进行宏观调控和决策。

5. 会计基本假设

会计基本假设又称会计核算的前提，是根据常见的和客观的情况，对会计核算所处的时间和空间环境所做的合理假定，也是企业会计确认、计量和报告的前提。会计基本假设包括会计主体、持续经营、会计分期和货币计量。

1）会计主体

会计主体又称会计实体，是指企业会计确认、计量和报告的空间范围，即会计信息所反映的特定单位或组织。

会计主体不同于法律主体（法人），法人可作为会计主体，但会计主体不一定是法人。例如，由自然人所创办的独资或合伙企业不具有法人资格，这类企业的财产和债务在法律上被视为业主或合伙人的财产和债务，但在会计核算上必须将其作为会计主体。

会计主体假设为会计人员正确判断各项交易或事项、合理选择会计处理方法和会计处理程序提供了依据。这是因为：第一，明确会计主体，才能划定会计所要处理的各项交易或事项的范围；第二，明确会计主体，才能把握会计处理的立场；第三，明确会计主体，才能将特定会计主体的经济活动与会计主体所有者的经济活动区分开来。

2）持续经营

如果说会计主体是一种空间界定，则持续经营是一种时间上的界定。持续经营是指在可以预见的未来，企业将会按当前的规模和状态继续经营下去，不会停业，也不会大规模削减业务。在可预见的未来，该会计主体不会破产清算，所持有的资产将正常营运，所负有的债务将正常偿还。

会计核算所使用的一系列会计处理方法，都建立在持续经营的基础上。例如，企业对于其拥有或控制的厂房、机器设备等固定资产，只有在持续经营假设的前提下，才可以在机器设备的使用年限内，按照其取得时的历史成本及使用情况，确定采用某一折旧方法计提折旧，将其磨损的价值分期计入成本费用。如果判定企业不会再持续经营下去，就应当改变会计核算的原则和方法。

3）会计分期

会计分期是指将一个企业持续经营的经济活动划分为一个个连续的、长短相同的期间。根据持续经营前提，企业的生产经营活动将持续不断地经营下去。为了及时获得会计信息，更好地进行会计核算和监督，需要合理地划分会计期间，即进行会计分期。会计制度规定，会计核算应当划分会计期间，以便分期结算账目和编制财务会计报告。

会计期间分为年度、半年度、季度和月度，按公历确定起讫日期。《企业会计准则——基本准则》规定我国企业的会计期间按年度划分，并以日历年度作为一个会计年度，即每年 1 月 1 日至 12 月 31 日为一个会计年度，它是最重要的会计期间。短于一个完整的会计年度的报告期间，如半年度、季度和月度等，统称为会计中期。

4）货币计量

货币计量是指会计主体在会计核算过程中采用货币作为计量单位，计量、记录和报告会计主体的生产经营活动。我国企业的会计核算以人民币为记账本位币；业务收支以外币为主的企业，可以选定其中一种货币作为记账本位币，但编制的财务会计报告应当折算为人民币。对于境外企业，向国内报送会计报表时，也应当折算为人民币。

6．会计核算的基础

会计核算的基础是指会计确认、计量和报告的基础，包括权责发生制和收付实现制。

1）权责发生制

权责发生制也称应计制或应收应付制，是指收入、费用的确认应当以收入和费用是否应计入本期作为标准，从而合理确认当期损益的一种会计基础。在我国，企业会计核算采用权责发生制。凡属本期的收入，不管其款项是否收到，都应作为本期的收入；凡属本期应当负担的费用，不管其款项是否付出，都应作为本期的费用。反之，凡不应归属本期的收入，即使款项在本期收到，也不应该作为本期的收入；凡不应归属本期的费用，即使款项已经付出，也不能作为本期的费用。

采用权责发生制的优点是可以正确反映各个会计期间所实现的收入和为实现收入所应负担的费用，从而可以把各期的收入与其相关的费用、成本相配合，加以比较，正确确定各期的财务成果。

权责发生制的缺点是实务处理烦琐。因为企业不可能在日常的会计工作中对每项业务都按权责发生制来记录，所以就需要在期末按权责发生制的要求进行账项调整。绝大多数企业采用这一基础记账。

2）收付实现制

收付实现制也称现金制，是以收到或支付现金作为确认收入和费用的标准，是与权责发生制相对应的一种会计基础。采用收付实现制，以现金收到或付出为标准来记录收入的实现或费用的发生。凡属本期收到的收入和支出的费用，不管其是否应归属本期，都作为本期的收入和费用；反之，凡本期未收到的收入和未支付的费用，即使应归属本期收入和费用，也不能作为本期的收入和费用。

采用收付实现制的优点是：会计记录直观，便于根据账簿记录来量入为出；会计处理简便，不需要对账簿记录进行期末账项调整。然而，收付实现制这种确认本期收入、费用的方法不符合配比原则的要求。

收付实现制的缺点是不能正确计算各期损益。因而，收付实现制可适用于各级人民政府的财政预算会计、行政单位会计和不实行成本核算的事业单位会计。

【例 1-1】以下是某企业 2020 年 11 月发生的部分经济业务。

（1）11 月 15 日，销售商品 100 000 元，款项于 11 月 20 日收到。

（2）11 月 18 日，销售商品 550 000 元，款项于 12 月 6 日收到。

（3）11 月 20 日，发生费用 6 000 元，款项于 12 月 8 日支付。

（4）11 月 20 日，预收货款 80 000 元，商品于 12 月 15 日发出。

（5）11 月 28 日，预付 12 月水电费 7 000 元。

请分别采用权责发生制和收付实现制确定上述经济业务中所发生的收入、费用归属期。

解析：会计核算的基础包括权责发生制和收付实现制两种，该企业发生的这些经济业务按照两种核算基础的核算情况如表 1-1 所示。

表 1-1　某企业 11 月收入、费用的确认

业务序号	权责发生制下的收入、费用归属期	收付实现制下的收入、费用归属期
（1）	11 月确认收入 100 000 元	11 月确认收入 100 000 元
（2）	11 月确认收入 550 000 元	12 月确认收入 550 000 元
（3）	11 月确认费用 6 000 元	12 月确认费用 6 000 元
（4）	12 月确认收入 80 000 元	11 月确认收入 80 000 元
（5）	12 月确认费用 7 000 元	11 月确认费用 7 000 元

7. 会计信息的质量要求

会计信息的质量要求是对企业财务会计报告中所提供高质量会计信息的基本规范，是财务会计报告中所提供会计信息对投资者等信息使用者决策有用应具备的基本特征，主要包括可靠性、相关性、可理解性、可比性、实质重于形式、重要性、谨慎性和及时性等。

1）可靠性

可靠性是指企业应当以实际发生的交易或者事项为依据进行确认、计量和报告，如实反映符合确认和计量要求的各项会计要素及其他相关信息，保证会计信息真实可靠、内容完整。

2）相关性

相关性是指企业提供的会计信息应当与财务会计报告使用者的经济决策需要相关，有助于财务会计报告使用者对企业过去和现在的情况做出评价，对未来的情况做出预测。相关性会计信息有助于信息使用者评价企业的经济业绩，对经济前景进行预测。

可靠性和相关性是决策有用信息的主要质量特征，两者既对立又统一。

3）可理解性

可理解性要求企业提供的会计信息应当清晰明了，便于财务会计报告使用者理解和使用。该项要求的前提是信息使用者必须具备一定的与企业经营活动相关的会计知识。

4）可比性

可比性要求企业提供的会计信息应当相互可比，保证同一企业不同时期的会计信息可比、不同企业相同会计期间的会计信息可比。这就要求同一企业不同时期发生的相同或相似的交易或事项，应该采用相同的会计政策和方法进行处理，以保持前后各期的会计信息可比。不同企业对发生的相同或相似的交易或事项也应采用国家规定的会计政策进行核算，以确保会计信息口径一致，相互可比。

5）实质重于形式

实质重于形式要求企业应当按照交易或者事项的经济实质进行会计确认、计量和报告，不应仅以交易或者事项的法律形式为依据。

在具体的会计实务中，交易或事项的经济实质往往存在着与其法律形式明显不一致的情形。例如，融资租入的固定资产，从法律形式上看，其所有权并没有转移给承租人，但从经济实质上看，与该固定资产相关的报酬和风险已转移给承租人，承租人实际控制该资产并享有其带来的经济利益。因此，按实质重于形式的要求，企业应将融资租入的固定资产视为自有固定资产进行核算与管理。

6）重要性

重要性要求企业提供的会计信息应当反映与企业财务状况、经营成果和现金流量有关的所有重要交易或者事项。一项信息是否重要，一般要从质和量两个方面来把握。在质的方面，如果某信息的省略或不报、错报会影响到财务报告使用者的决策，该信息就具有重要性。在量的方面，当某业务涉及的金额达到企业总资产的一定比例（如 5%）时，一般认为是具有重要性的。因此，企业应根据其所处的环境和实际情况，从性质和金额两个方面去甄别项目的重要性。

7）谨慎性

谨慎性要求企业对交易或者事项进行会计确认、计量和报告时保持应有的谨慎，不应高估资产或者收益、低估负债或者费用。谨慎性是指企业对可能发生减值的资产要计提减值准备、对符合条件的或有应付金额要确认为负债等。谨慎性并不意味着企业可以设置秘密准备，否则视同重大会计差错处理。

8）及时性

及时性要求企业对于已经发生的交易或者事项，应当及时进行确认、计量和报告，不得提前或者延后。即使是可靠、相关的会计信息，如果不及时提供，也就失去时效性，对于使用者的效用就大大降低，甚至不再具有任何意义。在会计确认、计量和报告过程中应贯彻及时性。

任务解析

会计是以货币为主要计量单位，借助专门的技术方法，核算和监督企业及行政、事业单位所发生的经济活动，本质上是一种经济管理工作。会计核算的四大前提包括会计主体、持续经营、会计分期和货币计量。会计核算的基础包括权责发生制和收付实现制。

巩固与训练

一、单选题

1. 会计是以货币为主要计量单位，运用专门的方法，核算和监督一个单位经济活动的一种（　　）。

A．方法　　B．手段　　C．信息工具　　D．经济管理工作

2．会计的基本职能是（　　）。

A．核算与监督　　B．分析与考核　　C．预测和决策　　D．以上都对

3．企业对可能发生的各项资产损失计提资产减值或跌价准备，这充分体现了（　　）的要求。

A．收付实现制　　B．实质重于形式　　C．谨慎性　　D．可靠性

4．我国以（　　）为一个会计年度。

A．农历年度　　B．公历年度　　C．半年度　　D．季度

5．企业计划在年底销售一批货物，8 月双方达成交易意向，9 月签订了购买合同，但实际购买的行为发生在 11 月，则企业应将销售该批货物所得确认为收入的时间是（　　）。

A．8 月　　B．11 月　　C．12 月　　D．9 月

二、多选题

1．下列各项中，属于会计核算重要环节的有（　　）。

A．会计计划　　B．会计确认　　C．会计计量　　D．会计报告

2．会计主体可以是（　　）。

A．企业内部的某一单位或企业中的一个特定部分

B．一个单一企业

C．由几个企业组成的企业集团

D．独立法人，也可以是非法人

3．属于会计中期的会计期间有（　　）。

A．月度　　B．半年度　　C．季度　　D．年度

4．下列关于会计基本假设的表述，正确的有（　　）。

A．会计主体确立了会计核算的空间范围

B．货币计量为会计核算提供了必要手段

C．持续经营与会计分期确立了会计核算的时间长度

D．没有会计主体就不会有持续经营，没有持续经营就不会有会计分期，没有货币计量就不会有现代会计

5．符合谨慎性原则的有（　　）。

A．适当地增加收入　　B．合理地加速计提固定资产折旧

C．计提资产减值准备　　D．发出存货采用加权平均法

三、判断题

1．可比性原则强调的是会计信息在不同企业间的横向比较。（　　）

2．相关性要求，只要是相同的交易和事项，就应当采用相同的会计处理方法。（　　）

3．会计核算包括事前核算、事中核算、事后核算，事前核算就是对经济活动过程进行控制，使过程按计划或预期目标进行。（　　）

4．凡是特定主体能够以货币表现的经济活动都是会计核算和监督的内容。（　　）

5．在市场经济条件下，会计的一般对象可以表述为“社会再生产过程中以货币表现的经济活动”或“社会再生产过程中的资金运动”。（　　）

6．法人必然是一个会计主体，但会计主体不一定是法人。（　　）

7．按照权责发生制原则的要求，凡是本期实际收到款项的收入和付出款，都作为当期的收入和费用。（　　）

任务 1.2　会计核算的基本理论

任务 1.2.1　会计要素与会计等式

知识目标

1. 认知会计要素的含义、分类及特征。
2. 熟悉会计要素的确认条件。
3. 掌握会计等式的表现形式。
4. 理解经济业务对会计等式的影响。

技能目标

1. 能够准确区分和确认企业各项经济业务内容所归属的会计要素。
2. 能够分析判断经济业务对会计等式的影响。

任务情境

李伟通过进一步了解和学习，认为广州迪奥公司作为一家从事皮具生产和销售的制造企业，必然会发生很多业务或交易事项，如筹集资金、用银行存款购进原材料、支付员工工资、销售商品收到货款等，这些以货币计量的经济业务都可以作为会计对象。那么，面对这么多不同类型的经济业务，进行会计核算和监督时，有没有什么规律可循？具体又是如何操作的呢？

知识准备

1. 会计要素的含义与分类

1）会计要素的含义

会计要素是指对会计对象进行的基本分类，是会计核算对象的具体化。它是会计核算和监督的内容，主要解决会计向会计信息使用者提供哪些会计信息及如何提供这些信息的问题。会计要素是构成财务报表的基本单元，是会计对象的具体组成部分。

2）会计要素的分类

我国颁布实施的《企业会计准则》《小企业会计准则》将会计要素划分为资产、负债、所有者权益、收入、费用和利润 6 类，其中，前 3 类属于反映财务状况的会计要素，表现资金运动的相对静止状况，在资产负债表中列示；后 3 类属于反映经营成果的会计要素，表现资金运动的显著变动状态，在利润表中列示。

2. 会计要素的确认

1）资产

（1）资产的含义与特征。

资产是指企业过去的交易或者事项形成的、由企业拥有或控制的、预期会给企业带来经济利益的资源。

交易是指以货币为媒介的商品或劳务的交换，如购买材料物资等；事项则是指没有实际发生货币交换的经济业务，如企业月末计提固定资产折旧、完工产品入库等。

资产具有以下特征。

① 资产是由企业过去的交易或者事项形成的。资产必须是过去已经发生的交易或事项所产生的结果，包括购置、借入、生产、销售、接受投资等行为或其他交易事项。预期在未来发生的交易或事项可能产生的结果，不属于现在的资产，不能作为资产来确认，如计划购置的机器设备等。

② 资产必须为企业拥有或者控制。由企业拥有或控制，是指企业享有某项资源的所有权或者虽然不享有某项资源的所有权，但该项资源能够被企业支配和使用。例如，融资租入的固定资产，承租企业虽然未拥有所有权，但对其拥有控制权，同样可以作为承租企业的资产来确认。

③ 资产预期会给企业带来经济利益。预期会给企业带来经济利益，是指通过对资产的运用，可以满足企业生产经营活动的需要，从而为企业带来经济利益，这是资产的本质特征。按照这一特征，已经没有经济价值、不能给企业带来经济利益的项目，不能继续确认为企业的资产。例如，企业原拥有的一台货车由于被洪水浸泡，提前报废，企业就不能再继续确认该货车为资产。

（2）资产的确认条件。

将一项资源确认为资产，不仅需要符合资产的定义，还应同时满足以下两个条件：

① 与该资源有关的经济利益很可能（概率超过 50%）流入企业。

② 该资源的成本或者价值能够可靠地计量。

（3）资产的分类。

资产按流动性进行分类，可以分为流动资产和非流动资产。

① 流动资产是指预计 1 年（含 1 年）以内或超过 1 年的一个正常营业周期内变现、出售或耗用的资产。流动资产主要包括货币资金、交易性金融资产、应收账款、存货等。当正常营业周期不能确定时，应当以 1 年（12 个月）作为正常营业周期。

② 非流动资产是指流动资产以外的资产，主要包括长期股权投资、固定资产、无形资产、在建工程、长期待摊费用等。

2）负债

（1）负债的含义与特征。

负债是指企业过去的交易或者事项形成的，预期会导致经济利益流出企业的现时义务。

负债具有以下特征。

① 负债是由企业过去的交易或者事项形成的。未来发生的承诺、义务，不形成负债，如向银行等金融机构借款会产生还款的义务、向供应商购买材料未付货款会产生应付账款的义务等。如果交易或事项不是已经发生，而是将来可能发生的，则不应确认为负债。

② 负债是企业承担的现时义务。现时义务是指企业在当前已承担的义务，未来才发生的义务，不属于现时义务，不能确认为负债。

③ 负债预期会导致经济利益流出企业。这只是负债的本质特征。只有企业在履行义务时会引起经济利益的流出，才能被确认为负债，否则不能被确认为负债，如用现金或实物资产偿还应付款项，以商品偿还预收账款等。

（2）负债的确认条件。

将一项现时义务确认为负债，不仅需要符合负债的定义，还应当同时满足以下两个条件：

① 与该义务有关的经济利益很可能（概率超过 50%）流出企业。

② 未来流出的经济利益的金额能够可靠地计量。

（3）负债的分类。

按偿还期限的长短，一般将负债分为流动负债和非流动负债。

① 流动负债是指预计在 1 年（含 1 年）以内或超过 1 年的一个正常营业周期内清偿的债务。流动负债主要包括短期借款、应付账款、应付票据、预收账款、应付职工薪酬、应交税费等。

② 非流动负债是指流动负债以外的负债。非流动负债主要包括长期借款、长期应付款、应付债券等。

3）所有者权益

（1）所有者权益的含义与特征。

所有者权益是指企业资产扣除负债后由所有者享有的剩余权益。公司的所有者权益又称为股东权益。

所有者权益具有以下特征。

① 除非发生减资、清算或分派现金股利，企业不需要偿还所有者权益。

② 企业清算时，只有在清偿所有的负债后，所有者权益才返还给所有者。

③ 所有者凭借所有者权益能够参与企业利润的分配。

（2）所有者权益的确认条件。

所有者权益的确认、计量主要取决于资产、负债、收入、费用等其他会计要素的确认和计量。所有者权益在数量上等于企业资产总额扣除债权人权益后的净额，即企业的净资产反映所有者（股东）在企业资产中享有的经济利益。

（3）所有者权益的分类。

所有者权益一般分为实收资本（或股本）、资本公积、盈余公积、未分配利润和其他综合收益。其中，盈余公积和未分配利润又合称为留存收益。

① 实收资本（或股本）是指企业所有者投入的构成企业注册资本或者股本部分的金额，是企业净资产的重要组成部分。企业的所有者依据所持有的企业实收资本参与企业的经营决策和利润分配。

② 资本公积包括资本溢价（或股本溢价）及直接计入所有者权益的利得、损失等。资本溢价是指投资人缴付的出资额大于注册资本而产生的差额。

③ 盈余公积是指企业从税后利润中提取的积累资金。

④ 未分配利润是尚未分配的净利润，它是留于以后年度分配的利润。它有两层含义：一是这部分净利润没有分给企业投资者；二是这部分净利润未指定用途。

利得与损失

⑤ 其他综合收益是指未在损益中确认的各项利得和损失扣除所得税影响后的净额。

4）收入

（1）收入的含义与特征。

收入是指企业在日常活动中形成的、会导致所有者权益增加的、与所有者投入资本无关的经济利益的总流入。

收入具有以下特征。

① 收入是企业在日常活动中形成的。日常活动是指企业为完成其经营目标所从事的经常性活动及与之相关的活动。例如，制造企业生产并销售产品，商品流通企业采购并销售商品，服务企业提供劳务等经营活动，均属于企业的日常活动。要注意日常活动与非日常活动的区别。企业非日常活动所形成的经济利益的流入不能确认为收入，而应当计入利得。例如，处置固定资产属于非日常活动，由此所形成的净收益不应确认为收入，而应当确认为利得。

② 收入会导致所有者权益的增加。与收入相关的经济利益的流入会导致所有者权益的增加，不会导致所有者权益增加的经济利益的流入不符合收入的定义，不应确认为收入。例如，企业向银行借入款项，导致企业经济利益的流入，但并不导致所有者权益的增加，还使企业承担了一项现时义务。这时不应将其确认为收入，应当确认为一项负债。

③ 收入是与所有者投入资本无关的经济利益的总流入。收入应当会导致经济利益的流入，从而导致资产的增加。例如，销售商品取得现金或收取现金的权利。如果经济

利益的流入是所有者投入资本的增加所致，则不应当确认为收入，应当将其直接确认为所有者权益。例如，收到投资者投入的货币资金 100 万元，虽然有流入经济利益 100 万元，但它是由所有者投入资本带来的，因而不能确认为收入。

（2）收入的确认条件。

收入的确认除了应当符合定义，至少应当符合以下条件：

① 与收入相关的经济利益应当很可能流入企业。

② 经济利益流入企业会导致资产的增加或者负债的减少。

③ 经济利益的流入额能够可靠计量。

（3）收入的分类。

① 按取得收入的性质不同，收入可分为销售商品收入、劳务收入、让渡资产使用权收入等。

② 按收入在企业日常活动中所处的地位，收入可分为主营业务收入和其他业务收入。主营业务收入是企业的主营业务所带来的收入，如企业销售产品或商品的收入；其他业务收入是除主营业务活动以外的其他经营活动实现的收入，如原材料销售收入、包装物出租收入等。

5）费用

（1）费用的含义与特征。

费用是指企业在日常活动中发生的、会导致所有者权益减少的、与向所有者分配利润无关的经济利益的总流出。

费用具有以下特征：

① 费用是企业在日常活动中发生的。将费用界定为日常活动所形成的，目的是将其与损失相区分。企业非日常活动所形成的经济利益的流出不能确认为费用，而应计入损失。例如，处置固定资产的净损失，不应该确认为费用，而应确认为损失。

② 费用会导致所有者权益的减少。不会导致所有者权益减少的经济利益的流出不符合费用的定义，不应确认为费用。费用本质上是企业资源的流出，与资源流入企业所形成的收入正好相反。

③ 费用是与向所有者分配利润无关的经济利益的总流出。费用的发生会导致经济利益的流出，从而导致资产的减少或者负债的增加。企业向所有者分配利润也会导致经济利益的流出，但该经济利益的流出属于投资者投资回报的分配，是所有者权益的直接抵减项目，不应确认为费用。

（2）费用的确认条件。

费用的确认除了应当符合定义，至少应当符合以下条件：

① 与费用相关的经济利益应当很可能流出企业。

② 经济利益流出企业的结果会导致资产的减少或者负债的增加。

③ 经济利益的流出额能够可靠计量。

（3）费用的分类。

费用包括生产费用与期间费用。

① 生产费用是指与企业日常生产经营活动有关的费用，按其经济用途可分为直接

材料、直接人工和制造费用。生产费用应按其实际发生情况计入产品的生产成本；对于生产几种产品共同发生的生产费用，应当按照受益原则，采用适当的方法和程序分配计入相关产品的生产成本。

② 期间费用是指企业本期发生的、不能直接或间接归入产品生产成本，而应直接计入当期损益的各项费用，包括管理费用、销售费用和财务费用。

6）利润

（1）利润的含义与特征。

利润是指企业在一定会计期间的经营成果。通常情况下，如果企业实现了利润，表明企业的所有者权益将增加，业绩得到了提升；反之，如果企业发生了亏损（即利润为负数），表明企业的所有者权益将减少，业绩下降。利润是评价企业管理层业绩的指标之一，也是投资者等财务会计报告使用者进行决策时的重要参考依据。

（2）利润的确认条件。

利润反映收入减去费用后的净额、直接计入当期损益的利得和损失。利润的确认主要依赖收入和费用，以及直接计入当期损益的利得和损失的确认，其金额的确定也主要取决于收入、费用、利得、损失金额的计量。

（3）利润的构成。

利润按照构成可分为营业利润、利润总额和净利润。

① 营业利润是企业在销售商品、提供劳务等日常活动中所产生的利润，它是企业利润的主要组成部分。

② 利润总额是指营业利润加上营业外收入再减去营业外支出后的金额。

③ 净利润是指利润总额减去所得税费用后的金额。

【例 1-2】为反映广州迪奥公司的资金运动过程，需要将能够以货币计量的经济业务作为会计对象。以下列经济业务为例，试进一步对会计对象进行科学分类。

（1）收到投资者投入的资金。

（2）发生的办公费。

（3）销售商品的收入。

（4）支付借款发生的利息。

（5）企业未缴纳的增值税。

（6）赊购原材料产生的应付账款。

（7）办公桌椅及电脑。

（8）价值 120 万元的生产机器。

（9）本月净利润 50 万元。

（10）销售原材料的收入。

解析：广州迪奥公司需要将会计核算和监督的内容进一步划分为 6 个会计要素，即资产、负债、所有者权益、费用、收入及利润。根据相应的确认条件，对广州迪奥公司部分经济业务内容进行分类（表 1-2）。

表 1-2 广州迪奥公司经济业务内容分类表

会计要素	业务内容分类
资产	（7）办公桌椅及电脑；（8）生产机器
负债	（5）企业未缴纳的增值税；（6）赊购原材料产生的应付账款
所有者权益	（1）收到投资者投入的资金
收入	（3）销售商品的收入；（10）销售原材料的收入
费用	（2）发生的办公费；（4）支付借款发生的利息
利润	（9）本月净利润

3. 会计等式的表现形式

会计等式又称为会计平衡公式、会计方程式，是运用数学恒等式的形式反映会计六要素之间内在的数量关系的表达式。

1）财务状况等式

财务状况等式是用以反映企业某一特定时点资产、负债和所有者权益三者之间平衡关系的会计等式。企业要从事生产经营活动，必须拥有一定数量的资产。这些资产以各种不同的形态分布于企业生产经营活动的各阶段，成为企业生产经营活动的基础。这些资产要么来源于债权人，形成企业的负债；要么来源于投资者，形成企业的所有者权益。由于投资者和债权人向企业提供了资产，对这些资产具有一定的要求权。本书把所有者和债权人对企业资产的要求权统称为“权益”。其中，所有者对企业资产的要求权就是所有者权益，而债权人对企业资产的要求权就是负债。

资产与权益是同一资源的两个方面，资产表明企业所拥有或控制的资源的规模及其在企业的存在形态，权益则表明企业所拥有或控制的资源的来源及资源提供者对其的要求权。因此，这两个方面必然存在着恒等关系。这一恒等关系式为

资产=权益

资产=负债+所有者权益

这一等式是复式记账法的理论基础，也是编制资产负债表的依据。

负债与所有者权益虽然都是对企业资产的要求权，却是两种性质不同的权益，企业的资产应首先满足债权人的权益，剩余的才用来满足所有者权益，因而所有者权益是一种剩余权益，其关系可用等式表示为

资产−负债=所有者权益

资产、负债、所有者权益之间的等式关系反映了企业在某一特定时日其资源的规模及来源，是反映企业财务状况的会计等式。由于该等式所反映的是相对静止状态下的资产与权益的关系，又被称为静态的会计等式。静态会计等式是设置账户、复式记账、编制资产负债表、进行试算平衡的理论基础。

2）经营成果等式

经营成果等式是用以反映企业一定时期收入、费用和利润之间恒等关系的会计等式。企业的目标是从生产经营活动中获取收入，实现盈利。企业在取得收入的同时，必然要发生相应的费用。将一定期间的收入与费用相比较，收入大于费用的差额为利润；

反之，收入小于费用的差额则为亏损。因而收入、费用、利润三要素的关系可表示为

利润=收入-费用

由于这一等式反映企业在一定时期内收入、费用发生的动态过程，又称为动态的会计等式。动态会计等式是企业确定利润、设置损益类账户、编制利润表的理论基础。

3）扩展的会计等式

在会计期初，企业尚未发生当期的收入与费用，根据“资产=权益”等式，期初时存在“资产=负债+所有者权益”的平衡关系；在会计期间内，企业发生了各项收入与费用，其中收入的发生表现为资产的增加或负债的减少，费用的发生表现为资产的减少或者负债的增加。正因如此，当收入发生时，可以在等式“资产=负债+所有者权益”的右边加上一定数量的收入，同时由于收入的发生，等式左边的资产同量增加或等式右边的负债同量减少；而当费用发生时，在等式“资产=负债+所有者权益”的右边减去一定数量的费用，同时由于费用的发生，等式左边的资产同量减少或等式右边的负债同量增加。因而收入与费用的发生形成了新的平衡关系，此时，会计六要素之间的关系用等式表示为

资产=负债+所有者权益+（收入-费用）

=负债+所有者权益+利润

资产+费用=负债+所有者权益+收入

式中，资产、负债表示由于收入与费用的发生，资产与负债的数量比较期初时发生了变化，而至期末，当利润转入所有者权益，等式则重新表示为

资产=负债+所有者权益

等式“资产+费用=负债+所有者权益+收入”进一步反映了在收入与费用发生的情况下，资源的占用与来源之间的恒等关系。等式左边的资产与费用是企业资源的占用形式，等式右边的负债、所有者权益、收入是企业资源的来源形式，由于资源占用与来源是一项资源的两个方面，其间必存在恒等关系。以上的等式关系如图 1-3 所示。

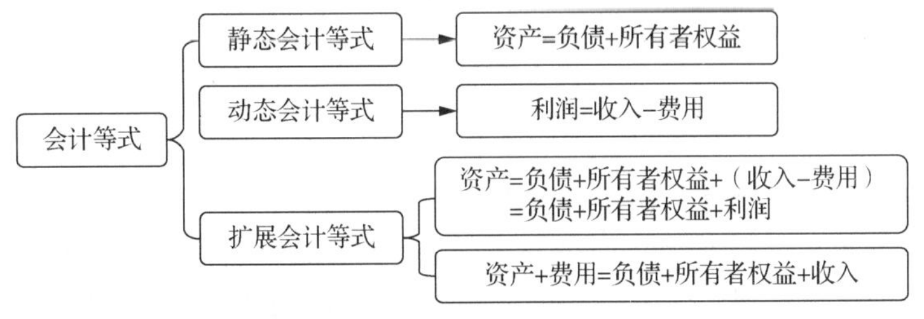

图 1-3　各种会计等式

4．经济业务的含义及其对会计等式的影响

1）经济业务的含义

经济业务又称会计事项，是指企业在经济活动中使会计要素发生增减变动的交易或者事项。经济业务的发生必然会引起资产、负债、所有者权益的增减变化，但无论其如何变化，都不会破坏会计等式的平衡关系。

动画：会计等式

2）经济业务对会计等式的影响

企业在经营过程中发生的业务虽然多种多样，但按其对财务状况等式的影响不同，可分为以下 9 种类型（表 1-3）。

表 1-3　经济业务引起资产和权益的增减变动情况表

经济业务类型		理论基础：资产=负债+所有者权益		
类型	编号	资产	负债	所有者权益
资产之间有增有减	（1）	增加、减少		
资产与权益同时增加	（2）	增加	增加	
	（3）	增加		增加
资产与权益同时减少	（4）	减少	减少	
	（5）	减少		减少
权益内部有增有减	（6）		增加、减少	
	（7）		增加	减少
	（8）		减少	增加
	（9）			增加、减少

（1）一项资产增加、另一项资产等额减少的经济业务。
（2）一项资产增加、一项负债等额增加的经济业务。
（3）一项资产增加、一项所有者权益等额增加的经济业务。
（4）一项资产减少、一项负债等额减少的经济业务。
（5）一项资产减少、一项所有者权益等额减少的经济业务。
（6）一项负债增加、另一项负债等额减少的经济业务。
（7）一项负债增加、一项所有者权益等额减少的经济业务。
（8）一项所有者权益增加、一项负债等额减少的经济业务。
（9）一项所有者权益增加、另一项所有者权益等额减少的经济业务。

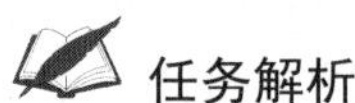

任务解析

为核算和监督经济业务信息，广州迪奥公司应当将会计对象进一步划分为六大会计要素，即资产、负债、所有者权益、收入、费用和利润。其中，资产、负债、所有者权益三大要素的关系是“资产=负债+所有者权益”，它是一个静态会计等式，反映企业在某一特点时间的财务状况。这个等式也是编制资产负债表的理论基础，企业发生的任何经济业务，都不会影响这一等式的恒等关系。另外，收入、费用、利润三大要素的关系是“收入–费用=利润”，它是一个动态会计等式，反映企业某一期间的经营成果，这个等式是编制利润表的理论基础。

巩固与训练

一、单选题

1．下列不属于企业资产的是（　　）。

A．临时租入的设备　　B．长期经营性租出的房屋

C．购入的设备　　D．安装中的设备

2．下列不属于反映企业财务状况的会计要素的是（　　）。

A．资产　　B．利润　　C．所有者权益　　D．负债

3．以下有关“资产=负债+所有者权益”等式的表述，不正确的是（　　）。

A．该等式是编制资产负债表的依据

B．该等式表明了企业一定时期的财务状况

C．该等式也称为静态会计等式

D．该等式反映了资产、负债、所有者权益三要素之间的内在联系和数量关系

4．某企业资产总额为7 000万元，以银行存款1 000万元偿还借款，并以银行存款800万元购买固定资产后，该企业资产总额为（　　）万元。

A．6 000　　B．5 000　　C．4 500　　D．8 000

5．反映企业一定期间经营成果的基本会计等式是（　　）。

A．资产=权益　　B．资产-负债=所有者权益

C．资产=负债＋所有者权益　　D．收入-费用=利润

二、多选题

1．下列各项中，应确认为负债的有（　　）。

A．向银行借入的款项　　B．因购买材料应付未付的款项

C．为销售商品而预收的定金　　D．因销售商品而应收的款项

2．收入包括（　　）。

A．销售商品收入　　B．劳务收入

C．营业外收入　　D．本企业出租资产所取得的租金收入

3．下列项目中，不属于所有者权益的有（　　）。

A．长期借款　　B．银行存款　　C．本年利润　　D．未分配利润

4．企业的留存收益包括（　　）。

A．利得　　B．盈余公积　　C．资本公积　　D．未分配利润

5．下列经济业务中，会引起企业资产和负债同时增加的有（　　）。

A．向银行借入款项　　B．赊销固定资产一台

C．以银行存款购买股票　　D．以银行存款偿还借款

三、判断题

1．《企业会计准则》中的收入不仅包括主营业务收入和其他业务收入，还包括营业外收入。（　　）

2．资产必须是由企业过去的交易或事项形成的、由企业拥有所有权的经济资源。（　　）

3．会计上的资本指所有者权益中的投入资本，包括借入资本。（　　）

4．会计要素是对会计对象的基本分类，是会计对象的具体化，是反映会计主体的财务状况和经营成果的基本单位。（　　）

5．实收资本代表一个企业的实力，是创办企业的“本钱”，它反映企业所有者投入企业的外部资金来源。（　　）

四、业务题

某企业2020年4月发生以下经济业务。

（1）3日，以银行存款偿还到期的短期借款200 000元。

（2）8日，向甲企业购买A材料一批，货物已验收入库，价款80 000元尚未支付（不考虑增值税）。

（3）12日，向银行提取现金10 000元。

（4）20日，前应收B企业货款70 000元，现已收回存入银行。

（5）25日，收到乙投资者作为资本投入的汽车一辆，双方确认的价值为150 000元。

（6）29日，偿还银行3年期的借款500 000元。

（7）30日，经股东会同意，将盈余公积50 000元转增资本金。

要求：判断各项经济业务引起会计要素的变动情况，并在表1-4的相应栏目内打"√"列示。

表1-4　会计要素的变动情况

业务编号	资产和负债同时增加	资产和所有者权益同时增加	资产和负债同时减少	资产和所有者权益同时减少	资产内部一增一减	权益内部一增一减
1						
2						
3						
4						
5						
6						
7						

任务1.2.2　会计科目与会计账户

知识目标

1. 掌握会计科目的概念及分类。
2. 熟悉常用的会计科目。
3. 认知会计账户的概念及分类。
4. 熟记会计账户的功能和结构。
5. 掌握会计账户与会计科目的区别和联系。

微课：会计科目与会计账户

技能目标

1. 能将不同的经济业务内容归属于相应的会计科目和账户。
2. 能够利用T形账户反映经济业务内容的增减变动。

任务情境

征得公司同意，李伟在财务处负责人的带领下翻阅了公司的部分会计凭证和账簿等资料。他注意到，记账凭证中的名称和账页描述的内容名称一致，但又有些区别。正在李伟感到疑惑的时候，财务处负责人告诉他这是会计科目和会计账户。那么，会计科目和会计账户分别是什么？两者又有哪些区别和联系呢？

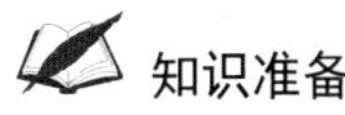

知识准备

1．会计科目的概念

会计科目是对会计的具体对象（即会计要素）的具体内容进一步分类核算和监督的项目或名称。每一会计科目都应当明确反映某一特定的经济内容。会计科目也是账户的名称，开设会计科目是全面、系统、分类地核算和监督各项经济业务活动的前提与依据。

企业的经济业务活动是复杂多样的，为了对其进行全面系统的反映，必须对企业的经济业务内容进行分类，对会计的一般对象进行基本分类，就形成了会计要素。然而，同一会计要素包含若干具体的内容，且各项内容具有不同的特点。例如，企业的材料和机器设备，虽然都属于资产这一会计要素，但是它们的经济内容、在生产中所起的作用与价值转移方式都不相同。由此可见，同一会计要素内包含不同的具体内容，如果对会计要素中的具体内容不加以区分地进行反映，就无法提供会计信息使用者所需要的会计信息。为此，会计核算必须对会计要素按照经济内容和会计核算的需要进行分类，从而形成各个会计科目。

2．会计科目的分类

1）按反映的经济内容分类

为便于经济业务的核算，人们通常对会计科目进行分类，其中按反映的经济内容不同可以分为5类，具体如图1-4所示。

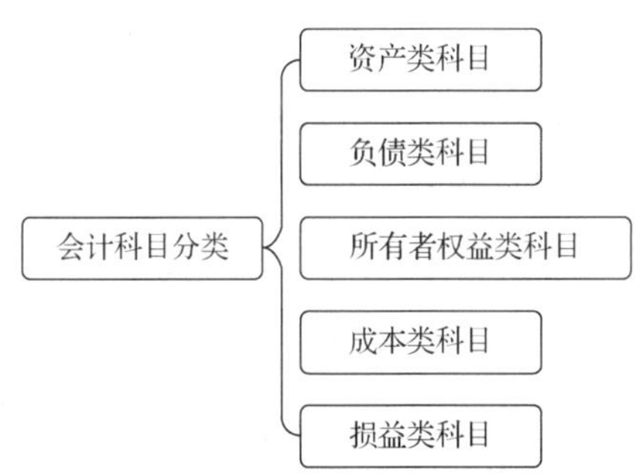

图1-4　会计科目按反映的经济内容进行的分类

（1）资产类科目，是用以反映资产要素内容的会计科目，如“库存现金”“银行存款”“原材料”“库存商品”“固定资产”“无形资产”等科目。

（2）负债类科目，是用以反映负债要素内容的会计科目，如“短期借款”“应付账款”“应付职工薪酬”“长期借款”等科目。

（3）所有者权益类科目，是用以反映所有者权益要素内容的会计科目，如“实收资本”“资本公积”“盈余公积”“本年利润”“利润分配”等科目。

（4）成本类科目，是用以反映产品生产过程中发生的各种生产性直接费用和间接费用的会计科目，如反映制造成本的“生产成本”科目、反映间接费用的“制造费用”科目等。

（5）损益类科目，是用以反映生产经营过程中的收益及费用，计算确定损益的会计科目，如“主营业务收入”“其他业务收入”“主营业务成本”“其他业务成本”“管理费用”等科目。

2）按提供信息的详细程度及统驭关系分类

为了加强企业内部经营管理，需要会计核算提供尽可能详细、具体的核算资料，因而就要求会计科目的设置要详细具体一些。但对外提供的会计核算资料，往往只需要比较综合和概括，以便报表使用者总括了解企业的财务状况和经营成果。因此，为了兼顾企业内部和外部两个方面对会计信息的要求，就要将会计科目适当分级。

（1）总分类科目。总分类科目又称一级科目或总账科目，是指对会计要素的具体内容进行总括分类，提供总括信息的会计科目，它是进行总分类核算的依据，所提供的是总括指标，如“原材料”“应收账款”等科目。

（2）明细分类科目。明细分类科目，又称明细科目，是指对总分类科目进行进一步分类，提供更详细和更具体的会计信息的科目。例如，在“应付账款”总分类科目下再按具体单位分设明细科目，具体反映应付哪个单位的货款。

为了适应管理的需要，当总分类科目下设置的明细科目太多时，可在总分类科目与明细分类科目之间增设二级科目（也称子目），在二级明细科目下设置三级明细科目（也称细目）。例如，在“原材料”总分类科目下，可按材料的类别设置二级明细科目“原料及主要材料”“辅助材料”等，在二级明细科目下再设置三级明细科目“人造革”“小牛真皮”“五金件”等，即“原材料——原料及主要材料——人造革”。

总分类科目和明细分类科目既有联系又有区别，它们所反映的经济业务内容相同，但所提供的会计信息的详尽程度不同。总分类科目提供总括的会计信息，所属明细分类科目提供详细、具体的会计信息。总分类科目对其所属明细分类科目具有统驭和控制的作用，明细分类科目对总分类科目起着补充说明的作用。

3．会计科目的设置

1）会计科目设置的原则

各单位由于经济业务活动的具体内容、规模大小与业务繁简程度等情况不尽相同，在具体设置会计科目时，应考虑其自身特点和具体情况。设置会计科目时应遵循以下原则。

（1）合法性原则，是指所设置的会计科目应当符合国家统一的会计制度的规定。

（2）相关性原则，是指所设置的会计科目应提供有关各方所需要的会计信息服务，满足对外报告与对内管理的要求。

（3）实用性原则，是指所设置的会计科目应符合单位自身特点，满足单位实际需要。

2）常用会计科目

会计科目编号的常用方法是数字编号法，一般用 4 位数字，每位数字都有其特定的含义。从左至右的第一位数字表示会计科目的主要大类。例如，1 表示资产类，2 表示负债类，3 表示共同类，4 表示所有者权益类，5 表示成本类，6 表示损益类；第二位数字表示每一大类内部的顺序编号；第三位和第四位数字表示具体科目名称，如 1001 表示库存现金，1002 表示银行存款等。

企业常用的会计科目如表 1-5 所示。

表 1-5 企业常用的会计科目

编号	名称	编号	名称
一、资产类		二、负债类	
1001	库存现金	2001	短期借款
1002	银行存款	2201	应付票据
1101	交易性金融资产	2202	应付账款
1121	应收票据	2203	预收账款
1122	应收账款	2211	应付职工薪酬
1123	预付账款	2221	应交税费
1131	应收股利	2231	应付利息
1132	应收利息	2232	应付股利
1221	其他应收款	2241	其他应付款
1231	坏账准备	2501	长期借款
1401	材料采购	三、所有者权益类	
1402	在途物资	4001	实收资本
1403	原材料	4002	资本公积
1404	材料成本差异	4101	盈余公积
1405	库存商品	4103	本年利润
1411	周转材料	4104	利润分配
1471	存货跌价准备	四、成本类	
1501	持有至到期投资	5001	生产成本
1503	可供出售金额资产	5101	制造费用
1511	长期股权投资	五、损益类	
1512	长期股权投资减值准备	6001	主营业务收入
1521	投资性房地产	6051	其他业务收入
1531	长期应收款	6111	投资收益
1601	固定资产	6301	营业外收入
1602	累计折旧	6401	主营业务成本
1603	固定资产减值准备	6402	其他业务成本
1604	在建工程	6403	税金及附加
1606	固定资产清理	6601	销售费用
1701	无形资产	6602	管理费用
1702	累计摊销	6603	财务费用
1703	无形资产减值准备	6701	资产减值损失
1801	长期待摊费用	6711	营业外支出
1901	待处理财产损溢	6801	所得税费用

4．会计账户的概念

会计账户简称账户，是根据会计科目设置的，具有一定的格式和结构，用于分类反映会计要素增减变动及其结果的一种工具。

设置会计账户是会计核算的专门方法之一，会计科目的设置为分类记录经济业务提供了前提条件，但会计科目本身不具有记录的功能，不能起到具体记载会计内容的作用。要记录经济业务内容，就需要根据会计科目设置账户。会计账户具有一定的格式和结构，将发生的经济业务记入相应的会计账户，可以利用账户结构反映经济业务的增减变化。因此，会计账户可以用来系统连续地记录经济业务，储存会计信息，并最终输出会计信息。它是编制财务报表的依据。

5．会计账户的分类

1）按反映的经济内容分类

（1）资产类账户，根据资产类会计科目开设的账户。

（2）负债类账户，根据负债类会计科目开设的账户。

（3）所有者权益类账户，根据所有者权益类会计科目开设的账户。

（4）成本类账户，根据所有成本类会计科目开设的账户。

（5）损益类账户，根据所有损益类会计科目开设的账户。

其中，有些资产类账户、负债类账户和所有者权益类账户存在备抵账户。备抵账户，又称抵减账户，是指用来抵减被调整账户余额，以确定被调整账户实有数额而设置的独立账户。

2）按提供信息的详细程度及统驭关系分类

（1）总分类账户，简称总账账户、总账或一级账户，它是根据总分类科目（一级科目）开设的，用于对会计要素的具体内容进行总括分类核算的账户。它反映的是某一会计科目的总体信息，主要采用价值指标进行核算。

（2）明细分类账户，简称明细账，它是根据明细分类科目开设的，用于对会计要素的具体内容进行详细分类核算的账户。它反映的是总分类账户所属某一明细账户的详细信息。

总分类账户和所属明细分类账户核算的内容相同，只是反映内容的详细程度有所不同，两者是相互补充、相互制约、相互核对的关系。总分类账户统驭和控制所属明细分类账户，而明细分类账户对总分类账户是补充和说明的作用。

6．会计账户的功能和结构

1）会计账户的功能

会计账户的功能在于连续、系统、完整地提供企业经济活动中各会计要素增减变动及其结果的具体信息。

2）会计账户的结构

会计账户的结构，即账页的具体格式，是指会计账户的组成部分及其相互关系。会计账户是用来连续、系统地记录经济业务的增减变动情况及其结果的载体。企业的经济业务虽然复杂，但从数量上的变化归纳起来，不外乎增加和减少两种情况。例如，企业购入材料验收入库时，原材料的数量及金额就会增加；而当生产领用材料时，材料出库，原材料的数量及金额就会减少。因此，会计账户的基本结构就应相应地分为两个基本部分：一部分登记增加数，一部分登记减少数。

会计账户通常由以下内容组成。

（1）账户名称，即会计科目。

（2）日期，即所依据记账凭证中注明的日期。

（3）凭证字号，即所依据记账凭证的编号。

（4）摘要，即经济业务的简要说明。

（5）金额，即增加额、减少额和余额。

3）账户结构示例

账户的一般结构如表 1-6 所示。

表 1-6　账户的一般结构

年		凭证编号		摘要	增加金额	减少金额	余额
月	日	字	号				

4）会计账户基本结构的简化形式

（1）T 形账户。为了便于理论与教学研究，也为了日常业务汇总与试算平衡的方便，账户格式常常可以简化为左右两方，形成一个 T 形账户，其格式如图 1-5 所示。

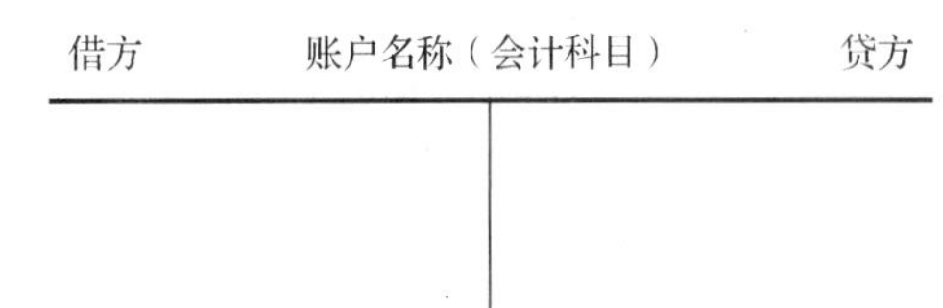

图 1-5　T 形账户格式

账户左右两边分别记录经济内容的增加（减少）与减少（增加）的金额。对于一个具体的账户而言，到底是左边记录增加还是右边记录增加，取决于企业所采用的记账方法与账户的性质。从账户名称、记录增加额和减少额的左右两方来看，账户结构在整体上类似于汉字“丁”和大写的英文字母“T”，因此，账户的基本结构在实务中被形象地称为丁字账户或者 T 形账户。

（2）会计账户的基本结构。每个账户一般有 4 个金额要素，即期初余额、本期增加发生额、本期减少发生额和期末余额。账户若有期初余额，首先应当在记录增加额的那一方登记。通常情况下，余额登记的方向与登记本期增加发生额的方向一致。通过账户记录的数额，可以提供以上 4 个金额要素的核算资料，其数量关系式可表示为如下公式。

期末余额=期初余额+本期增加发生额-本期减少发生额

用T形账户举例资产类账户的基本结构如图1-6所示。

资产类账户

期初余额 本期增加发生额	本期减少发生额
期末余额	

图1-6 资产类T形账户的基本结构

7. 会计科目与会计账户的关系

从理论上讲，会计科目与账户是两个不同的概念，二者既有联系又有区别。会计科目与会计账户都是对会计对象具体内容的分类，两者的核算内容一致，性质相同。会计科目是会计账户的名称，也是设置会计账户的依据；会计账户是会计科目的具体运用，具有一定的结构和格式，并通过其结构反映某项经济内容的增减变动及其余额。没有会计科目，会计账户便失去了设置的依据；而没有会计账户，会计科目就无法发挥作用。

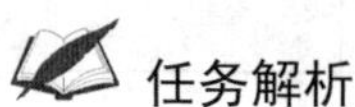

任务解析

会计科目是对会计的具体对象（即会计要素）进一步分类形成的项目。会计账户是对会计要素的增减变动及其结果进行分类记录、反映的工具。会计科目与会计账户都是对会计对象具体内容的分类，两者的核算内容一致，性质相同。会计科目是会计账户的名称，也是设置会计账户的依据；会计账户是会计科目的具体运用，具有一定的结构和格式，并通过其结构反映某项经济内容的增减变动及其余额。

巩固与训练

一、单选题

1. “累计折旧”账户按其所反映的经济内容属于（　　）账户。

A. 资产类　　B. 负债类　　C. 所有者权益类　　D. 成本类

2. 下列属于负债类账户的是（　　）账户。

A. “预收账款”　　B. “预付账款”　　C. “应收账款”　　D. “应收票据”

3. 下列不属于会计科目设置原则的是（　　）。

A. 实用性　　B. 相关性　　C. 科学性　　D. 合法性

4. 某资产类账户的本期期初余额为5 600元，本期期末余额为5 700元，本期的减少额为800元。该账户本期增加额为（　　）元。

A. 700　　B. 900　　C. 1 600　　D. 12 100

5. 会计账户与会计科目直接的区别在于（　　）。

A. 反映资产和负债的结果不同　　B. 反映的经济内容和性质不同

C. 会计账户有结构，会计科目无结构　　D. 会计账户是会计科目的名称

二、多选题

1. 下列属于总分类科目的有（　　）。

A. 银行存款　　B. 基本生产成本　　C. 应收账款　　D. 长期借款

2. 下列属于账户结构内容的是（　　）。

A. 日期和摘要　　B. 账户名称

C. 凭证编号　　D. 所附原始凭证张数

3. 会计科目与会计账户的一致性表现在（　　）。

A. 两者结构一致　　B. 两者名称一致

C. 两者反映的经济内容一致　　D. 会计科目是设置会计账户的依据

4. 会计科目按其核算的详细程度，可以分为（　　）。

A. 总分类科目　　B. 权益类科目

C. 明细分类科目　　D. 资产类科目

5. 下列选项中，属于本期发生额的有（　　）。

A. 期初余额　　B. 期末余额

C. 本期增加金额　　D. 本期减少金额

三、判断题

1. 会计科目的设置原则包括合法性原则、相关性原则和重要性原则。（　　）

2. 在账户记录中，本期增加数会大于本期减少数。（　　）

3. 一个账户的贷方如果用来记录增加额，其借方一定用来记录减少额。（　　）

4. 账户的基本结构分左、右两方，左方登记增加，右方登记减少。（　　）

5. “累计折旧”账户是资产类账户，所以计提折旧时应当记入该账户的借方。（　　）

6. 企业可以在不违背国家统一的会计制度的原则下，针对特殊事项设置一级会计科目，并依其设置总分类账户。（　　）

任务 1.2.3　复式记账法与借贷记账法

知识目标

1. 了解复式记账法的概念和优点。
2. 掌握借贷记账法的账户结构和记账规则。
3. 熟悉借贷记账法下会计分录的编制步骤。
4. 认知借贷记账法下试算平衡的意义。

技能目标

1. 能够根据借贷记账法编制会计分录。
2. 能够利用试算平衡表验证会计分录和账户记录的正确性。

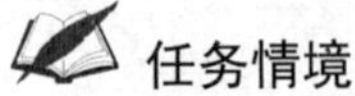

任务情境

2020 年 2 月 17 日，广州迪奥公司收到客户大华贸易公司所欠货款 80 000 元，存入银行。对于这笔业务，公司应当如何记账？

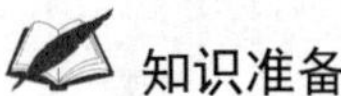

知识准备

1. 复式记账法

复式记账法是指对每一项经济业务，都必须用相等的金额在两个或两个以上相互联系的账户中进行登记，系统地反映资金运动变化结果的一种记账方法。相比单式记账法，复式记账法有以下几个方面的特点。

（1）账户设置完整，能够全面系统地反映经济业务内容和资金运动的来龙去脉。

（2）对每一项经济业务都必须在两个或两个以上相互联系的账户中进行双重记录。

（3）能够进行试算平衡，便于查账和对账。

复式记账法被世界各国公认为是一种科学、完善的记账方法，是人们在长期实践过程中总结出来的。复式记账法又可分为借贷记账法、增减记账法和收付记账法 3 种。目前我国按《企业会计准则》的规定统一使用借贷记账法进行记账。借贷记账法也是世界上普遍采用的记账方法。

2. 借贷记账法

动画：借贷记账法

借贷记账法是以“借”和“贷”作为记账符号的一种复式记账法。借贷记账法建立在“资产=负债+所有者权益”会计等式的基础上，以“有借必有贷，借贷必相等”作为记账规则，反映会计要素的增减变动情况的一种复式记账方法。“借”“贷”两个字只是纯粹的记账符号，以表明记账方向。

1）借贷记账法下账户的结构

借贷记账法下，账户的左方称为借方，右方称为贷方。所有账户的借方和贷方按相反方向记录增加数和减少数，即一方登记增加额，另一方就登记减少额。至于“借”表示增加，还是“贷”表示增加，则取决于账户的性质与所记录经济内容的性质。

借贷记账法下账户的基本结构如图 1-7 所示。

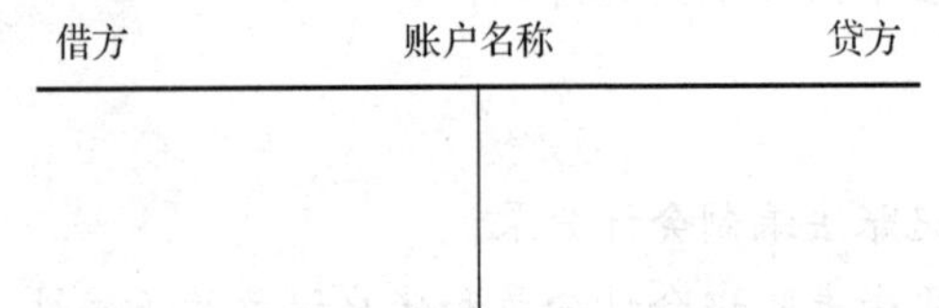

图 1-7　借贷记账法下账户的基本结构

通常，资产、成本和费用类账户的增加用“借”表示，减少用“贷”表示；负债、所有者权益和收入类账户的增加用“贷”表示，减少用“借”表示。备抵账户的结构与所调整账户的结构正好相反。

（1）资产类、成本类账户的结构。

在借贷记账法下，资产类、成本类账户的借方登记增加额，贷方登记减少额；期末余额一般在借方，有些账户可能无余额。其余额计算公式为

期末借方余额=期初借方余额+本期借方发生额-本期贷方发生额

资产类、成本类账户的结构如图1-8所示。

借方 资产类、成本类账户	贷方
期初余额	
本期增加发生额	本期减少发生额
期末余额	

图1-8 资产类、成本类账户的结构

（2）负债类、所有者权益类账户的结构。

在借贷记账法下，负债类、所有者权益类账户的借方登记减少额，贷方登记增加额；期末余额一般在贷方，有些账户可能无余额，其余额计算公式为

期末贷方余额=期初贷方余额+本期贷方发生额-本期借方发生额

负债类、所有者权益类账户的结构如图1-9所示。

借方 负债类、所有者权益类账户	贷方
	期初余额
本期减少发生额	本期增加发生额
	期末余额

图1-9 负债类、所有者权益类账户的结构

（3）损益类账户的结构。

损益类账户主要包括收入类账户和费用类账户。

① 收入类账户的结构。在借贷记账法下，收入类账户的借方登记减少额，贷方登记增加额。本期收入净额在期末转入“本年利润”账户，用以计算当期损益，结转后无余额。

收入类账户的结构如图1-10所示。

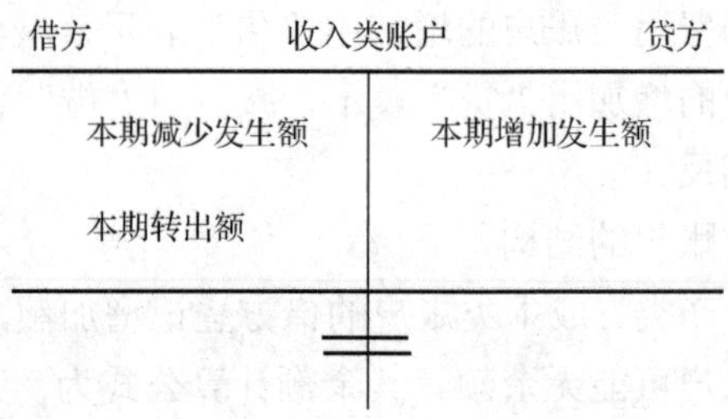

图 1-10　收入类账户的结构

② 费用类账户的结构。在借贷记账法下，费用类账户的借方登记增加额，贷方登记减少额。本期费用净额在期末转入“本年利润”账户，用以计算当期损益，结转后无余额。

费用类账户的结构如图 1-11 所示。

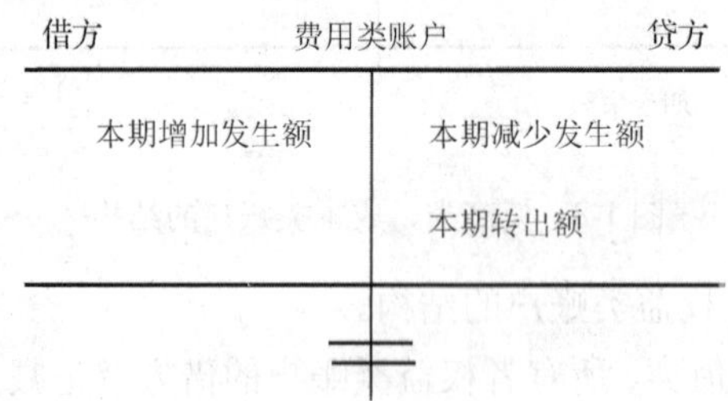

图 1-11　费用类账户的结构

各类账户的基本结构归纳如表 1-7 所示。

表 1-7　各类账户的基本结构

账户类别		账户结构	余额计算公式	余额
资产类、成本类		借+，贷-	期末借方余额=期初借方余额+本期借方发生额-本期贷方发生额	一般在借方，备抵账在贷方
负债类、所有者权益类		贷+，借-	期末贷方余额=期初贷方余额+本期贷方发生额-本期借方发生额	一般在贷方，备抵账在借方
损益类	收入类	贷+，借-	期末将本期收入净额结转记入“本年利润”账户	结转后无余额
	费用类	借+，贷-	期末将本期费用净额结转记入“本年利润”账户	

2）借贷记账法的记账规则

记账规则是指采用某种记账方法登记具体经济业务时应当遵循的规律。借贷记账法的记账规则是“有借必有贷，借贷必相等”。当发生经济交易或事项时，企业必须按照相同的金额，一方面记入一个或多个会计科目的借方，另一方面记入一个或几个会计科目的贷方，借方金额合计与贷方金额合计必须相等。

按照“资产=权益”的关系，无论企业经济交易或事项怎样复杂，均可概括为 4 种类型，如表 1-8 所示。

表 1-8 业务类型与账户的基本结构表

业务类型	资产	权益
类型 1	增加（借方）	增加（贷方）
类型 2	减少（贷方）	减少（借方）
类型 3	增（借方）减（贷方）	
类型 4		增（贷方）减（借方）

下面以广州迪奥公司 2020 年 1 月发生的部分经济业务为例，说明对借贷记账法记账规则的运用。

【例 1-3】2020 年 1 月 2 日，广州迪奥公司向银行借入长期借款 800 000 元。

这笔经济业务的发生，一方面使企业的长期借款增加 800 000 元，另一方面使企业的银行存款增加 800 000 元。它涉及“长期借款”负债类账户和“银行存款”资产类账户。长期借款的增加是负债类账户的增加，应记入“长期借款”账户的贷方；银行存款的增加是资产类账户的增加，应当记入“银行存款”账户的借方。例 1-3 经济业务在账户中登记的结果如图 1-12 所示。

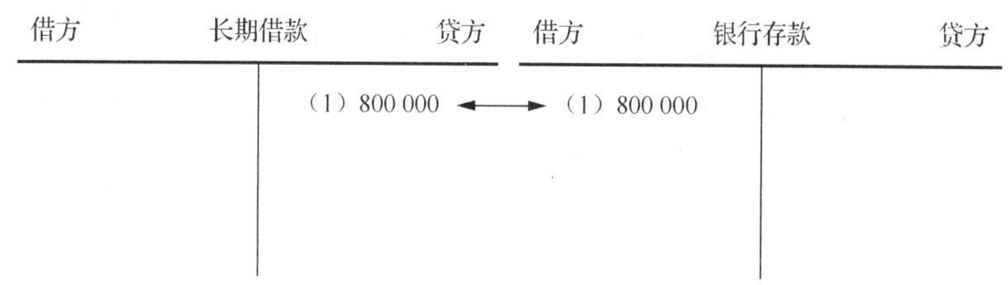

图 1-12 例 1-3 经济业务在账户中登记的结果

【例 1-4】2020 年 1 月 5 日，广州迪奥公司收到客户所欠货款 45 000 元，存入银行。

这笔经济业务的发生，一方面使企业的银行存款增加 45 000 元，另一方面使企业的应收账款减少 45 000 元。它涉及“银行存款”和“应收账款”两个资产类账户。银行存款的增加是资产类账户的增加，应记入“银行存款”账户的借方；应收账款的减少是资产类账户的减少，应当记入“应收账款”账户的贷方。例 1-4 经济业务在账户中登记的结果如图 1-13 所示。

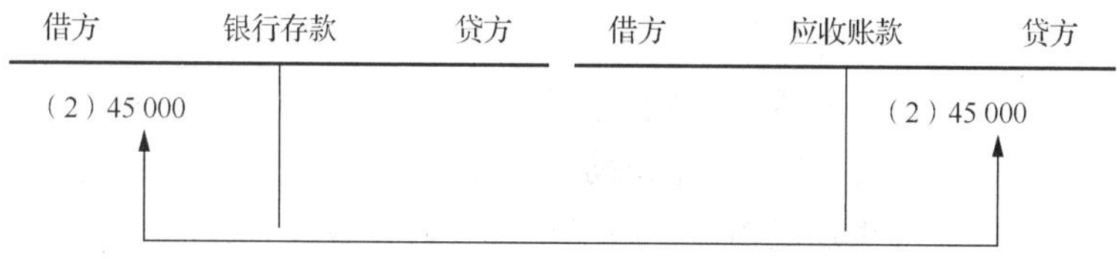

图 1-13 例 1-4 经济业务在账户中登记的结果

【例 1-5】2020 年 1 月 8 日，广州迪奥公司以银行存款购入电脑两台，价值 88 000 元。

这笔经济业务的发生，一方面使企业的银行存款减少 88 000 元，另一方面使企业的固定资产增加 88 000 元。它涉及“银行存款”和“固定资产”两个资产类账户。银行存款的减少是资产类账户的减少，应记入“银行存款”账户的贷方；固定资产的增加是资产类账户的增加，应当记入“固定资产”账户的借方。例 1-5 经济业务在账户中登记的结果如图 1-14 所示。

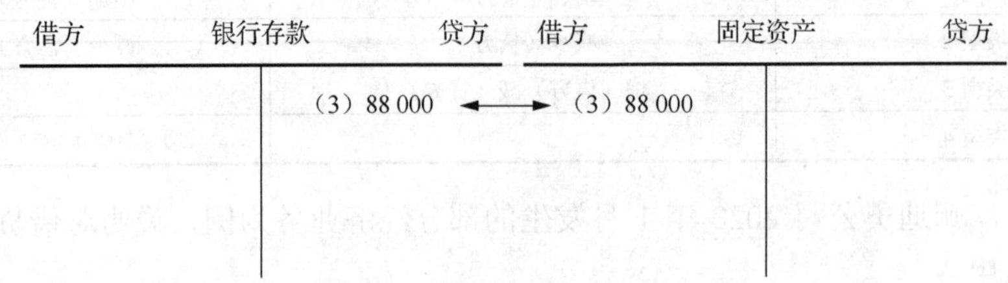

图 1-14 例 1-5 经济业务在账户中登记的结果

【例 1-6】2020 年 1 月 12 日，广州迪奥公司收到客户所欠货款 80 000 元，其中 70 000 元转入银行存款账户，10 000 元以现金收讫。

这笔经济业务的发生，一方面使企业的应收账款减少 80 000 元，另一方面使企业的银行存款和库存现金分别增加 70 000 元和 10 000 元。它涉及“应收账款”“银行存款”“库存现金”3 个资产类账户。应收账款的减少是资产类账户的减少，应记入“应收账款”账户的贷方；银行存款和库存现金的增加是资产类账户的增加，应当分别记入“银行存款”和“库存现金”账户的借方。例 1-6 经济业务在账户中登记的结果如图 1-15 所示。

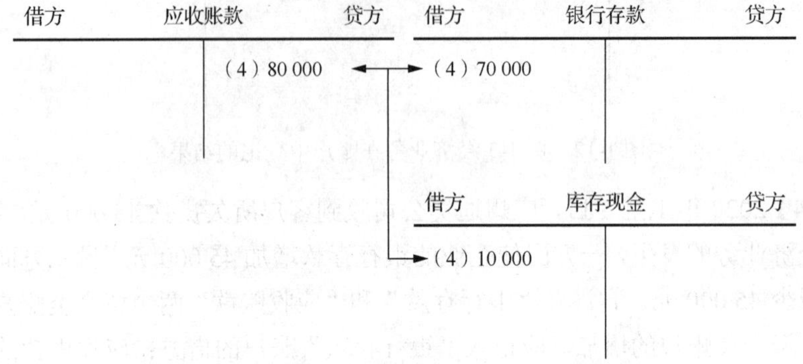

图 1-15 例 1-6 经济业务在账户中登记的结果

【例 1-7】2020 年 1 月 16 日，广州迪奥公司投资者投入的生产设备，价值 90 000 元。

这笔经济业务的发生，一方面使企业的固定资产增加 90 000 元，另一方面使企业的实收资本增加 90 000 元。它涉及“固定资产”资产类账户和“实收资本”所有者权益类账户。固定资产的增加是资产类账户的增加，应记入“固定资产”账户的借方；实收资本的增加是所有者权益类账户的增加，应当记入“实收资本”账户的贷方。例 1-7 经济业务在账户中登记的结果如图 1-16 所示。

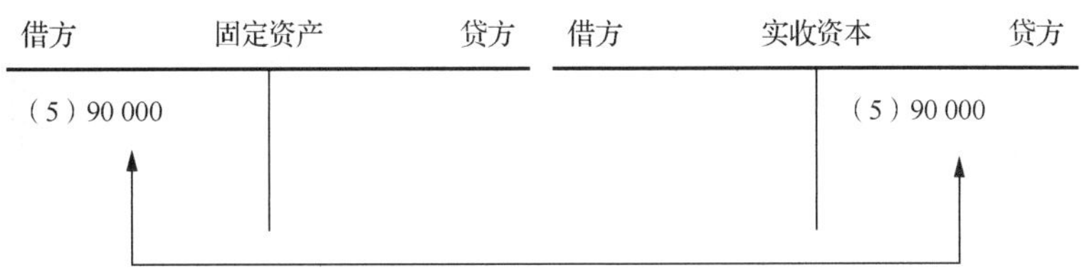

图 1-16 例 1-7 经济业务在账户中登记的结果

【例 1-8】2020 年 1 月 19 日，广州迪奥公司以银行存款偿还供应商货款 200 000 元。

这笔经济业务的发生，一方面使企业的银行存款减少 200 000 元，另一方面使企业的应付账款减少 200 000 元。它涉及“银行存款”资产类账户和“应付账款”负债类账户。银行存款的减少是资产类账户的减少，应记入“银行存款”账户的贷方；应付账款的减少是负债类账户的减少，应当记入“应付账款”账户的借方。例 1-8 经济业务在账户中登记的结果如图 1-17 所示。

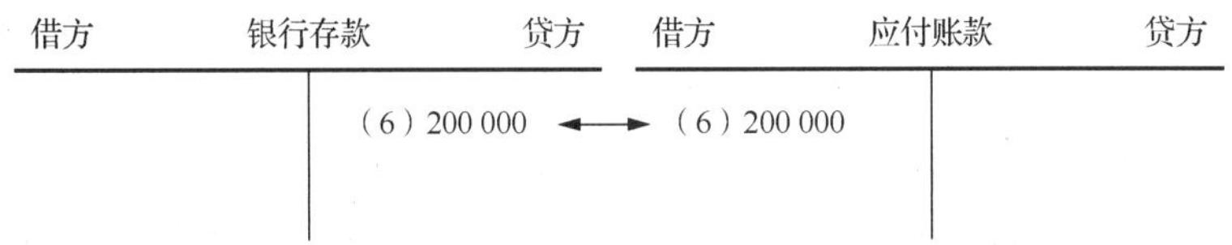

图 1-17 例 1-8 经济业务在账户中登记的结果

【例 1-9】2020 年 1 月 23 日，广州迪奥公司以银行存款归还短期借款 500 000 元。

这笔经济业务的发生，一方面使企业的银行存款减少 500 000 元，另一方面使企业的短期借款减少 500 000 元。它涉及“银行存款”资产类账户和“短期借款”负债类账户。银行存款的减少是资产类账户的减少，应记入“银行存款”账户的贷方；短期借款的减少是负债类账户的减少，应当记入“短期借款”账户的借方。例 1-9 经济业务在账户中登记的结果如图 1-18 所示。

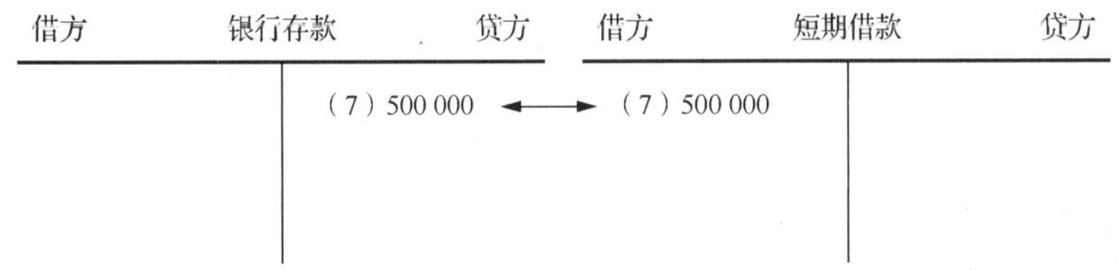

图 1-18 例 1-9 经济业务在账户中登记的结果

【例 1-10】2020 年 1 月 27 日，广州迪奥公司从银行提取现金 6 000 元备用。

这笔经济业务的发生，一方面使企业的银行存款减少 6 000 元，另一方面使企业的库存现金增加 6 000 元。它涉及“银行存款”和“库存现金”两个资产类账户。银行存款的减少是资产类账户的减少，应记入“银行存款”账户的贷方；库存现金的增加是资产类账户的增加，应当记入“库存现金”账户的借方。例 1-10 经济业务在账户中登记的结果如图 1-19 所示。

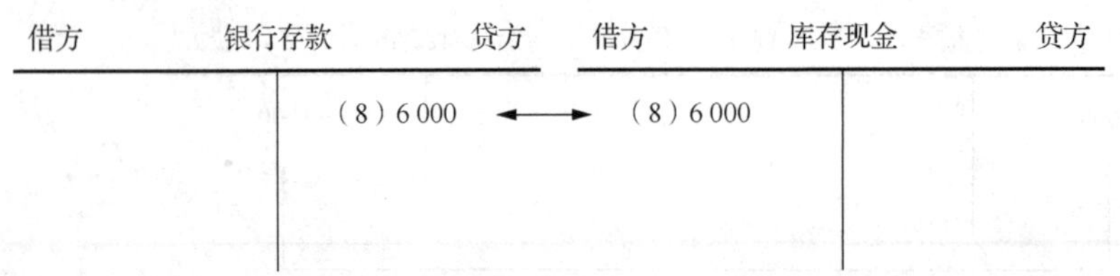

图 1-19 例 1-10 经济业务在账户中登记的结果

微课：借贷记账法下的试算平衡

3）借贷记账法下的试算平衡

（1）试算平衡的含义。

试算平衡是指根据借贷记账法的记账规则和资产与权益的恒等关系，通过对所有账户的发生额和余额的汇总计算和比较，来检查记录是否正确的一种方法。

（2）试算平衡的分类。

① 发生额试算平衡。

发生额试算平衡是指全部账户本期借方发生额合计与全部账户本期贷方发生额合计保持平衡，即

全部账户本期借方发生额合计=全部账户本期贷方发生额合计

发生额试算平衡的直接依据是借贷记账法的记账规则，即“有借必有贷，借贷必相等”。

② 余额试算平衡。

余额试算平衡是指全部账户借方期末（初）余额合计与全部账户贷方期末（初）余额合计保持平衡，即

全部账户期初借方余额合计=全部账户期初贷方余额合计

全部账户期末借方余额合计=全部账户期末贷方余额合计

余额试算平衡的理论依据是“资产=权益”这个会计恒等式。

（3）试算平衡表的编制。

试算平衡是通过编制试算平衡表进行的。试算平衡表通常是在期末结出各账户的本期发生额合计和期末余额后编制的，试算平衡表中一般应设置“期初余额”“本期发生额”“期末余额”三大栏目，其下分设“借方”和“贷方”两个小栏。各大栏中的借方合计与贷方合计应该平衡相等（表 1-9），否则，便存在记账错误。

表 1-9 试算平衡表

年 月 单位：元

账户名称	期初余额		本期发生额		期末余额	
	借方	贷方	借方	贷方	借方	贷方
合计	①	②	③	④	⑤	⑥

全部账户期初借方余额合计=全部账户期初贷方余额合计　　①=②

全部账户本期借方发生额合计=全部账户本期贷方发生额合计　　③=④

全部账户期末借方余额合计=全部账户期末贷方余额合计　　⑤=⑥

为了简化表格，试算平衡表也可只根据各账户的本期发生额编制，不填列各账户的期初余额和期末余额，如表1-10所示。

表1-10　发生额试算平衡表

年　月　　单位：元

账户名称	本期发生额	
	借方	贷方
合计	③	④

全部账户本期借方发生额合计=全部账户本期贷方发生额合计　　③=④

通过编制试算平衡表，可以对一段时间内企业会计记录的正确性进行验证。如果借贷不平衡，说明会计科目的记录和计算肯定有错误。但即使试算平衡，也存在漏记某项经济业务，将使本期借贷双方的发生额同时减少，借贷仍然平衡；重记某项经济业务，将使本期借贷双方的发生额同时增加，借贷仍然平衡；或者是某项经济业务发生后，记错了账户，借贷仍然平衡；或者是将会计科目的应借应贷方向颠倒，借贷仍然平衡；或者某项经济业务记录的应借应贷科目正确，但借贷双方金额同时多记或少记，且金额相同，借贷仍然平衡。

【例1-11】 2020年1月1日，广州迪奥公司各总分类账户的期初余额如表1-11所示，结合例1-3～例1-10中发生的经济业务对其会计处理进行试算平衡，检查会计处理的正确性。

表1-11　总分类账户期初余额表

2020年01月01日　　单位：元

资产	金额方向	金额	负债及所有者权益	金额方向	金额
库存现金	借	32 000	短期借款	贷	600 000
银行存款	借	1 000 000	应付账款	贷	300 000
应收账款	借	200 000	长期借款	贷	290 000
固定资产	借	458 000	实收资本	贷	500 000
合计		1 690 000	合计		1 690 000

① 设置T形账户并登记各账户期初余额和本期发生额，如图1-20所示。

借方	长期借款		贷方
		期初余额	290 000
		（1）	800 000
本期发生额		本期发生额	800 000
		期末余额	1 090 000

借方	银行存款		贷方
期初余额	1 000 000	（3）	88 000
（1）	800 000	（6）	200 000
（2）	45 000	（7）	500 000
（4）	70 000	（8）	6 000
本期发生额	915 000	本期发生额	794 000
期末余额	1 121 000		

借方	应收账款		贷方
期初余额	200 000	（2）	45 000
		（4）	80 000
本期发生额		本期发生额	125 000
期末余额	75 000		

借方	固定资产		贷方
期初余额	458 000		
（3）	88 000		
（5）	90 000		
本期发生额	178 000	本期发生额	
期末余额	636 000		

借方	库存现金		贷方
期初余额	32 000		
（4）	10 000		
（8）	6 000		
本期发生额	16 000	本期发生额	
期末余额	48 000		

借方	实收资本		贷方
		期初余额	500 000
		（5）	90 000
本期发生额		本期发生额	90 000
		期末余额	590 000

借方	应付账款		贷方
（6）	200 000	期初余额	300 000
本期发生额	200 000	本期发生额	
		期末余额	100 000

借方	短期借款		贷方
（7）	500 000	期初余额	600 000
本期发生额	500 000	本期发生额	
		期末余额	100 000

图 1-20　各账户期初余额和本期发生额

② 编制2020年1月广州迪奥公司账户发生额及余额试算平衡表，如表1-12所示。

表1-12 账户发生额及余额试算平衡表

2020年01月31日 单位：元

账户名称	期初余额		本期发生额		期末余额	
	借方	贷方	借方	贷方	借方	贷方
库存现金	32 000		16 000		48 000	
银行存款	1 000 000		915 000	794 000	1 121 000	
应收账款	200 000			125 000	75 000	
固定资产	458 000		178 000		636 000	
短期借款		600 000	500 000			100 000
应付账款		300 000	200 000			100 000
长期借款		290 000		800 000		1 090 000
实收资本		500 000		90 000		590 000
合计	1 690 000	1 690 000	1 809 000	1 809 000	1 880 000	1 880 000

4）借贷记账法下的账户对应关系与会计分录

（1）账户的对应关系。

账户的对应关系是指采用借贷记账法对每笔交易或事项进行记录时，相关账户之间形成的应借、应贷的相互关系。存在对应关系的账户称为对应账户。例如购买原材料，材料已验收入库，记入“原材料”账户的借方，同时因为尚未付款，所以记入“应付账款”账户的贷方。这样在“原材料”“应付账款”账户之间就形成了应借、应贷的关系，即账户的对应关系。这两个账户就是对应账户。

（2）会计分录。

① 会计分录的含义。

会计分录，简称分录，是对每项经济业务列示出应借、应贷的账户名称及其金额的一种记录。会计分录由应借应贷方向、相互对应的科目及其金额3个要素构成。在我国，会计分录记载于记账凭证中。

实务中，会计分录的编制步骤大致可以分为以下5个步骤：分析经济业务或交易事项涉及的会计科目；确定涉及会计科目的变化，是增加，还是减少；确定涉及科目登记增加、减少的方向；按格式进行编写；完成编写后，检查应借应贷的会计科目是否正确，金额是否相等，是否满足有“有借必有贷，借贷必相等”的记账规则。

“会计分录”的格式规范

② 会计分录的分类。

按所涉及账户的多少，会计分录分为简单会计分录和复合会计分录。

简单会计分录是指只涉及一个账户借方和另一个账户贷方的会计分录，即一借一贷的会计分录。

复合会计分录指由两个以上（不含两个）对应账户组成的会计分录，即一借多贷、多借一贷或多借多贷的会计分录。

一般只有在一笔经济业务存在复杂关系时，才需要编制多借多贷的复合会计分录。不允许将不同类型的经济业务合并编制多借多贷的会计分录。所以，我们可以将复合会计分录分解为若干个简单会计分录，但几个简单会计分录是不能随意合并成一笔复合会计分录的。

【例 1-12】 根据例 1-3～例 1-10 中广州迪奥公司发生的经济业务，编制相应的会计分录。

（1）2020 年 1 月 2 日，向银行借入长期借款 800 000 元。

借：银行存款　　800 000
　　贷：长期借款　　800 000

（2）2020 年 1 月 5 日，收到客户所欠货款 45 000 元，存入银行。

借：银行存款　　45 000
　　贷：应收账款　　45 000

（3）2020 年 1 月 8 日，以银行存款购入电脑两台，价值 88 000 元。

借：固定资产　　88 000
　　贷：银行存款　　88 000

（4）2020 年 1 月 12 日，收到客户所欠货款 80 000 元，其中 70 000 元转入银行存款账户，10 000 元以现金收讫。

借：银行存款　　70 000
　　库存现金　　10 000
　　贷：应收账款　　80 000

（5）2020 年 1 月 16 日，投资者投入的生产设备，价值 90 000 元。

借：固定资产　　90 000
　　贷：实收资本　　90 000

（6）2020 年 1 月 19 日，以银行存款偿还供应商货款 200 000 元。

借：应付账款　　200 000
　　贷：银行存款　　200 000

（7）2020 年 1 月 23 日，以银行存款归还短期借款 500 000 元。

借：短期借款　　500 000
　　贷：银行存款　　500 000

（8）2020 年 1 月 27 日，从银行提取现金 6 000 元备用。

借：库存现金　　6 000
　　贷：银行存款　　6 000

任务解析

2020 年 2 月 17 日，广州迪奥公司收到客户所欠货款 80 000 元，存入银行。对这笔经济业务进行账务处理如下：

借：银行存款　　80 000
　　贷：应收账款　　80 000

巩固与训练

一、单选题

1．借贷记账法的理论依据是（　　）。

A．复式记账法　　B．资产＝负债＋所有者权益

C．有借必有贷，借贷必相等　　D．借贷平衡

2．账户发生额试算平衡法是根据（　　）确定的。

A．借贷记账法的记账规则

B．经济业务的内容

C．资产=负债+所有者权益的会计恒等式

D．经济业务的概要

3．下列关于复式记账法的描述，不正确的有（　　）。

A．对发生的每笔经济业务都要在两个账户中进行登记

B．可以对账户记录的结果进行试算平衡

C．可以全面、清晰地反映经济业务的来龙去脉

D．以资产与权益的平衡关系作为记账基础

4．在借贷记账法下，应收票据的贷方发生额表示（　　）。

A．企业债权的产生　　B．企业债权的收回

C．企业债务的产生　　D．企业债务的偿还

5．下列属于发生额试算平衡公式的是（　　）。

A．全部账户本期借方发生额合计=全部账户本期贷方发生额合计

B．借方期末余额=借方期初余额+借方本期发生额-贷方本期发生额

C．贷方期末余额=贷方期初余额+贷方本期发生额-借方本期发生额

D．全部资产账户借方期末余额合计=全部资产账户贷方期末余额合计

二、多选题

1．借贷记账法的基本内容包括（　　）。

A．记账符号　　B．账户结构　　C．记账规则　　D．试算平衡

2．运用借贷记账法编制会计分录时，可以编制（　　）。

A．多借多贷的分录　　B．一借一贷的分录

C．多借一贷的分录　　D．一借多贷的分录

3．下列关于借贷记账法的试算平衡的说法，正确的有（　　）。

A．全部会计科目本期借方发生额之和等于全部会计科目本期贷方发生额之和

B．试算平衡分为发生额试算平衡法和余额试算平衡法两种

C．全部会计科目期初借方余额合计等于全部会计科目期末贷方余额合计

D．如果试算平衡，则说明账户金额记录一定正确

4．所谓会计分录，就是在经济业务发生后，按照复式记账的要求，用以指明（　　）所作的记录。

A．经济业务的性质　　B．应借、应贷方向
C．应记入的金额　　D．应记入账户的名称

5．下列错误不能通过编制试算平衡表查出来的有（　　）。
A．错记有关会计科目　　B．借贷方向相反
C．重记经济业务　　D．漏记某个账户金额

三、判断题

1．一笔经济业务的借贷双方在编制会计分录时，金额上发生同样的错误，不会影响借贷双方的平衡，所以不能通过试算平衡表来发现。（　　）

2．复式记账法是以资产与权益的平衡关系作为记账基础，对于每一笔经济业务，都要在两个或两个以上相互联系的账户中进行登记，系统地反映资金运动变化结果的一种记账方式。（　　）

3．编制试算平衡表，如果试算平衡能够平衡，说明账户记录正确无误；如果试算不平衡，则说明账户记录肯定有错。（　　）

4．在借贷记账法下，账户的哪一方登记增加额（或减少额）是由账户的结构决定的。（　　）

5．企业为全面、集中地反映经济业务的全貌，简化记账手续，提高工作效率，可以将同类的经济业务合并编制复合会计分录。（　　）

四、业务题

1．某企业 2020 年 5 月发生的 5 笔经济业务如下。
（1）13 日，发放职工工资 230 000 元，其中使用现金发放 70 000 元，通过银行存款支付 160 000 元。
（2）17 日，收到投资者投入货币 300 000 元，款已存银行。
（3）21 日，收回上月货款 280 000 元，其中现金 180 000 元，通过银行收款 100 000 元。
（4）25 日，以存款支付办公用品费用 15 000 元。
（5）28 日，结转完工产品成本 240 000 元。
要求：根据以上经济业务编写会计分录，登记 T 形账户，编制发生额试算平衡表（表 1-13）。

表 1-13　发生额试算平衡表

年　　月　　　　单位：元

账户名称	本期发生额	
	借方	贷方
库存现金		
银行存款		
应收账款		
库存商品		
生产成本		
应付职工薪酬		
实收资本		
管理费用		
合计		

2．A 公司 2020 年 11 月的试算平衡表见表 1-14，根据试算平衡表原理，在表 1-14 中标号后的空格内填上正确的数字。

表 1-14 A 公司试算平衡表

年 月 日 单位：元

会计科目	期初余额		本期发生额		期末余额	
	借方	贷方	借方	贷方	借方	贷方
库存现金	20 000		7 200		27 200	
银行存款	100 000		50 000	①	130 800	
应收账款	50 000			20 000	30 000	
原材料	70 000			35 000	35 000	
库存商品	90 000		②	30 000	95 000	
固定资产	③		68 000		238 000	
累计折旧		20 000		2 000		22 000
短期借款		100 000				100 000
应付账款		80 000		66 000		146 000
预收账款		20 000	12 000			8 000
实收资本		260 000				260 000
盈余公积		20 000				20 000
合计	④	⑤	⑥	⑦	556 000	⑧

① ________ ② ________ ③ ________ ④ ________

⑤ ________ ⑥ ________ ⑦ ________ ⑧ ________

项目 2

填制和审核原始凭证

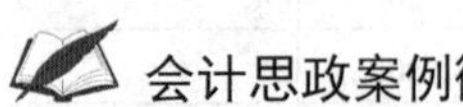

会计思政案例微课堂

南粤交通的财务共享之道

在 2019 年中国智慧财务共享服务中心高峰会暨亚太智能财务共享最佳实践颁奖盛典上，广东省南粤交通投资建设有限公司资金财务部部长林楠指出，作为国家档案局企业电子文件归档和电子档案管理第二批试点单位，公司成功打造财务共享信息系统平台。平台可实现会计电子档案管理，通过影像系统实现发票一键查重和辨别真伪，并自动识别信息自动生成记账凭证，单据在系统间直接自动推送。该公司的举措顺应了财务无纸化、数字化、智能化管理的时代潮流，助力企业实现数字化转型。近年来，国家积极推动信息技术和电子商务发展，2015 年国家税务总局启动了增值税电子普通发票试点工作；2017 年，财政部启动了财政电子票据试点应用工作；2018 年，海关总署推行了电子海关专用缴款书试点；2019 年，中国铁路总公司推行了高铁电子客票试点……2020 年 3 月 31 日，财政部、国家档案局联合发布的《关于规范电子会计凭证报销入账归档的通知》（财会〔2020〕6 号），围绕电子会计凭证报销入账归档的合法性、规范性，从其界定、法律效力、单位仅用电子会计凭证报销入账归档条件等方面做了具体要求。

（资料来源：佚名，2019. 财务共享新十年：2019 中国智慧财务共享高峰会成功举办[EB/OL].（2019-01-14）[2020-11-29]. http://3g.donews.com/News/donews_detail/3078925.html.）

感悟：人工智能等新兴技术催生了“互联网＋会计”新模式，行业企业不断转型升级，财务共享服务中心、财务机器人发展迅猛，面对新知识、新技能、新机遇和新挑战，新时代的会计从业人员必须时刻关注行业企业动态，通过网络、书籍等多种学习渠道开阔职业视野，秉持终身学习的理念，练就过硬的专业技能，着力提升自身的综合职业能力，服务社会发展。

任务 2.1　原始凭证的认识

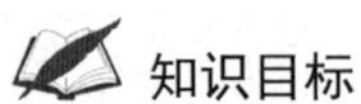

知识目标

1. 掌握原始凭证的概念。
2. 熟悉原始凭证的分类。

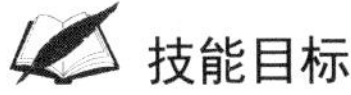

技能目标

能区分原始凭证的种类。

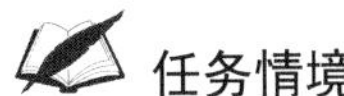

任务情境

李伟进入广州迪奥公司后，很快与大华贸易公司签订了一份关于销售一批女式手提包的销售合同。他兴致勃勃地将销售合同交给财务部进行账务处理，但是财务部的同事拒绝了他的请求。他感到很疑惑，想知道财务部为什么会拒绝他的请求。

知识准备

会计凭证是记录经济业务事项、明确经济责任，并具有法律效力的书面证明。填制和审核会计凭证是会计核算工作的起点和基本环节，是登记账簿的前提和依据。会计凭证一般按照其填制程序和用途不同，可以分为原始凭证和记账凭证两大类。

1．原始凭证的概念

原始凭证是在经济业务发生或完成时取得或填制的，用于记录或证明经济业务发生或完成、明确经济责任并具有法律效力的书面证明。因为原始凭证能够证明经济业务发生或完成情况，所以它成为企业会计核算的重要原始资料。会计人员要把审核无误的原始凭证作为填制记账凭证、登记有关明细账的直接依据。

2．原始凭证的分类

原始凭证认定的注意事项

原始凭证可以按照不同的标准进行分类。

1）按来源分类

原始凭证按其来源不同，可以分为外来原始凭证和自制原始凭证。

（1）外来原始凭证是指在同外单位发生经济往来事项时，从外单位取得的凭证，如购原材料取得的增值税专用发票、银行转来的收款或付款通知单，以及职工出差取得的火车票（图 2-1）、飞机票等。

图 2-1　火车票

（2）自制原始凭证是指在经济业务事项发生或完成时，由本单位内部经办部门或人员填制的凭证，如开出支票来支付采购材料的货款时需要填制支票（图 2-2）、材料入库时填的收料单、领用材料时填制的领料单。

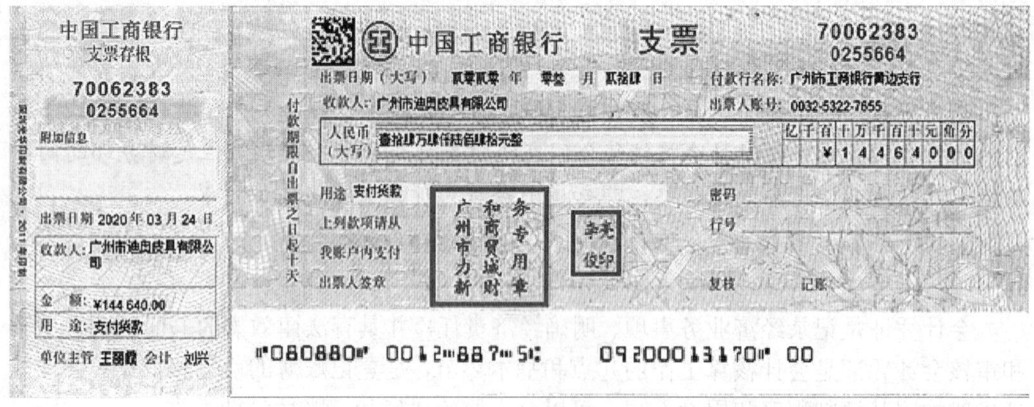

中国工商银行
支票存根
70062383
0255664
附加信息
出票日期 2020 年 03 月 24 日
收款人：广州市迪奥皮具有限公司
金额：¥144 640.00
用途：支付货款
单位主管 王丽霞 会计 刘兴

中国工商银行 支票 70062383 0255664
出票日期（大写） 贰零贰零 年 零叁 月 贰拾肆 日 付款行名称：广州市工商银行黄边支行
收款人：广州市迪奥皮具有限公司 出票人账号：0032-5322-7655
付款期限自出票之日起十天
人民币（大写） 壹拾肆万肆仟陆佰肆拾元整 ¥144640 00
用途 支付货款 密码
上列款项请从 行号
我账户内支付
出票人签章 复核 记账

图 2-2 支票

2）按填制手续分类

自制原始凭证按填制手续不同，又可分为一次凭证、累计凭证和汇总原始凭证。

（1）一次凭证是指只反映一项经济业务或同时记录若干项同类性质经济业务的原始凭证，其填制手续是一次完成的。一次凭证只能使用一次，填制完毕，凭证手续完成，只能反映一笔业务的内容，优点是方便灵活，但数量较多，核算起来较麻烦。所有的外来原始凭证都是一次凭证，如采购原材料取得的增值税专用发票（图 2-3）、银行转来的收款或付款通知单等。

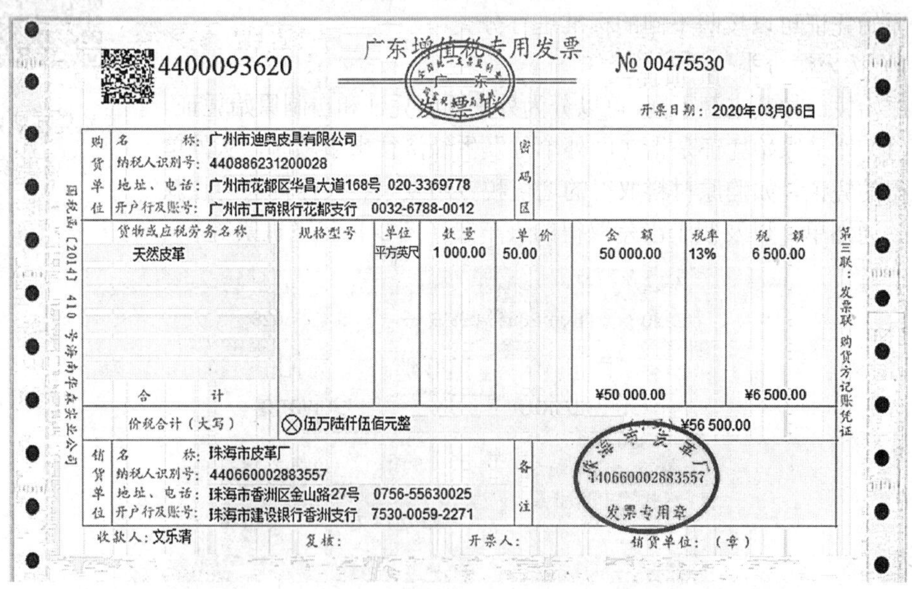

4400093620 广东增值税专用发票 № 00475530
发票联
开票日期：2020年03月06日

购货单位	名称：广州市迪奥皮具有限公司 纳税人识别号：440886231200028 地址、电话：广州市花都区华昌大道168号 020-3369778 开户行及账号：广州市工商银行花都支行 0032-6788-0012	密码区					
货物或应税劳务名称	规格型号	单位	数量	单价	金额	税率	税额
天然皮革		平方英尺	1 000.00	50.00	50 000.00	13%	6 500.00
合计					¥50 000.00		¥6 500.00
价税合计（大写）	⊗伍万陆仟伍佰元整				（小写）¥56 500.00		
销货单位	名称：珠海市皮革厂 纳税人识别号：440660002883557 地址、电话：珠海市香洲区金山路27号 0756-55630025 开户行及账号：珠海市建设银行香洲支行 7530-0059-2271	备注					

收款人：文乐清 复核： 开票人： 销货单位：（章）

第三联：发票联 购货方记账凭证

图 2-3 增值税专用发票

（2）累计凭证是指在一定时期内（一般以 1 个月为限）连续发生的同类经济业务的自制原始凭证，其填制手续是随着经济业务事项的发生而分次进行的。使用累计凭证，能减少凭证数量，简化凭证填制手续。累计凭证虽然可以多次使用，但是直到期末才能完成凭证手续，并在期末计算出累计数后方可作为记账的原始依据。例如，限额领料单（表 2-1）就是一种可以多次使用的累计凭证。

表 2-1　限额领料单

领料部门：皮包生产车间　　　　发料仓库：
用途：生产男式公文包　　　　编　　号：

材料类别	材料编码	材料名称	规格	计量单位	单价/元	领料限额	全月实领	
							数量	金额/元
		五金件		套	35	600	500	17 500
日期	请领		实发					
	数量	领料单位负责人	数量	单价/元	金额/元	发料人	领料人	限额结余
1.05	400	陆生	400	35	14 000	古乐	张艳	200
1.15	50	陆生	50	35	1 750	古乐	张艳	150
1.26	50	陆生	50	35	1 750	古乐	张艳	100

生产计划部门负责人：王林　　　　仓库负责人：魏明

（3）汇总原始凭证是指根据一定时期内反映相同经济业务的多张原始凭证，汇总编制而成的自制原始凭证，以集中反映某项经济业务总括发生情况。汇总原始凭证既可以简化会计核算工作，又便于进行经济业务的分析比较。发料单汇总表的格式如表 2-2 所示。

表 2-2　发料单汇总表

2020 年 01 月 31 日　　　　单位：元

用途	原材料					发料合计
	主要材料				辅助材料	
	1～10 日	11～20 日	21～31 日	小计		
生产产品耗用	40 000	20 000	40 000	100 000	5 000	105 000
一般车间耗用	5 000	3 000	12 000	20 000	1 500	21 500
行政办公部门耗用	900	500	1 100	2 500	500	3 000
合计	45 900	23 500	53 100	122 500	7 000	129 500

3）按格式分类

原始凭证按格式不同，可以分为通用凭证和专用凭证。

（1）通用凭证是由有关部门统一印制、在一定范围内使用的具有统一格式和使用方法的原始凭证，如全国通用的增值税发票、银行转账结算凭证（图 2-4）等。

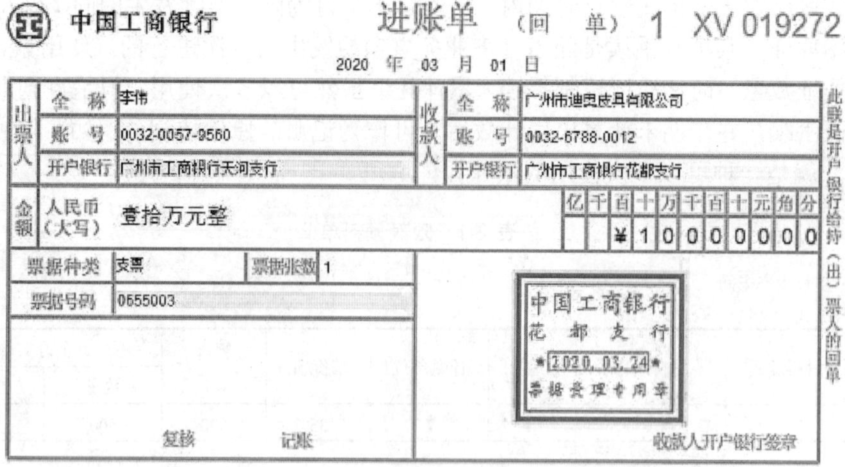

中国工商银行　进账单（回　单）1　XV 019272

2020 年 03 月 01 日

出票人	全　称	李伟	收款人	全　称	广州市迪奥皮具有限公司
	账　号	0032-0057-9560		账　号	0032-6788-0012
	开户银行	广州市工商银行天河支行		开户银行	广州市工商银行花都支行
金额	人民币（大写）	壹拾万元整		亿千百十万千百十元角分	¥10000000
票据种类	支票	票据张数	1		
票据号码	0655003				
复核	记账			收款人开户银行签章	

中国工商银行 花都支行 2020.03.24 票据受理专用章

此联是开户银行给持（出）票人的回单

图 2-4　银行转账结算凭证

（2）专用凭证是由单位自行印制、仅在本单位内部使用的原始凭证，如企业单位内部使用的收料单、领料单、工资费用分配单、折旧计算表（表 2-3）等。

表 2-3　广州迪奥公司折旧计算表

2020 年 03 月 31 日　　　　单位：元

车间、部门	3 月折旧额
生产车间	17 000
办公车间	3 000
行政办公部门	7 000
合计	27 000

审核：王丽霞　　　　填制：刘兴

综上所述，对原始凭证的分类总结如图 2-5 所示。

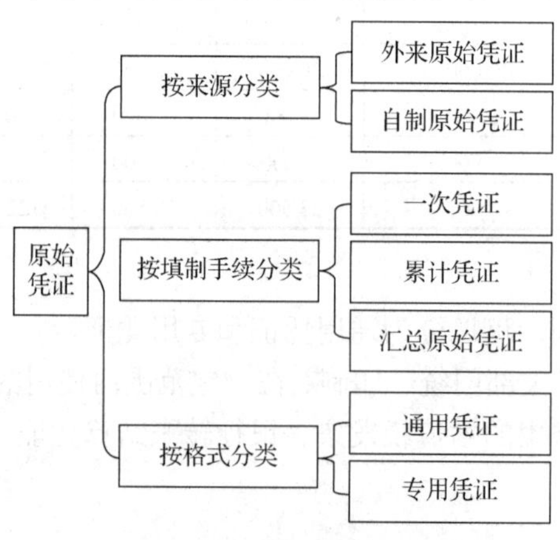

图 2-5　原始凭证的分类

任务解析

李伟与大华贸易公司签订的购销合同，还不能确定具体的销售收入，它不能作为证明销售业务发生或完成的单据，因此不能作为原始凭证，财务部工作人员有权拒绝李伟提出进行销售账务处理的请求。

巩固与训练

一、单选题

1．下列单据中，可以作为记账依据的是（　　）。

A．请购单　B．购销合同　C．提货单　D．发票

2．下列原始凭证中，属于累计凭证的是（　　）。

A．收据　B．发票　C．限额领料单　D．转账支票

3．下列原始凭证中，不属于自制原始凭证的是（　　）。

A．发料单　B．出库单　C．实存账存对比　D．飞机票

4．下列项目中，属于原始凭证的是（　　）。

A．材料请购单　B．产品销售计划　C．经济合同　D．领料单

5．下列项目中，属于外来原始凭证的是（　　）。

A．材料入库单　B．银行收款通知单

C．产成品出库单　D．收料凭证汇总单

二、多选题

1．下列项目中，属于自制原始凭证的有（　　）。

A．领料单　B．工资结算单　C．购料发票　D．银行对账单

2．不能作为记账依据的原始凭证有（　　）。

A．购销计划表　B．购销合同　C．银行对账单　D．债务对账单

3．下列项目中，属于外来原始凭证的有（　　）。

A．购货发票　B．限额领料单

C．出差人员的飞机票　D．工资结算单

4．下列项目中，属于常用汇总原始凭证的有（　　）。

A．差旅费报销单　B．工资结算汇总表

C．限额领料单　D．发出材料汇总表

5．限额领料单属于（　　）。

A．一次凭证　B．原始凭证　C．累计凭证　D．自制原始凭证

三、判断题

1．汇总原始凭证与原始凭证一样都具有法律效力。（　　）

2．原始凭证是在经济业务发生或完成时取得或填制的，用于记录或证明经济业务发生或完成、明确经济责任并具有法律效力的书面证明。（　　）

3. 发票、购货合同、收据等都是原始凭证。（　）

4. 累计凭证是在一定时期不断重复反映同类经济业务的完成情况的凭证，它是由经办人在每次经济业务完成后在其上面重复填制而成的。（　）

5. 汇总原始凭证是对一定时期内反映经济业务内容相同的若干张原始凭证，按一定标准综合填制的原始凭证，它合并了同类型经济业务，简化了记账工作。（　）

任务 2.2　填制原始凭证

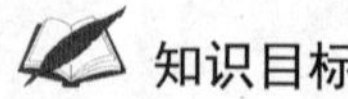 知识目标

熟悉原始凭证的基本内容。

微课：原始凭证的填制

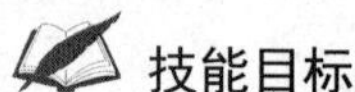 技能目标

能掌握填制原始凭证的方法。

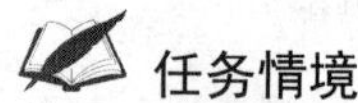 任务情境

李伟为了尽快熟悉公司的产品，被广州迪奥公司派去广州天河区琶洲参加珠三角皮具产品博览会。回来时，公司财务部要求他将出差学习期间的酒店住宿发票和参加会务的发票拿回来报销，并且填写好出差报销单，他却不知道如何规范填写。

知识准备

填制原始凭证是会计工作的起点，也是会计工作的基本环节。

1. 原始凭证的基本内容

虽然记录经济业务的原始凭证的内容各不相同，种类繁多，但是每一种原始凭证都必须具备一些基本内容。这些基本内容如下。

（1）原始凭证的名称及编号：原始凭证必须有明确的名称，以便凭证的管理和业务处理。要求编号的原始凭证，应根据经济业务发生的先后顺序编号。

（2）填制原始凭证的日期：凭证填制的日期就是经济业务发生的日期，以便对经济业务进行审查。

（3）接收原始凭证的单位或个人：证明经济业务是否确实是本单位发生的，以便记账和查账。值得注意的是，单位的名称必须是全称，不得省略。

（4）经济业务内容：完整地填写经济业务的内容，以便了解经济业务的具体情况，检查其真实性、合理性和合法性。

（5）经济业务的数量、单价和金额：数量、单价和金额是经济业务发生的量化证明，是保证会计资料真实性的基础。特别是大、小写金额必须按规定完整填写，防止出现舞弊行为。

（6）填制原始凭证的单位名称或者填制人姓名：填制凭证的单位或个人是经济业务发生的证明人，有利于了解经济业务的来龙去脉。

（7）经办人员或责任人的签名或者盖章：凭证上的签名、盖章人是经济业务的直接经办人，签名、盖章可以明确经济责任。原始凭证的基本内容如图 2-6 所示。

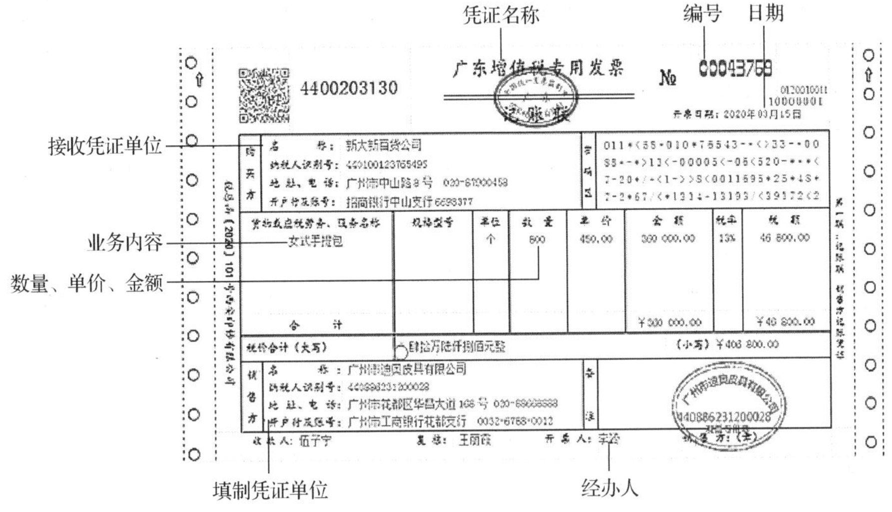

图 2-6 原始凭证的基本内容

2．原始凭证的填制要求

原始凭证填制是指经济业务发生后，按规定对原始凭证的填写。填制原始凭证，要符合以下要求。

（1）记录要真实。原始凭证所填列的经济业务内容、时间、数量、金额，必须真实可靠，既要符合国家有关政策、法令、法规、制度的要求，又要符合有关经济业务的实际情况，不得弄虚作假，更不得伪造凭证。

（2）内容要完整。原始凭证所要求填列的项目必须逐项填列齐全，不得遗漏和省略。如果项目填写不全、办理手续不完备，经办业务的有关部门和人员没有按规定审核、签名盖章，该原始凭证就不得作为会计核算的原始书面证明。

（3）手续要完备。经济业务的有关部门和人员填制原始凭证时，必须符合手续完备的要求。单位自制的原始凭证必须有经办单位领导人或者其他指定人员的签名盖章；对外开出的原始凭证必须加盖本单位公章；从外部取得的原始凭证，必须盖有填制单位的公章；从个人取得的原始凭证，必须有填制人员的签名盖章。

（4）书写要清楚、规范。原始凭证要用蓝色或黑色墨水笔书写，文字要简练，字迹要清晰，不得使用未经国务院公布的简化汉字。

阿拉伯数字应该一个一个地书写，不得写连笔字，在金额前要填写人民币符号“¥”，人民币符号“¥”与阿拉伯数字之间不得留有空白；金额数字一律填写到角分，无角分的，写“00”或符号“－”，有角无分的，分位写“0”，不能用符号“－”。

汉字大写金额数字的壹、贰、叁、肆、伍、陆、柒、捌、玖、拾、佰、仟、万、亿、元、角、分、零、整等，一律用正楷或行书字书写，大写金额前未印有“人民币”字样的，应加写“人民币”3 个字，“人民币”字样和大写金额之间不得留有空白，大写金额到元或角为止的，后面要写“整”或“正”字，有角分的，不写“整”或“正”字。

（5）编号要连续。各种的原始凭证应该连续编号，便于核查。如果原始凭证已预先印定编号，在写坏作废时，应加盖“作废”戳记，连同存根一起妥善保管，不得撕毁。

（6）更正方法要正确。原始凭证有错误的，不得涂改、刮擦、挖补，如果文字内容有误，应当由原开具单位重开或更正，更正处加盖出具单位印章；如果原始凭证金额有错误的，应当由出具单位重开，不得在原始凭证上更正。

（7）填制要及时。各种原始凭证在经济业务发生或完成时，一定要及时填写，并按规定的程序及时送交会计机构、会计人员进行审核，以便尽快编制记账凭证。

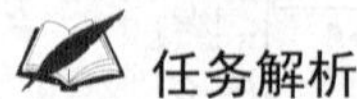

任务解析

李伟填写出差报销单时，应该按照记录要真实，内容要完整，手续要完备，书写要清楚、规范，编号要连续，更正方法要正确，填制要及时等填写要求进行填写。

巩固与训练

一、单选题

1. 下列各项中，不属于原始凭证要素的是（　　）。

A. 经济业务发生日期　　B. 经济业务内容

C. 会计人员记账标记　　D. 原始凭证附件

2. 根据《中华人民共和国会计法》（以下简称《会计法》）的规定，外来原始凭证的金额有误时，应当采取的正确做法是（　　）。

A. 由出具单位重开

B. 由出具单位更正并盖出具单位印章

C. 由接受单位更正并盖接受单位印章

D. 由经办人员更正并盖经办人员印章

3. 下列不属于填制原始凭证要求的是（　　）。

A. 记录要真实　　B. 内容要完整

C. 填制要及时　　D. 涂改、刮擦、挖补进行修正

4. “4000.56 元”汉字大写的正确书写方式是（　　）。

A. 肆仟零伍角陆分　　B. 肆千零伍角陆分

C. 肆千零伍角陆分整　　D. 肆仟零伍角陆分整

5. 下列各项中，不属于原始凭证的填制要求的是（　　）。

A. 原始凭证必须加盖公章

B. 有大小写的原始凭证，大小写必须相等

C. 原始凭证的填制要符合要求

D. 原始凭证的书写要规范

二、多选题

1．原始凭证发生错误，可以采用的更正方法有（　　）。

A．金额错误，只能由出具单位重开

B．更正处应加盖出具单位的印章

C．不得直接作为记账凭证的依据

D．非金额错误，由出具单位重开或更正

2．原始凭证应该包含的基本内容有（　　）。

A．凭证名称　　B．填制日期

C．填制和接受凭证的单位名称　　D．凭证编号

3．填制原始凭证时，符合书写要求的是（　　）。

A．阿拉伯金额数字前面应当书写币种符号

B．币种符号与阿拉伯金额数字之间不得留有空白

C．大写金额有角的，“角”字后面要写“整”或“正”字

D．汉字大写金额可以用简化字代替

4．下列选项中，符合有关原始凭证填制要求的是（　　）。

A．年、月、日要按照原始凭证的实际日期填写

B．原始凭证所填列的经济业务内容和数字，必须真实可靠，符合实际情况

C．小写金额为¥1 005.00，大写金额应写成“人民币壹仟零伍元整”

D．原始凭证金额有错误的，应当采用划线更正法进行更正

5．记账凭证的填制除了必须做到记录真实、填制及时、书写清楚外，还必须符合的要求是（　　）。

A．如有空行，应当在空行处划线注销

B．必须连续编号

C．发生错误，应该按规定的方法更正

D．除另有规定外，应该有附件并注明附件张数

三、判断题

1．会计机构和会计人员如发现外来原始凭证金额填写错误，应当交由出具单位予以更正并在更正处加盖出具单位印章后，才能受理并据此进行会计核算。（　　）

2．各种的原始凭证可以不连续编号，只要方便企业进行账务处理即可。（　　）

3．原始凭证要用蓝色或黑色墨水笔书写，文字要简练，字迹要清晰，不得使用未经国务院公布的简化汉字，这是原始凭证书写要清楚、规范的要求。（　　）

4．原始凭证所填列的经济业务内容、时间、数量、金额，必须真实可靠。（　　）

5．为了简化手续，提高工作效率，在填写原始凭证时涉及单位名称的不必要写全称，简写即可。（　　）

四、实训题

1．河东有限公司 2020 年 4 月发生如下部分经济业务：5 日，采购人员刘涛用现金购买了行政办公室使用的办公用品 339 元，并取得一张增值税专用发票。

请以采购人员刘涛的身份根据业务内容填写现金支出凭单（图 2-7）。

现金支出凭单　　　　第10号

附件　张　　　　年　月　日

对方科目编号	

用途事项：________________
人民币（大写）________________ ¥________
收款人：（签章）　主管人员：（签章）　会计人员：（签章）　出纳员收讫：（签章）

图2-7　现金支出凭单

2．15日，仓库收料人员陈锋收到华丰塑料厂发来的材料一批，具体的材料如下：编号为001，规格为银灰色的奶嘴钉实收数量有100个；编号为002，规格为黄铜色的侧装挂耳实收数量有200个。全部已验收入库，应收与实收相符（该批材料的发票编号为00475531）。

请以仓库收料人员陈锋的身份根据所发生的实际业务内容填写入库单（表2-4）。

表2-4　入库单

供货单位：

发票编号：　　　　年　月　日　　　　第111号

材料编号	材料名称	材料规格	计量单位	数量	
				应收	实收

仓库主管：　　　　收料人员：

3．27日，开票人员沈文向广州佳丽商贸公司开出一张增值税专用发票。内容主要是公司向广州佳丽商贸公司销售300套五金配件，100元/套。开出的增值税专用发票上注明货物金额为30 000元，增值税税额为3 900元，价税合计为33 900元。

河东有限公司资料如下。

纳税人识别号：440886241200029。

地址、电话：广州市白云区白云大道南123号，020-34685154。

开户行及账号：广州市工商银行白云支行，0031-8943-7002。

开票人：沈文。

复核：林明。

广州佳丽商贸公司资料如下。

纳税人识别号：440886271200035。

地址、电话：广州市天河区石牌路482号，020-33688741。

开户行及账号：广州市工商银行天河支行，0049-8733-7749。

收款人：文明。

请以开票人员沈文的身份根据所发生的实际业务内容填写增值税专用发票，如图 2-8 所示。

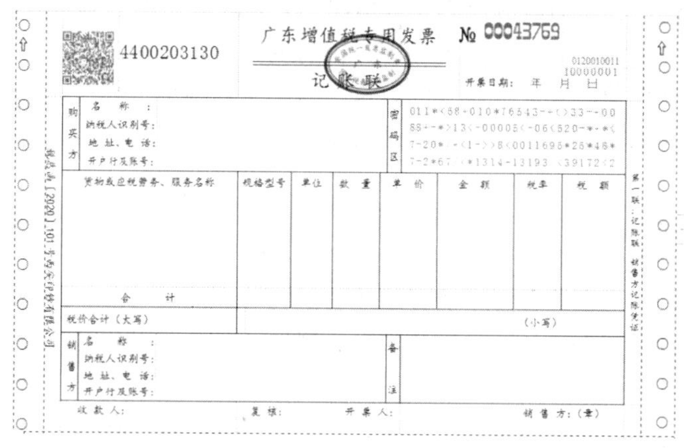

4400203130　广东增值税专用发票　№ 00043769

记账联

0120010011
10000001

开票日期：　年　月　日

购买方　名　　称：
纳税人识别号：
地 址、电 话：
开户行及账号：

密码区
011*<68+010*76543-+()33--00
88+-*>13<-00005<-06<520-*-*(
7-20*/-(1->)8<0011695*26*46*
7-2*67/<*1314-13193 <39172<2

货物或应税劳务、服务名称	规格型号	单位	数量	单价	金额	税率	税额
合　　计							

税价合计（大写）　　（小写）

销售方　名　　称：
纳税人识别号：
地 址、电 话：
开户行及账号：

备注

收款人：　复核：　开票人：　销售方：（章）

税总函［2020］101号××印刷有限公司

第一联：记账联　销售方记账凭证

图 2-8　增值税专用发票

任务 2.3　审核原始凭证

知识目标

熟悉原始凭证审核的内容。

技能目标

能够掌握经审核后的原始凭证的不同情况的处理方法。

任务情境

李伟出差回来后，按照财务部要求将出差期间发生的费用填写好出差报销单，并且希望能够马上报销，财务部却表示不能马上报销，需要一定的时间对这些发票进行审核。李伟满心疑问："既然发票都拿回来了，为什么还要审核才能报销呢？"

知识准备

《会计法》第十四条规定，会计机构、会计人员必须按照国家统一的会计制度的规定对原始凭证进行审核，对不真实、不合法的原始凭证有权不予接受，并向单位负责人报告。

1．原始凭证审核的内容

只有经过有关人员审核无误的原始凭证才能作为记账的依据，原始凭证的审核主要包括以下基本内容。

（1）真实性审核。主要审核原始凭证中所列的经济业务事项是否真实，是否存在弄虚作假情况。一般情况下，主要是审核凭证所反映的内容是否符合所发生的实际情况，数字、文字有无伪造、涂改、重复使用，以及大头小尾、各关联之间的数字是否不相符或者存在掩盖、伪造、歪曲或颠倒事实等情况。尤其注意审核是否存在以下几个方面的问题：内容记载是否清晰，有无掩盖事情真相的现象；凭证抬头是否为本单位，有无可能存在虚构单位的现象；凭证上涉及的数量、单价与金额是否与实际相符；认真核对笔迹，有无模仿领导笔迹签字冒领现象；有无涂改，有无添加内容和金额；有无移花接木的凭证等现象。

（2）合法性审核。审核原始凭证反映的经济业务是否符合现行财政、税收、经济、金融等有关的法令规定，是否符合现行财务会计制度。

（3）合理性审核。审核所发生的经济业务是否符合厉行节约、反对浪费、有利于提高经济效益的原则，有否违反该原则的现象。例如，突击使用预算结余购买不需要的物品，属于违反上述原则的情况，不能作为合理的原始凭证。

（4）完整性审核。审核原始凭证是否具备基本内容，有否存在应填项目未填或填写的项目不清楚的现象。主要是审核原始凭证各个项目是否填写齐全，数字是否正确；名称、商品规格、计量单位、数量、单价、金额和填制日期的填写是否填写清晰，凭证中应有的印章、签名是否齐全，审批手续是否健全等。

（5）正确性审核。审核原始凭证所填列的数字是否符合要求，包括数量、单价、金额及小计、合计等填写是否清晰，计算是否准确，是否用复写纸套写，有无涂改、刮擦挖补等弄虚作假行为。如果凭证上涉及的业务内容出现摘要与数量、金额不相对应，数量与单价的乘积与金额不符等情况，都不能作为正确的原始凭证处理。

（6）及时性审核。审核经济业务发生或者完成时是否及时填制了相关的原始凭证，是否及时进行了凭证的传递。审核时应该注意审核凭证的填制日期，特别是支票、商业汇票等实效性较强的原始凭证，应该及时送交到会计机构，会计人员及时进行审核，做到不拖延、不积压，以便尽快编制记账凭证。

2．原始凭证的审核处理

在实际工作中，只有取得审核签章后方可记账。经审核的原始凭证应根据不同情况处理。

（1）对于完全符合要求的原始凭证，应及时编制记账凭证入账。

（2）对于真实、合理、合法但不完整的会计原始凭证，应退回有关经办人，由其负责将有关凭证补充完整，更正错误或重开后，再办理会计手续。

（3）对于不真实、不合法的原始凭证，会计机构、会计人员有权不予接受，并向单位负责人报告，请求查明原因，追究有关当事人的责任。

任务解析

根据《会计法》相关规定，会计机构、会计人员必须按照国家统一的会计制度的规定对原始凭证进行审核。李伟出差取得的发票，财务部应该要从真实性、合法性、合理性、完整性、正确性、及时性等内容进行审核。只有经过审核无误的原始凭证才能作为记账的依据。

巩固与训练

一、单选题

1．对外来原始凭证的真实性进行审核的内容有（　　）。

A．经济业务内容是否真实　　B．填制凭证的日期是否正确

C．填制单位公章和填制人员签章是否齐全　　D．是否有本单位公章和经办人签章

2．审核原始凭证所记录的经济业务是否符合企业生产经营需要发生的，是否符合计划或预算，这属于（　　）的审核。

A．合理性　　B．合法性　　C．真实性　　D．正确性

3．下列内容属于原始凭证“完整性”的审核范围是（　　）。

A．记录的经济业务是否有违反国家的法律法规

B．记录的经济业务是否有违反企业的内部制度、计划、预算

C．原始凭证是否经填制单位签章，大小写金额是否齐全

D．大小写金额是否一致

4．会计机构、会计人员对真实、合法、合理，但内容不够完整、填写有错误的原始凭证，应当（　　）。

A．不予受理　　B．予以受理

C．予以纠正　　D．予以退回，要求更正、补充或重开

5．会计机构、会计人员对不真实、不合法的原始凭证，应该采取的正确做法是（　　）。

A．有权不予受理　　B．报告财政部门

C．报告税务部门　　D．报告审计部门

二、多选题

1．对原始凭证的审核内容包括（　　）。

A．真实性　　B．合法性　　C．合理性　　D．完整性

2．以下说法正确的有（　　）。

A．对于完全符合要求的原始凭证，应及时编制记账凭证入账

B．对于真实、合理、合法但不完整的会计原始凭证，应退回有关经办人，由其负责将有关凭证补充完整，更正错误或重开

C．对于不真实、不合法的原始凭证，会计机构、会计人员有权不予接受，并向单位负责人报告

D．对于不真实、不合法的原始凭证，会计机构、会计人员退回，更正错误或重开

3．对原始凭证的审核内容包括（　　）。

A．真实性、合法性　　B．合理性

C．会计分录的正确性　　D．内容的完整性、正确性

4．对原始凭证进行审核是确保会计资料质量的重要措施之一。会计机构、会计人员应当对原始凭证是否（　　）进行审核。

A．合法　　B．真实　　C．完整　　D．准确

5．下列关于原始凭证的审核的表述，正确的是（　　）。

A．自制原始凭证必须有经办部门和经办人员的签名或者盖章

B．外来原始凭证必须有填制单位公章和填制人员的签章

C．审核原始凭证所记录的经济业务是否符合公司生产经营活动的需要，是否符合有关计划和预算等

D．对于不真实、不合法的原始凭证，会计机构和会计人员有权不予接受，并向单位负责人报告

三、判断题

1．在审核原始凭证时，发现有伪造、涂改或不合法的原始凭证，应退还经办人更改后再受理。（　　）

2．审核无误的原始凭证，是登记账簿的直接依据。（　　）

3．如果凭证上涉及的业务内容摘要与数量、金额不相对应，业务所涉及的数量与单价的乘积与金额不符，金额合计错误等情况，都不能作为正确的原始凭证处理。（　　）

4．会计机构、会计人员必须按照国家统一会计制度的规定对原始凭证进行审核，对不真实、不合法的原始凭证有权不予接纳，并向有关单位负责人报告。（　　）

5．审核原始凭证所反映的经济业务是否符合现行财政、税收、经济、金融等有关的法令规定，是否符合现行财务会计制度，这是原始凭证合理性审核的要求。（　　）

四、实训题

河东有限公司 2020 年 4 月发生如下经济业务，按要求回答问题。

1．6 日，从南山五金厂采购奶嘴钉 2 000 个，1 元/个。取得的增值税专用发票上注明货物金额为 2 000 元，增值税税额为 260 元，价税合计为 2 260 元，材料已验收入库。公司出纳刘爱根据以上业务开出转账支票支付了全部款项，会计李新进行了审核。

图 2-9 是出纳刘爱开出的支票，请以会计李新的身份根据所发生的实际业务内容对出纳刘爱开出的支票进行审核，给予审核意见，如果审核不通过，请指出存在的问题。

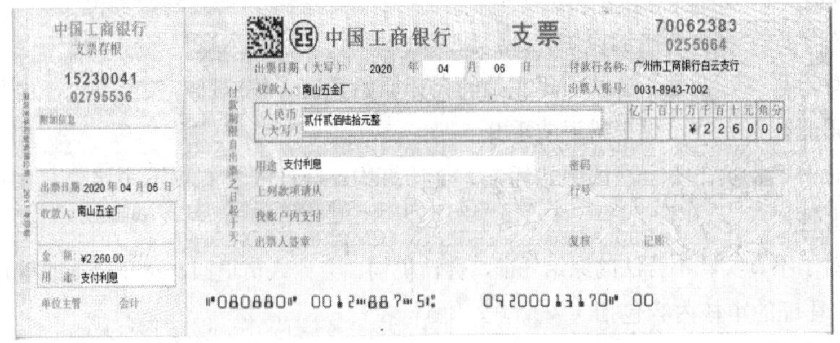

中国工商银行 支票存根
15230041
02795536
附加信息
出票日期 2020 年 04 月 06 日
收款人：南山五金厂
金　额：¥2 260.00
用　途：支付利息
单位主管　会计

中国工商银行　支票　70062383　0255664
出票日期（大写）2020 年 04 月 06 日　付款行名称：广州市工商银行白云支行
收款人：南山五金厂　出票人账号：0031-8943-7002
人民币（大写）贰仟贰佰陆拾元整　亿千百十万千百十元角分　¥226000
用途 支付利息　密码
上列款项请从　行号
我账户内支付
出票人签章　复核　记账
付款期限自出票之日起十天

图 2-9　支票

2．18 日，从华南五金厂采购侧装挂耳 500 个，2 元/个。材料到达后，实际验收数量为 400 个，经与华南五金厂发货部门沟通，少收的 100 个侧装挂耳是由于销售方漏发了。图 2-10 为河东有限公司收到销售方寄来的增值税专用发票。

请以会计李新的身份根据所发生的实际业务内容对华南五金厂开出的增值税专用发票进行审核，

给予审核意见，如果审核不通过，请指出存在的问题。

4400093620 增值税专用发票 № 005788903

开票日期：2020年04月18日

购货单位	名称：河东有限公司 纳税人识别号：440886241200029 地址、电话：广州市白云区白云大道南123号 020-34685154 开户行及账号：广州市工商银行白云支行0031-8943-7002	密码区	（略）

货物或应税劳务名称	规格型号	单位	数量	单价	金额	税率	税额
侧装挂耳		个	500	2.00	1 000.00	13%	130.00
合计					¥1 000.00		¥130.00
价税合计（大写）	⊗壹仟壹佰叁拾元整				（小写）¥1 130.00		

销货单位	名称：河东有限公司 纳税人识别号：440876241300427 地址、电话：广州市越秀区南岭南路678号 020-34787152 开户行及账号：广州市工商银行越秀支行0039-8743-1236	备注	

收款人：刘铭　复核：　开票人：　销货单位：（章）

第三联：发票联 购货方记账凭证

图 2-10 增值税专用发票

项目 3

填制和审核记账凭证

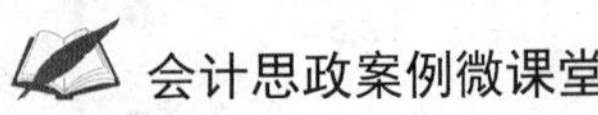

会计思政案例微课堂

万福生科的财务造假案

万福生科是一家稻谷加工企业。2011 年 9 月，万福生科以每股 25 元的发行价登录 A 股市场，曾号称“稻米精深加工第一股”。万福生科的董事长曾说：“作为一名扔掉‘铁饭碗’自主创业的民营企业创始人，我可以自豪地告诉大家，公司的业绩是真实的。”然而很快万福生科承认 2012 年半年报中虚增营业收入 1.88 亿元、虚增营业成本 1.46 亿元、虚增利润 4 023.16 万元。2013 年 3 月，万福生科自查发现 2008～2011 年累计虚增收入 7.4 亿元，虚增净利润 1.6 亿元。一位参与造假的财务人员说：“万福生科销售大米、麦芽糖等十几种产品，大多数产品的销售收入被随意编造，比真实收入虚增四五倍是平常事，有的产品根本没有销售也凭空虚造收入……”万福生科中报更正数据后，公司上半年营业收入由原来的 2.7 亿元变成 8 217 万元，亏损 1 117 万元。“要让虚增的销售额没有破绽，甚至要到税务部门为假收入纳税。”“我为万福生科积极主动的纳税意识倍感欣慰。”行家的点评无疑是对万福生科财务造假最大的讽刺。万福生科财务人员利用“农业公司交易方式有的很原始，即使业绩造假，单看调整后的业绩报表不容易识破”的特点大肆造假，最终使企业受到证券监督管理委员会处罚。

（资料来源：http://blog.sina.com.cn/s/blog_626c8498010186pi.html，有改动.）

感悟：可靠性是会计信息的首要质量要求，财务人员不以实际发生的交易或事项进行会计确认与计量，会给企业乃至社会造成不可估量的损失。财务人员要实事求是、客观公正、如实地反映经济业务的全貌，要懂法守法，坚守会计职业道德，履行《会计法》赋予的职责，杜绝弄虚作假，努力创建良好的会计法律环境。

任务 3.1　记账凭证的认识

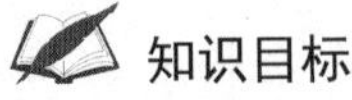

知识目标

1. 掌握记账凭证的概念。
2. 熟悉记账凭证的种类。
3. 认知不同种类记账凭证的格式。

技能目标

1. 能够判断记账凭证与原始凭证的关联。
2. 能够分析判断不同经济业务内容所采用的记账凭证。

任务情境

某天，李伟终于在财务部门拿到了报销的差旅费，看着财务办公桌上摆放整齐的差旅费发票，他对会计说："这些发票应该没什么用了吧，我帮你丢到垃圾桶吧。"会计一脸惊愕地说："绝对不可以，你的这些差旅费发票还有大用处呢！"李伟疑惑地想："之前报销说这些发票要经过审核，现在我拿到了报销款，这些发票还有什么用呢？"

知识准备

1. 记账凭证的概念

记账凭证又称分录凭证、记账凭单，是会计人员根据审核无误的原始凭证或原始凭证汇总表编制的，用以记载经济业务简要内容，确定会计分录的一种会计凭证，是登记账簿的直接依据。

原始凭证虽然能记录经济业务的具体内容，证明经济业务发生或完成情况的客观事实，但不能直接反映应记的会计账户名称和记账方向。因此，为了便于登记账簿，需要将原始凭证反映的普通商业语言转化为专门的会计语言，将编制好的会计分录写在专用格式的书面载体中，这种书面载体就是记账凭证。

2. 记账凭证的分类

1）按用途分类

记账凭证按照用途不同，可分为专用记账凭证和通用记账凭证。

（1）专用记账凭证。

专用记账凭证是指分类反映经济业务的记账凭证，按其反映的经济业务是否与库存现金或银行存款的收付有关，可分为收款凭证、付款凭证和转账凭证。

① 收款凭证。收款凭证是指用于记录库存现金和银行存款收款业务的记账凭证。根据库存现金和银行存款收入业务的原始凭证编制，分为现金收款凭证和银行存款收款凭证。收款凭证的格式如图 3-1 所示。

② 付款凭证。付款凭证是指用于记录库存现金和银行存款付款业务的记账凭证。根据库存现金和银行存款支付业务的原始凭证编制，分为现金付款凭证和银行存款付款凭证。付款凭证的格式如图 3-2 所示。

收 款 凭 证

借方科目：　　　　　　　　年　月　日　　　　　　　　字第　　号

摘要	贷方科目		贷方金额											记账√
	总账科目	明细科目	亿	千	百	十	万	千	百	十	元	角	分	
附件　张	合计													

记账　　　　出纳　　　　审核　　　　制证

图 3-1　收款凭证

付 款 凭 证

贷方科目：　　　　　　　　年　月　日　　　　　　　　字 第　　号

摘要	借方科目		借方金额											记账√
	总账科目	明细科目	亿	千	百	十	万	千	百	十	元	角	分	
附件　张	合计													

记账　　　　出纳　　　　审核　　　　制证

图 3-2　付款凭证

需要注意的是，对于库存现金和银行存款相互划转的经济业务，为了避免重复记账，只编制付款凭证，不编制收款凭证。

③ 转账凭证。转账凭证是指用于记录不涉及库存现金和银行存款业务的记账凭证。根据与库存现金和银行存款无关的经济业务发生的原始凭证填制。转账凭证的格式如图 3-3 所示。

转　账　凭　证

年　月　日　　　　字第　号

摘要	会计科目		借方金额											贷方金额											记账√
	总账科目	明细科目	亿	千	百	十	万	千	百	十	元	角	分	亿	千	百	十	万	千	百	十	元	角	分	
附件　张	合计																								

会计主管　　记账　　出纳　　审核　　制证

图 3-3　转账凭证

（2）通用记账凭证。

通用记账凭证是指不区分经济业务类型，反映所有经济业务、统一使用相同格式的记账凭证。通用记账凭证的格式与转账凭证基本相同，如图 3-4 所示。

记　账　凭　证

年　月　日　　　　字第　号

摘要	会计科目		借方金额											贷方金额											记账√
	总账科目	明细科目	亿	千	百	十	万	千	百	十	元	角	分	亿	千	百	十	万	千	百	十	元	角	分	
附件　张	合计																								

会计主管　　记账　　出纳　　审核　　制证

图 3-4　通用记账凭证

2）按填列方式分类

记账凭证按其填列方式不同，可分为单式记账凭证和复式记账凭证。

（1）单式记账凭证。

单式记账凭证是指在一张记账凭证上只填列经济业务所涉及的一个会计科目及其金额的记账凭证。一笔经济业务涉及多少个会计科目，就要填制多少张单式记账凭证，其中，填列借方科目的称为借项凭证，填列贷方科目的称为贷项凭证。例如，2020 年 2 月 15 日，会计部门收到张明个人的赔偿款 1 000 元。该经济业务记录在单式记账凭证中的具体格式如表 3-1 和表 3-2 所示。

表 3-1　借项记账凭证

对应科目：其他应收款　　　　2020 年 02 月 15 日　　　　编号：$24\frac{1}{2}$

摘要	一级科目	二级或明细科目	金额	记账	
收到张明赔偿款	库存现金		1 000.00		附 1 张

会计主管　　记账　　复核　　出纳 李漫天　　填制 宋嘉

表 3-2　贷项记账凭证

对应科目：库存现金　　　　2020 年 02 月 15 日　　　　编号：$24\frac{2}{2}$

摘要	一级科目	二级或明细科目	金额	记账	
收到张明赔偿款	其他应收款	张明	1 000.00		附 1 张

会计主管　　记账　　复核　　出纳 李漫天　　填制 宋嘉

单式记账凭证便于汇总计算每个会计科目的发生额，可以减少差错，有利于会计的分工记账。但是在单式记账凭证下，一张凭证不能反映经济业务的全貌，凭证张数多、内容分散、不易保管、不便于查账。单式记账凭证一般适用于业务量较大、会计部门内部分工较细的单位。

（2）复式记账凭证。

复式记账凭证是将一笔经济业务所涉及的全部会计科目及其发生额均在同一张记账凭证中填列的一种凭证。

复式记账凭证能够完整地反映每笔经济业务的全貌，填写方便，减少凭证张数，附件集中，有利于集中反映账户的对应关系。复式记账凭证通常被企业普遍采用，专用记账凭证和通用记账凭证均为复式记账凭证。

3）按是否汇总分类

记账凭证按其是否汇总，可以分为单一记账凭证和汇总记账凭证。

（1）单一记账凭证。

单一记账凭证是指只包括一笔经济业务所涉及会计分录的记账凭证。专用记账凭证和通用记账凭证均为单一记账凭证。

（2）汇总记账凭证。

汇总记账凭证是根据单一记账凭证汇总编制而成的记账凭证。汇总记账凭证按照其汇总方法的不同，又可以分为分类汇总记账凭证和综合汇总记账凭证。

① 分类汇总记账凭证。分类汇总记账凭证是指在一定时期内对每种专用记账凭证汇总重新编制的记账凭证。

② 综合汇总记账凭证。综合汇总记账凭证是指在一定时期内将编制的全部记账凭证汇总在一张凭证汇总表上，又称记账凭证汇总表、科目汇总表。

综上所述，对记账凭证的分类总结如图 3-5 所示。

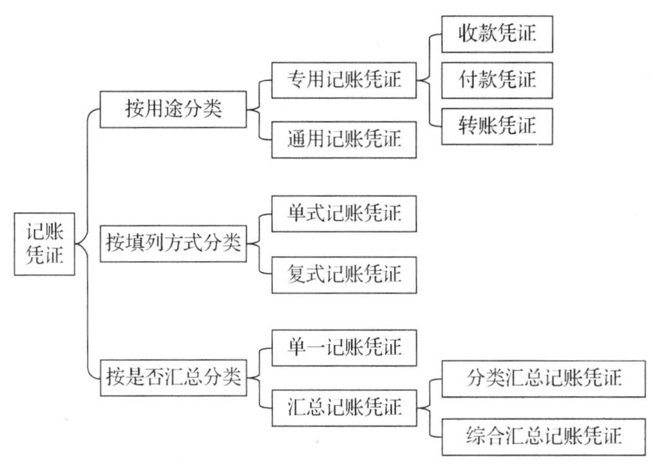

图 3-5 记账凭证的分类

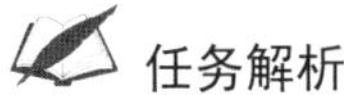

任务解析

记账凭证又称分录凭证、记账凭单，是会计人员根据审核无误的原始凭证或原始凭证汇总表编制的，用以记载经济业务简要内容，确定会计分录的一种会计凭证，是登记账簿的直接依据。因此，李伟的出差发票经审核无误后是编制记账凭证的直接依据，需要作为附件附在记账凭证的后面。

记账凭证按不同的分类标准可以分成不同的种类，在企业实务中，可以根据企业规模大小和经济业务的需要选择合适的记账凭证。李伟报销差旅费的这笔业务可以选择通用的记账凭证，也可以选择银行存款付款凭证，这两种凭证都是复式记账凭证，也是单一记账凭证。

巩固与训练

一、单选题

1．以下符合记账凭证的概念的是（ ）。

A．在经济业务发生时取得或填制的，用以记录和证明经济业务发生或完成情况的凭证

B．会计人员根据审核无误的原始凭证按照经济业务事项的内容加以归类，并据以确定会计分录后所填制的会计凭证

C．由一定格式账页组成的，以经过审核的会计凭证为依据，全面、系统、连续地记录各项经济业务的簿籍

D．反映企业或预算单位一定时期资金、利润状况的会计报表

2．记账凭证由（ ）填写。

A．出纳人员　B．会计人员　C．经办人员　D．主管人员

3．将记账凭证分为专用记账凭证和通用记账凭证两大类的依据是（ ）。

A．用途　B．填列方式

C．凭证反映的经济内容　D．凭证填制的时间

4．（　　）是指用于记录不涉及库存现金和银行存款业务的记账凭证。

A．收款凭证　　B．转账凭证　　C．通用记账凭证　　D．付款凭证

二、多选题

1．以下说法正确的有（　　）。

A．记账凭证是会计人员根据审核无误的原始凭证按照经济业务事项的内容加以归类，并据以确定会计分录后所填制的会计凭证

B．审核无误的记账凭证是登记账簿的直接依据

C．由于在记账凭证中具体指明了应借、应贷的会计科目和金额，记账凭证也叫作分录凭证

D．记账凭证可以根据每一张原始凭证编制，也可以根据同类原始凭证汇总编制或根据原始凭证汇总表编制

2．（　　）是会计人员根据审核无误的原始凭证或原始凭证汇总表编制的，用以记载经济业务简要内容，确定会计分录的一种会计凭证，是登记账簿的直接依据。

A．记账凭证　　B．记账凭单　　C．分录凭证　　D．原始凭证

3．（　　）能直接反映应记的会计账户名称和记账方向。

A．记账凭证　　B．记账凭单　　C．分录凭证　　D．原始凭证

4．以下说法错误的有（　　）。

A．记账凭证是根据原始凭证填制的

B．会计凭证分为原始凭证和记账凭证两大类的依据是凭证反映的经济内容

C．审核无误的记账凭证是登记账簿的直接依据

D．会计凭证包括原始凭证与记账凭证

5．记账凭证按填列方式可以分为（　　）。

A．专用记账凭证　　B．通用记账凭证　　C．复式记账凭证　　D．单式记账凭证

三、判断题

1．记账凭证作为一种书面载体，可以减少记账差错，便于对账和查账，提高会计核算的工作效率。（　　）

2．记账凭证不是用于记载经济业务简要内容、确定会计分录的，因此，它不能作为登记账簿直接依据的会计凭证。（　　）

3．通用记账凭证是适合所有经济业务的格式统一的记账凭证。（　　）

4．付款凭证是记录现金和银行存款收款业务的记账凭证。（　　）

5．记账凭证按其是否汇总，可以分为单一记账凭证、汇总记账凭证。（　　）

任务 3.2　记账凭证的填制方法

任务 3.2.1　记账凭证的内容与填制要求

知识目标

1. 熟悉记账凭证的基本内容。
2. 掌握记账凭证的填制要求。

技能目标

1. 能够分析判断记账凭证内容的完整性。
2. 能够分析判断记账凭证填制的正确性和准确性。

任务情境

经过会计人员的一番讲解，李伟终于明白他的差旅费报销业务究竟填在哪张记账凭证上了。但是看着记账凭证上面那些密密麻麻的小格子和空白，李伟脑子里飞快地闪现出好多个问题：记账凭证的哪些内容是必须填写的？写错了能涂改吗？什么是附件？……会计人员好像看出了李伟的疑惑，一脸严肃地说："别看这张小小的记账凭证，正确填写的要求也不少呢！"

知识准备

1．记账凭证的基本内容

记账凭证是登记账簿的直接依据，主要作用是对审核无误的原始凭证进行归类整理。虽然受单位规模和会计核算繁简程度要求的影响，各单位记账凭证的内容有所差异，但必须具备以下基本内容。

（1）填制凭证的日期。

（2）凭证编号。

（3）经济业务摘要。

（4）会计科目。

（5）金额。

（6）附件张数。

（7）有关人员的签名或盖章，包括填制凭证人员、稽核人员、记账人员、会计机构负责人、会计主管人员签名或者盖章；收款和付款凭证还应当由出纳人员签名或盖章。

记账凭证的内容如表 3-3 所示。

表 3-3 记账凭证的内容

经济业务摘要　会计科目　凭证填制日期　金额　凭证编号

记 账 凭 证

2020 年 01 月 16 日　　　　记　字第　56 号

摘要	会计科目		借方金额									贷方金额								
	总账科目	明细科目	百	十	万	千	百	十	元	角	分	百	十	万	千	百	十	元	角	分
报销差旅费	管理费用	差旅费				2	1	0	0	0	0									
	银行存款														2	1	0	0	0	0
附件张数																				
附件 6 张	合 计 金 额				¥	2	1	0	0	0	0			¥	2	1	0	0	0	0

主管会计：王丽霞　　出纳：董慧　　复核：　　制单：刘兴

签章

2．记账凭证的填制要求

记账凭证是根据审核无误的原始凭证或原始凭证汇总表填制的。记账凭证的正确与否，直接关系到会计账簿的真实性和正确性，进而影响整个会计系统相关信息的质量。根据《会计基础工作规范》规定，记账凭证的填制应遵循以下要求。

微课：记账凭证的填制

1）填制依据正确

记账凭证应当根据审核无误的原始凭证填制，或者根据若干张审核无误的同类原始凭证汇总填制，也可以根据原始凭证汇总表填制。但不得将不同内容和类别的原始凭证汇总填制在一张记账凭证上。

2）内容完整

记账凭证应该包括的各项内容必须填写齐全，并按规定程序办理签章手续，不得简化流程。

3）书写规范

记账凭证的书写应当清楚、规范。具体要求见原始凭证的填制要求。

4）所附原始凭证合规

除结账和更正错误的记账凭证可以不附原始凭证外，其他记账凭证必须附有原始凭证。如果一张原始凭证涉及几张记账凭证，可以将原始凭证附在一张主要的记账凭证后面，并在其他记账凭证上注明附有该原始凭证的记账凭证的编号或者附原始凭证复印件。一张原始凭证所列的支出需要由几个单位共同负担，应当将其他单位负担的部分开给对方原始凭证分割单，进行结算。

5）记账凭证连续编号

主管凭证填制业务的会计人员，应当按业务发生的顺序并按不同种类的记账凭证采用“字号编号法”连续编号，即按凭证类别以自然数的顺序编号，如收字第×号、付字第×号、转字第×号、记字第×号，从第 1 号开始，至本月最后一张记账凭证第×号为止。

如果一笔经济业务需要填制两张以上（含两张）记账凭证，可以采用“分数编号法”，即在原顺序编号后面，以分数形式表示该笔经济业务所填制的记账凭证的张数及该张的顺序号。例如，第 6 笔经济业务发生后，根据原始凭证需要填制 3 张记账凭证，则该笔经济业务填制的 3 张记账凭证的编号：第一张为第 $6\frac{1}{3}$ 号，第二张为第 $6\frac{2}{3}$ 号，第三张为第 $6\frac{3}{3}$ 号。

6）记账凭证日期符合要求

记账凭证日期一般为编制记账凭证当天的日期。按权责发生制原则计算收益、分配费用、结转成本利润等调整分录和结账分录的记账凭证，虽然需要到下个月才能编制，但是应填写当月月末的日期，以便在当月的账内进行登记。

7）记账凭证更正方法正确

填制记账凭证时若发生错误，应当重新填制。

8）记账凭证空行处划线注销

记账凭证填制完成后，如有空行，应当自金额栏最后一笔金额数字下的空行处至合计数上的空行处划线注销。

9）其他要求

实行会计电算化的单位，对于机制记账凭证，要认真审核，做到会计科目使用正确、数字准确无误。打印出来的机制记账凭证要加盖制单人员、审核人员、记账人员及会计机构负责人、会计主管人员印章或签字。

下面举例说明记账凭证填制的基本方法。广州市迪奥皮具有限公司财务部门于 2020 年 3 月 12 日从银行提取现金 2 000 元，用作备用金。现金借支单如图 3-6 所示，支票正联如图 3-7 所示，支票存根联如图 3-8 所示。

现 金 借 支 单

申请部门：财务部　　2020 年 03 月 12 日　　附单据 1 张

借支人	董慧	电话	020-8864500	员工号	005
借支事由	提取备用金				
申请金额	人民币（大写）贰仟元整　¥2 000.00				

部门主管：王丽霞　　审核人：张凯　　出纳：董慧　　领款人/借支人：董慧

图 3-6　现金借支单

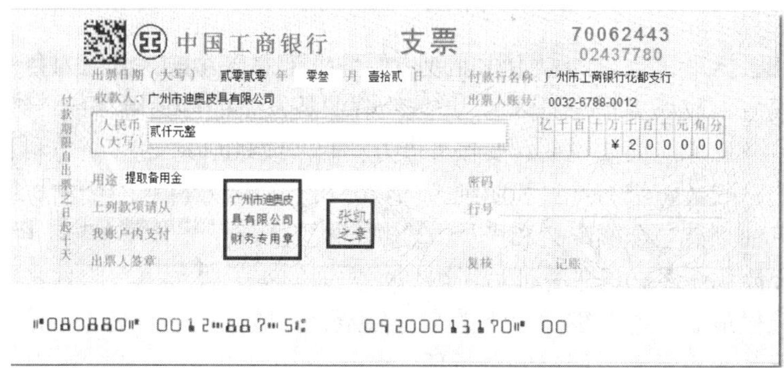
中国工商银行　支票　70062443 02437780
出票日期（大写）贰零贰零 年 零叁 月 壹拾贰 日　付款行名称：广州市工商银行花都支行
收款人：广州市迪奥皮具有限公司　出票人账号：0032-6788-0012
人民币（大写）贰仟元整　¥200000
用途 提取备用金　密码
上列款项请从　行号
我账户内支付
出票人签章　广州市迪奥皮具有限公司财务专用章　张凯之章　复核　记账
付款期限自出票之日起十天

图 3-7　支票正联

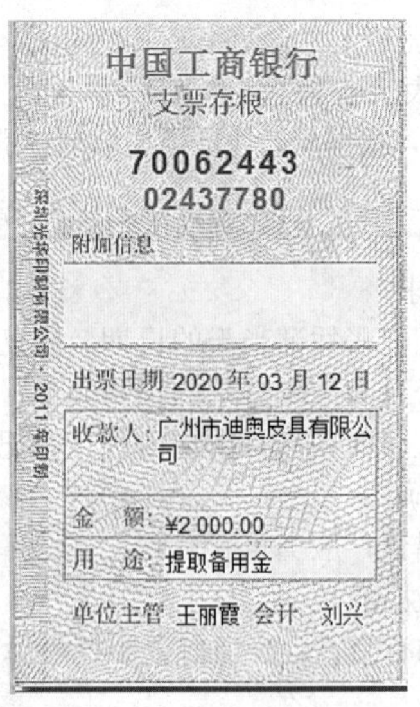
中国工商银行
支票存根

70062443
02437780

附加信息

出票日期 2020 年 03 月 12 日

收款人：广州市迪奥皮具有限公司

金　额：¥2 000.00

用　途：提取备用金

单位主管 王丽霞 会计 刘兴

深圳光华印制有限公司・2011 年印制

图 3-8　支票存根联

支票正联交由银行受理提现业务，不作为附件记账。会计人员根据现金借支单和支票存根联填制的记账凭证如图 3-9 所示。

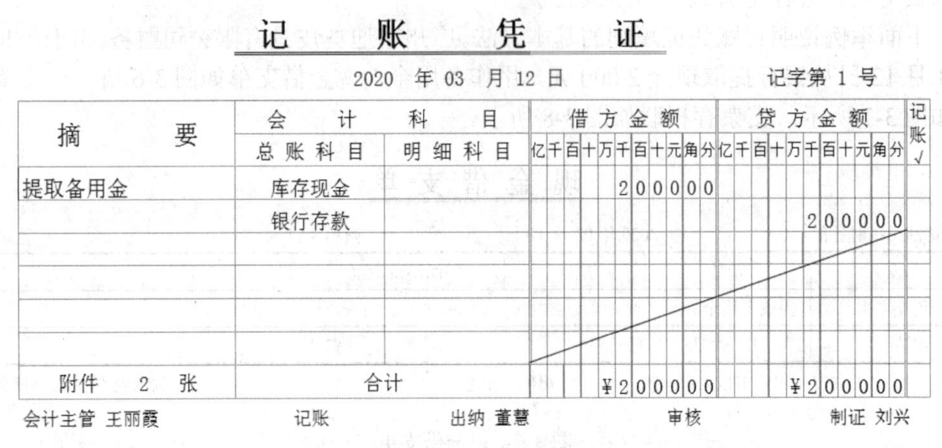
记　账　凭　证

2020 年 03 月 12 日　　　　记字第 1 号

摘要	会计科目		借方金额（亿千百十万千百十元角分）	贷方金额（亿千百十万千百十元角分）	记账√
	总账科目	明细科目			
提取备用金	库存现金		200000		
	银行存款			200000	
附件 2 张	合计		¥200000	¥200000	

会计主管 王丽霞　　记账　　出纳 董慧　　审核　　制证 刘兴

图 3-9　记账凭证

记账凭证根据审核无误的原始凭证或原始凭证汇总表填制。日期为会计人员填制凭证的日期；编号一般填“记字第×号”，按经济业务发生的先后顺序统一编号；“摘要”栏内填写对经济业务的简要说明；要按“借方科目（或账户）”和“贷方科目（或账户）”分别填列有关总账（一级）科目和明细（二级）科目；借方科目的金额与贷方科目的金额都应在对应的“借方金额”栏和“贷方金额”栏内填列；“借方金额”栏合计数=“贷方金额”栏合计数；根据记账凭证后所附原始凭证的实际张数填写附件张数；需在凭证空白处自金额栏最后一笔金额数字下的空行处至合计数上的空行处划线注销；最后，应由有关人员签名或盖章，以明确经济责任。

专用记账凭证的填制与通用记账凭证的填制不同点

专用记账凭证的填制方法

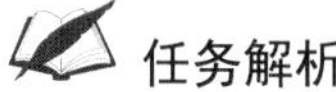

任务解析

记账凭证是根据审核无误的原始凭证或原始凭证汇总表填制的。记账凭证的正确与否，直接关系到会计账簿的真实性和正确性，进而影响整个会计系统相关信息的质量。根据《会计基础工作规范》规定，记账凭证的填制应遵循以下要求：填制依据正确；所附原始凭证合规；内容完整；书写规范；记账凭证连续编号；记账凭证日期符合要求；记账凭证更正方法正确；记账凭证空行处划线注销；实行会计电算化的单位，对于机制记账凭证，要认真审核，做到会计科目使用正确、数字准确无误。打印出来的记账凭证应有相关人员签字或盖章。

巩固与训练

一、单选题

1．会计凭证的基本内容不包括（　　）。

A．会计科目　B．凭证名称　C．金额　D．凭证填制的时间

2．原始凭证与记账凭证的基本内容不同的有（　　）。

A．会计科目　B．经济业务摘要　C．金额　D．经济业务内容

3．下列不符合记账凭证的填制要求的是（　　）。

A．内容完整　B．编号可以断号　C．依据正确　D．分类正确

4．下列记账凭证不需要按经济业务的类型来填制的是（　　）。

A．通用记账凭证　B．收款记账凭证　C．付款记账凭证　D．转账记账凭证

5．企业在采用收付转记账凭证的形式下，应编制转账凭证的业务是（　　）。

A．收回出售材料款　B．支付材料运杂费　C．车间领用材料　D．支付货款

二、多选题

1．以下属于记账凭证的内容有（　　）。

A．填制凭证的日期　B．会计科目

C．所附原始凭证张数　D．经济业务摘要

2．原始凭证与记账凭证相同的内容有（　　）。

A．填制凭证的日期　B．会计科目

C．所附原始凭证张数　D．金额

3．记账凭证与原始凭证不同的内容有（　　）。

A．凭证编号　　　　　　　　　　　B．会计科目

C．所附原始凭证张数　　　　　　　D．填制人员

4．下列符合记账凭证的填制要求的是（　　）。

A．依据正确　　B．内容完整　　C．分类正确　　D．编号连续

5．以下说法正确的是（　　）。

A．填制记账凭证时若发生错误应当重新填制

B．记账凭证的书写应清楚、规范

C．除结账和更正错误的记账凭证可以不附原始凭证外，其他记账凭证必须附有原始凭证

D．记账凭证各项内容必须完整

三、判断题

1．全部的记账凭证都应该有出纳人员的签名或盖章。（　　）

2．会计科目需要在原始凭证中体现，但是记账凭证不需要。（　　）

3．记账凭证填完经济业务事项后，如有空行，应当从金额栏的最后一笔金额数字下的空行处至合计数上的空行处划线注销。（　　）

4．不管发生了什么经济业务，记账凭证必须附有原始凭证。（　　）

5．通用记账凭证需要根据业务的类型来填制。（　　）

四、实训题

1．河西有限公司 2020 年 4 月发生如下部分经济业务，记账人员根据这些业务，填写相关的专用记账凭证，如图 3-10～图 3-13 所示。

（1）1 日，接受投资者沈聪投资 100 000 元，款项存入银行（凭证号为 3，附件 2 张）。

收　款　凭　证

借方科目：　　　　　　　　年　月　日　　　　　　　　字第　号

摘要	贷方科目		贷方金额											记账√
	总账科目	明细科目	亿	千	百	十	万	千	百	十	元	角	分	
附件　张	合计													

记账　　　　出纳　　　　审核　　　　制证

图 3-10　收款凭证

（2）10 日，采购办公用品一批，用现金支付 500 元（凭证号为 15，附件 2 张）。

付 款 凭 证

贷方科目：　　　　　　　　年　月　日　　　　　　字 第　号

摘　要	借方科目		借方金额											记账
	总账科目	明细科目	亿	千	百	十	万	千	百	十	元	角	分	√
附件　张	合　计													

记账　　　出纳　　　审核　　　制证

图 3-11　付款凭证（1）

（3）15 日，从银行提取现金 5 000 元，用作备用金（凭证号为 23，附件 1 张）。

付 款 凭 证

贷方科目：　　　　　　　　年　月　日　　　　　　字 第　号

摘　要	借方科目		借方金额											记账
	总账科目	明细科目	亿	千	百	十	万	千	百	十	元	角	分	√
附件　张	合　计													

记账　　　出纳　　　审核　　　制证

图 3-12　付款凭证（2）

（4）20 日，从仓库领用原材料塑料套 1 000 件，每件成本 1 元，用于生产乙产品（凭证号为 35，附件 1 张）。

转 账 凭 证

年　月　日　　　　　　字第　号

摘　要	会计科目		借方金额											贷方金额											记账
	总账科目	明细科目	亿	千	百	十	万	千	百	十	元	角	分	亿	千	百	十	万	千	百	十	元	角	分	√
附件　张	合计																								

会计主管　　　记账　　　出纳　　　审核　　　制证

图 3-13　转账凭证

2．河东有限公司 2020 年 4 月发生如下部分经济业务，记账人员根据这些业务，填写相关的通用记账凭证，如图 3-14 和图 3-15 所示。

（1）8 日，将刚刚收到的 2 000 元现金存入银行（凭证号为 12，附件 1 张）。

记账凭证

年 月 日 字第 号

摘要	会计科目		借方金额	贷方金额	记账√
	总账科目	明细科目	亿 千 百 十 万 千 百 十 元 角 分	亿 千 百 十 万 千 百 十 元 角 分	
附件 张	合计				

会计主管 记账 出纳 审核 制证

图 3-14 通用记账凭证（1）

（2）12 日，公司刘明预借差旅费 1 000 元，以现金付讫（凭证号为 17，附件 1 张）。

记账凭证

年 月 日 字第 号

摘要	会计科目		借方金额	贷方金额	记账√
	总账科目	明细科目	亿 千 百 十 万 千 百 十 元 角 分	亿 千 百 十 万 千 百 十 元 角 分	
附件 张	合计				

会计主管 记账 出纳 审核 制证

图 3-15 通用记账凭证（2）

任务 3.2.2 记账凭证填制的具体应用

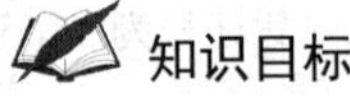

知识目标

1. 了解企业资金运动的主要内容。
2. 掌握主要经济业务核算的会计账户。
3. 熟练掌握记账凭证在企业业务核算中的具体应用。

技能目标

1. 能够对企业生产经营过程各阶段的经济业务编制会计分录、填制记账凭证。
2. 能够逐步培养形成会计的职业判断能力。

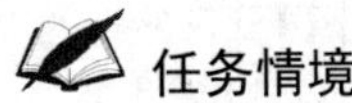

任务情境

李伟来到公司后，发现公司规模不小，日常生产经营较为复杂。为了尽快熟悉公司的经营过程，他准备对企业从采购业务到生产业务再到销售业务及利润核算的全过程进行跟踪学习。

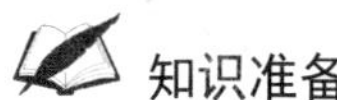

知识准备

制造企业的主要生产经营过程包括供应、生产和销售 3 个阶段，其主要的经济业务包括资金筹集业务、采购业务、生产业务、销售业务、利润形成与分配业务。资金依次经过货币资金、储备资金、生产资金、成品资金，最后又回到货币资金形态，此知识在项目 1 的任务 1.1 中的会计对象部分已经详细讲解，在此不予赘述。本项目主要介绍如何用会计这种独特的语言记录不同阶段的资金运动。

1．筹资阶段业务核算

动画：资金筹集

企业要开展生产经营活动，应当有必要的财产或经费作为正常运转的保障。企业筹集资金主要有两种方式：一是接受投资者（所有者）投入的资本；二是从外部借入资本。

1）投资者（所有者）投入资本的核算

投资人（所有者）投入资本按投资主体的不同，可分为国家投入资本、法人投入资本和个人投入资本。投入资本的形式有多种，可以用货币投资、实物投资和无形资产投资等。投资（所有者）投入的资本主要包括实收资本（或股本）和资本公积。

（1）账户设置。

企业在收到投入资本的业务核算时应设置的账户主要有“实收资本（或股本）”“资本公积”“银行存款”“固定资产”“无形资产”“原材料”等账户。以收到货币投资为例，在进行投入资本业务核算时的主要账户设置如表 3-4 所示。

表 3-4　主要账户设置

账户名称	账户性质、用途及明细科目设置	账户结构	
实收资本	性质：所有者权益类账户 用途：核算企业的投资者按照企业章程、合同或协议的约定，实际投入的资本，以及由资本公积、盈余公积转增资本的资金 明细科目设置：该账户一般按投资者的名称设置明细分类账	借方　　实收资本 （－） 按法定程序批准减少	贷方 （＋） 投资者实际投入资本；资本公积、盈余公积转增资本；分配股票股利并办理增资手续 期末余额：实收资本（股本）的实有数
银行存款	性质：资产类账户 用途：用于核算企业存放在银行或其他金融机构的各种款项	借方　　银行存款 （＋） 登记存款的增加数额 期末余额：银行存款的结存数额	贷方 （－） 登记存款的减少数额

（2）账务处理。

"资本公积"账户

投资者投入资本的核算，借记"银行存款"或"库存现金"或"固定资产"或"无形资产"等科目，贷记"实收资本"或"股本"等科目。如果企业实际收到的投资者投入的货币性资金或固定资产、无形资产等非货币性资金的金额，与合同协议约定的价值或按照合同约定投资者在注册资本（或股本）中所占的份额存在差额，将记入"资本公积——资本溢价（或股本溢价）"账户。

【例 3-1】2020 年 3 月 1 日，广州迪奥公司银行账户收到李伟以股东名义投入的资金 100 000 元作为实收资本，款项存入银行。

出纳填制银行进账单连同支票一起送存银行，待银行受理后，收到银行进账单（收账通知）交给会计，如图 3-16 所示。

银行进账单（收账通知） 3

2020年 03月 01日

出票人	全　称	李伟
	账　号	0032-0057-9560
	开户银行	广州市工商银行天河支行
金额	人民币（小写）	亿千百十万千百十元角分 ¥10000000
收款人	全　称	广州市迪奥皮具有限公司
	账　号	0032-6788-0012
	开户银行	广州市工商银行花都支行
票据种类	支票	票据张数 1
票据号码	0655003	
		中国工商银行股份有限公司 广州市花都支行 2020.03.01 转讫 收款人开户银行签章

复核　　记账

此联是收款人开户银行交给收款人的收款通知书

图 3-16　银行进账单（收账通知）

会计对银行进账单（收账通知）进行审核，编制记账凭证，如图 3-17 所示。

记 账 凭 证

2020 年 03 月 01 日　　　　记 字第 1 号

摘　要	会计科目 总账科目	会计科目 明细科目	借方金额（亿千百十万千百十元角分）	贷方金额（亿千百十万千百十元角分）	记账√
收到李伟投资款	银行存款		10000000		
	实收资本	李伟		10000000	
附件 2 张	合计		¥10000000	¥10000000	

会计主管 王丽霞　　记账　　出纳 董慧　　审核　　制证 刘兴

图 3-17　记账凭证

2）借入资本的核算

长期借款的概念

借入资本是企业向银行或其他金融机构借入款项，到期偿还本息的一种资金筹集方式。按借款期限的长短，借入资金可分为短期借款和长期借款。

短期借款是指企业为了满足生产经营对资金的临时性需要而向银行或其他金融机构借入的偿还期限在 1 年以内（含 1 年）的各项借款。长期借款是指企业向银行或其他金融机构借入的偿还期限在一年以上（不含 1 年）的各项借款。本节将详细介绍短期借款业务的核算。

（1）账户设置。

企业在进行短期借款业务核算时应设置的账户主要有“短期借款”“财务费用”“应付利息”。企业短期借款业务核算的主要账户设置如表 3-5 所示。

表 3-5　企业短期借款业务核算的主要账户设置

账户名称	账户性质、用途及明细科目设置	账户结构	
短期借款	性质：负债类账户 用途：核算企业向银行或其他金融机构借入的偿还期限在 1 年以内（含 1 年）的各项借款 明细科目设置：该账户一般按借款种类、贷款人和币种设置明细分类账	借方　短期借款 （-） 到期偿还借款本金	贷方 （+） 借入短期借款本金的数额 期末余额：尚未偿还的本金数额
财务费用	性质：损益类账户 用途：核算企业为筹集生产经营所需资金等发生的各种筹资费用，包括利息支出（减利息收入）、佣金、汇兑损失（减汇兑收益）及相关的手续费、现金折扣等，期末结转“本年利润”账户后无余额 明细科目设置：该账户应按费用项目设置明细账户	借方　财务费用 （+） 利息支出 汇兑损失 手续费支出 期末无余额	贷方 （-） 利息收入 汇兑收益 期末结转“本年利润”账户
应付利息	性质：负债类账户 用途：核算企业按照合同约定应支付的利息，包括短期借款当期计提的利息、分期付息到期还本的长期借款当期计提的利息、企业债券等应支付的利息 明细科目设置：该账户可按存款人或债权人设置明细分类账	借方　应付利息 （-） 实际支付利息	贷方 （+） 短期借款当期计提应支付的利息；分期付息、到期还本的长期借款当期计提的利息；分期付息、到期还本的应付债券当期计提应支付的利息 期末余额：应付未付的利息

（2）账务处理。

企业借入资本的核算，主要涉及以下 3 个程序：第一，取得借款；第二，借款利息；第三，归还借款。企业取得短期借款时，借记“银行存款”科目，贷记“短期借款”科目；期末计提利息时，借记“财务费用”科目，贷记“银行存款”或“应付利息”科目；归还借款本金，支付利息时，借记“短期借款”“应付利息”科目，贷记“银行存款”科目。

【例 3-2】2020 年 3 月 1 日，广州迪奥公司为解决周转资金不足，向银行借入 3 个月的贷款 150 000 元，年利率为 6%，款项存入银行。

会计部门收到银行转来的借款借据（回单），如图 3-18 所示。

中国工商银行借款借据（回单）

2020 年 03 月 01 日

借款单位	广州市迪奥皮具有限公司			存款账号	0032-6788-5532
贷款种类	短期贷款	利率	年（率）6%	贷款账号	0032-6788-0012
贷款金额（大写）	壹拾伍万元整			亿 千 百 十 万 千 百 十 元 角 分	¥ 1 5 0 0 0 0 0 0
贷款原因或用途	生产经营需要			约定还款日期	2020 年 0[illegible] 月 01 日
系统合同号	借字第 0069 号			中国工商银行股份有限公司 广州市花都支行 2020.03.01 转讫 （4）	
				上列款项已转入你单位的存款户	

第四联 收款人收账通知

图 3-18 借款借据（回单）

会计部门对借款借据（回单）进行审核无误后，编制记账凭证，其分录如下：

借：银行存款 150 000

　　贷：短期借款——工行花都支行 150 000

【例 3-3】3 月底，广州迪奥公司计算本月该笔借款利息（计提利息单略）。

3 月的利息=150 000×6%÷12=750（元）。

会计编制记账凭证，其分录如下：

借：财务费用——利息费用 750

　　贷：应付利息 750

【例 3-4】4 月 15 日，收到银行转来的利息清单，广州迪奥公司用银行存款支付上月该笔利息。银行转来的利息清单如图 3-19 所示。

中国工商银行（计算）利息清单

币别：人民币　　2020 年 04 月 15 日　　流水号：

户名 广州市迪奥皮具有限公司			账号 0032-6788-0012		
计息项目	起息日	结息日	本金/积数	利率	利息
短期借款	2020年3月1日	2020年3月31日	150 000.00	6%	750.00
			利息小计		¥750.00
合计（大写） 柒佰伍拾元整					
上列贷款利息，已从你单位0032-6788-5532存款账户中支付			中国工商银行股份有限公司 广州市花都支行 2020.04.15 转讫 (4) 银行盖章		

会计主管　　授权　　复核　　录入

图 3-19　银行利息清单

会计部门对利息清单审核无误后，编制记账凭证，其分录如下：

借：应付利息　　750

　　贷：银行存款　　750

【例 3-5】6 月 1 日，广州迪奥公司偿还了 3 月 1 日所借该笔短期借款本金。借款偿还凭证（付出凭证）如图 3-20 所示。

借款偿还凭证（付出凭证）

传票号：

（贷）科目　　转账日期：2020 年 06 月 01 日　　对方科目

放款账号	0032-6788-0012	户名	广州市迪奥皮具有限公司	还款金额	利息	合计
往来账号	0032-6788-5532			15000000	22500	15225000
人民币（大写）	壹拾伍万贰仟贰佰伍拾元整					
自 2020 年 03 月 01 日起 至 2020 年 06 月 01 日止			过期天数 0	上列款项从本单位往来账户内支付借款与利息（单位签章）	中国工商银行股份有限公司 广州市花都支行 2020.4.15 转讫 银行盖章	第一联 顾客联
日期 2020年6月1日	利率 6%		过期天数 0			

复核：　　记账：

图 3-20　借款偿还凭证（付出凭证）

会计对借款偿还（付出凭证）审核无误后编制记账凭证，其分录如下：

借：短期借款——工行花都支行　　150 000

　　贷：银行存款　　150 000

例 3-2～例 3-5 的记账凭证填写见二维码资源：筹资阶段业务核算相关的记账凭证。

筹资阶段业务核算相关的记账凭证

2．供应阶段的业务核算

企业在供应阶段，用货币资金购买所需的各项材料及储备物资，建造或购买厂房、机器设备等形成固定资产，以保证生产经营的正常运转。本节将重点介绍固定资产购置业务及材料采购业务核算。

1）固定资产购置业务核算

固定资产是指企业为生产商品、提供劳务、出租或经营管理而持有的，使用期限超过一个会计年度的房屋、建筑物、机器设备、运输工具，以及其他与生产、经营有关的设备、工具、器具等。

企业可以通过外购、自行建造、投资者投入、非货币性资产交换、债务重组、企业合并和融资租赁等方式取得固定资产。不同取得方式下，固定资产成本的构成及其确定方法也不尽相同。在此，本节主要介绍外购固定资产的成本构成及会计核算过程。

（1）外购固定资产的成本。

外购固定资产的成本是指企业构建某项固定资产以达到预定可使用状态前所发生的一切合理的、必要的支出。外购固定资产的成本，包括买价、相关税费，以及使固定资产达到预定可使用状态前所发生的可归属于该项资产的运输费、装卸费、安装费、专业人员服务费等。

（2）账户设置。

企业在进行外购固定资产业务核算时，应设置的主要账户有“固定资产”“应交税费——应交增值税”“应付账款”“银行存款”。外购固定资产业务核算的主要账户设置如表 3-6 所示。

表 3-6　外购固定资产业务核算的主要账户设置

账户名称	账户性质、用途及明细科目设置	账户结构	
固定资产	性质：资产类账户 用途：核算企业持有的固定资产原价的增减及结存情况 明细科目设置：该账户可按固定资产的类别和项目设置明细分类账	借方　固定资产 （+） 外购 投资者投入 自行建造 融资租入 盘盈等 期末余额：现有原始价值	贷方 （-） 出售 报废 盘亏 毁损 投资转出等
应交税费——应交增值税	性质：负债类账户 用途：核算一般纳税人企业按照税法规定应缴纳的增值税 明细科目设置：该账户按税费项目设置明细分类账，进行明细分类核算	借方　应交税费——应交增值税 （-） 进项税额 已交税金 期末余额：多交的税金和尚未抵扣的税金	贷方 （+） 销项税额 进项税额转出 期末余额：尚未缴纳的税金
应付账款	性质：负债类账户 用途：核算企业因购买材料、商品和接受劳务等日常生产经营活动应付给供应单位的款项 明细科目设置：该账户按债权人设置明细分类账，进行明细分类核算	借方　应付账款 （-） 已偿还的款项	贷方 （+） 应付而未付的款项 期末余额：尚未偿还的款项数额

（3）账务处理。

购置不用安装的固定资产业务核算，按外购固定资产的成本借记“固定资产”“应交税费——应交增值税”科目，贷记“银行存款”“应付账款”“库存现金”等科目。

【例 3-6】 3 月 3 日，广州迪奥公司从南丰机械有限公司购入生产用的设备一台，取得的增值税专用发票上注明货物金额为 50 000 元，增值税税额为 6 500 元，价税合计为 56 500 元。广州迪奥公司开出转账支票支付了全部款项。相关原始凭证如图 3-21～图 3-23 所示。

4400093620　增值税专用发票　抵扣联　№ 00475530

开票日期：2020年03月03日

购货单位　名称：广州市迪奥皮具有限公司　纳税人识别号：440886231200028　地址、电话：广州市花都区华昌大道168号 020-3369778　开户行及账号：广州市工商银行花都支行 0032-6788-0012　密码区：（略）

货物或应税劳务名称	规格型号	单位	数量	单价	金额	税率	税额
机器设备	XLK	台	1	50 000.00	50 000.00	13%	6 500.00
合计					¥50 000.00		¥6 500.00

价税合计（大写）：⊗伍万陆仟伍佰元整　（小写）¥56 500.00

销货单位　名称：南丰机械有限公司　纳税人识别号：4405332000226080　地址、电话：武汉市江汉区文阳西路21号 027-8205553　开户行及账号：武汉市工商银行江汉支行 6223-0505-2233　备注

收款人：王辉　复核：　开票人：黄平　销货单位：（章）

第二联：抵扣联　购货方扣税凭证

图 3-21　增值税专用发票抵扣联

增值税专用发票抵扣联是购货方计算进项税额的证明，按税务机关规定，作为报送主管税务机关认证和留存备查的凭证，不作为附件记账，会计部门需单独存放。

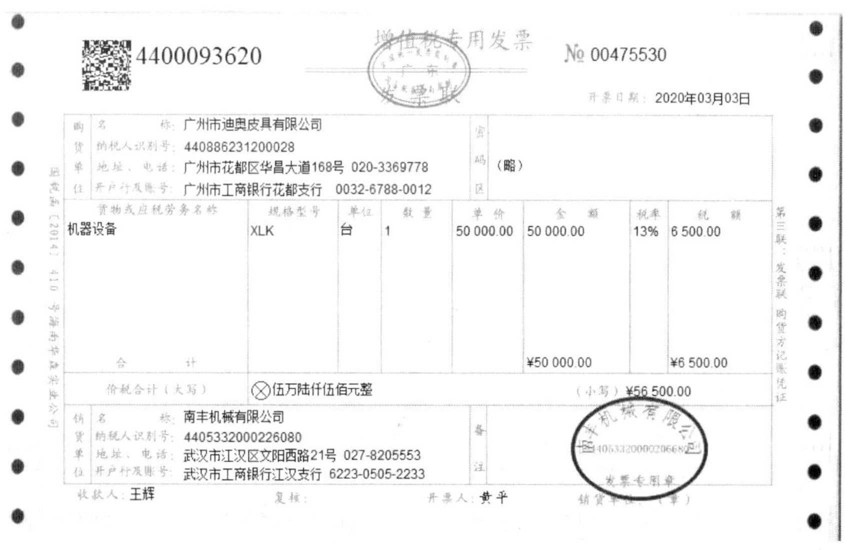

4400093620　增值税专用发票　发票联　№ 00475530

开票日期：2020年03月03日

购货单位　名称：广州市迪奥皮具有限公司　纳税人识别号：440886231200028　地址、电话：广州市花都区华昌大道168号 020-3369778　开户行及账号：广州市工商银行花都支行 0032-6788-0012　密码区：（略）

货物或应税劳务名称	规格型号	单位	数量	单价	金额	税率	税额
机器设备	XLK	台	1	50 000.00	50 000.00	13%	6 500.00
合计					¥50 000.00		¥6 500.00

价税合计（大写）：⊗伍万陆仟伍佰元整　（小写）¥56 500.00

销货单位　名称：南丰机械有限公司　纳税人识别号：4405332000226080　地址、电话：武汉市江汉区文阳西路21号 027-8205553　开户行及账号：武汉市工商银行江汉支行 6223-0505-2233　备注

收款人：王辉　复核：　开票人：黄平　销货单位：（章）

第三联：发票联　购货方记账凭证

图 3-22　增值税专用发票第三联：购货方记账凭证

中国工商银行
支票存根
15480060
02795536
附加信息
出票日期 2020年03月03日
收款人：南丰机械有限公司
金 额：¥56 500.00
用 途：设备款
单位主管 王丽霞 会计 刘兴

图 3-23 银行支票存根

会计对以上原始凭证审核后编制记账凭证，如图 3-24 所示。

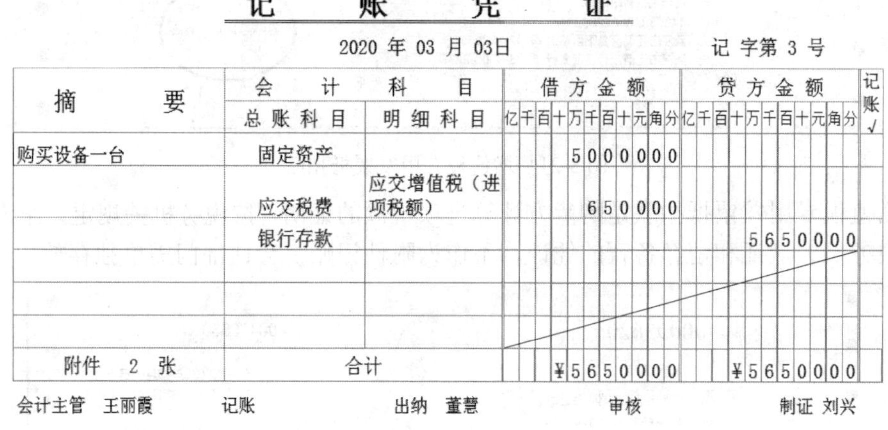
记 账 凭 证

2020 年 03 月 03日 记 字第 3 号

摘要	会计科目		借方金额	贷方金额	记账√
	总账科目	明细科目	亿千百十万千百十元角分	亿千百十万千百十元角分	
购买设备一台	固定资产		5000000		
	应交税费	应交增值税（进项税额）	650000		
	银行存款			5650000	
附件 2 张	合计		¥5650000	¥5650000	

会计主管 王丽霞 记账 出纳 董慧 审核 制证 刘兴

图 3-24 记账凭证

2）材料采购业务核算

（1）材料的采购成本。

动画：采购成本的核算

材料的采购成本是指原材料从采购到入库前所发生的全部支出，具体包括购买价款、相关税费、运输费、装卸费、保险费，以及其他可归属于原材料采购成本的费用。购买价款是指发票上所注明的价款，但不包括可以抵扣的增值税进项税额；相关税费包括进口关税、消费税和其他费用；其他可归属于原材料采购成本的费用是指原材料采购过程中的合理损耗、大宗物资的市内运杂费、入库前的挑选整理费用。

（2）账户设置。

企业在进行材料采购业务核算时，应设置的主要账户有“在途物资”“原材料”“应交税费”“应付账款”“银行存款”“应付票据”。材料采购业务核算的主要账户设置如表 3-7 所示。

表 3-7　材料采购业务核算的主要账户设置

账户名称	账户性质、用途及明细科目设置	账户结构
在途物资	性质：资产类账户 用途：核算企业采用实际成本进行材料、商品等物资的日常核算，货款已付但尚未验收入库的各种物资的实际采购成本 明细科目设置：该账户可按供应单位和物资品种设置明细分类账	借方　在途物资　贷方 借方（+）：购入材料的买价和采购成本 贷方（−）：验收入库材料的买价和采购成本 期末余额：在途材料的采购成本（借方）
原材料	性质：资产类账户 用途：核算企业库存的各种材料实际成本的增减变动及其结存情况 明细科目设置：该账户应按材料品种、规格设置明细账	借方　原材料　贷方 借方（+）：验收入库原材料的采购成本 贷方（−）：发出材料的实际成本 期末余额：库存材料的实际成本（借方）
应交税费	性质：负债类账户 用途：核算企业按照税法等规定应缴纳的各种税费，包括增值税、消费税、所得税、城市维护建设税、土地使用税、车船税、教育费附加等 明细科目设置：该账户按税费项目设置明细分类账，进行明细分类核算	借方　应交税费　贷方 借方（−）：实际缴纳的税费数额 贷方（+）：应缴未缴税费数额 期末余额：尚未缴纳的税费（贷方）
应付票据	性质：负债类账户 用途：核算企业因购买材料、商品和接受劳务而开出承兑的商业汇票 明细科目设置：该账户按债权人设置明细分类账，进行明细分类核算	借方　应付票据　贷方 借方（−）：已经支付或到期无力支付的商业汇票 贷方（+）：开出、承兑商业汇票 期末余额：尚未到期的商业汇票的票面金额（贷方）

（3）账务处理。

实际成本法下，企业外购材料，根据材料和单据到达的先后顺序一般可以分为 3 种：发票账单与材料同时到达，材料验收入库；发票账单收到，但材料尚未抵达；材料已经抵达，发票账单未收到。这里主要介绍前两种。

① 发票账单与材料同时到达，材料验收入库。发票账单与材料同时到达，材料验收入库，按需要支付的实际金额进行核算，借记“原材料”“应交税费——应交增值税”等科目，贷记“银行存款”“应付账款”等科目。

【例 3-7】 3 月 6 日，广州迪奥公司从珠海市皮革厂购入天然皮革 1 000 平方英尺[①]，50 元/英尺^2。取得的增值税专用发票上注明货物金额为 50 000 元，增值税税额为 6 500

① 1 平方英尺≈929 平方厘米。

元，价税合计为 56 500 元，材料已验收入库。广州迪奥公司开出转账支票支付了全部款项（暂不考虑运费、保险费、包装费等，增值税专用发票抵扣联略）。相关原始凭证如图 3-25～图 3-27 所示。

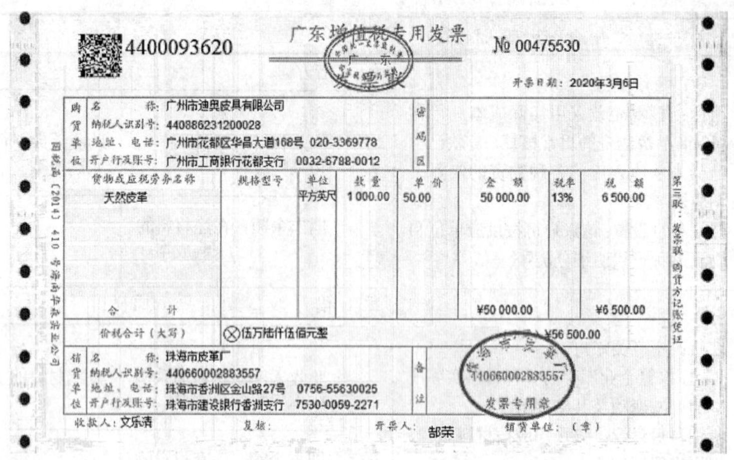

4400093620 广东增值税专用发票 № 00475530

开票日期：2020年3月6日

购货单位 名称：广州市迪奥皮具有限公司
纳税人识别号：440886231200028
地址、电话：广州市花都区华昌大道168号 020-3369778
开户行及账号：广州市工商银行花都支行 0032-6788-0012

货物或应税劳务名称	规格型号	单位	数量	单价	金额	税率	税额
天然皮革		平方英尺	1 000.00	50.00	50 000.00	13%	6 500.00
合计					¥50 000.00		¥6 500.00

价税合计（大写）⊗伍万陆仟伍佰元整 （小写）¥56 500.00

销货单位 名称：珠海市皮革厂
纳税人识别号：440660002883557
地址、电话：珠海市香洲区金山路27号 0756-55630025
开户行及账号：珠海市建设银行香洲支行 7530-0059-2271

收款人：文乐清 复核： 开票人：郜荣 销货单位：（章）

第三联：发票联 购货方记账凭证

图 3-25 增值税专用发票第三联：购货方记账凭证

入 库 单

供货单位：珠海市皮革厂

发票编号：00475530 2020 年 03 月 06 日 收字第 001 号

材料编号	材料名称	材料规格	计量单位	数量	
				应收	实收
A1	天然皮革		平方英尺	1 000	1 000

仓库主管：魏明 收料人员：黄庆杰

图 3-26 入库单

中国工商银行
支票存根
15230041
02795536
附加信息
出票日期 2020 年 03 月 06 日
收款人：珠海市皮革厂
金额：¥56 500.00
用途：材料款
单位主管 王丽霞 会计 刘兴

图 3-27 银行支票存根

会计对以上原始凭证审核后编制记账凭证，其分录如下：

借：原材料——天然皮革　　50 000

　　应交税费——应交增值税（进项税额）　　6 500

　　贷：银行存款　　56 500

【例 3-8】3 月 8 日，广州迪奥公司从珠海市皮革厂购入 PU 革 500 平方英尺，30 元/英尺 ^{2}。取得的增值税专用发票上注明货物金额为 15 000 元，增值税税额为 1 950 元，价税合计为 16 950 元，款项未支付，材料已验收入库（暂不考虑运费、保险费、包装费等，增值税专用发票、入库单参照例 3-7）。

会计对相关原始凭证审核后编制记账凭证，其分录如下：

借：原材料——PU 革　　15 000

　　应交税费——应交增值税（进项税额）　　1 950

　　贷：应付账款——珠海市皮革厂　　16 950

② 发票账单收到，但材料尚未抵达。发票账单收到，但材料尚未抵达，按需要支付的实际金额进行核算，借记“在途物资”“应交税费——应交增值税（进项税额）”等科目，贷记“银行存款”“应付账款”等科目。

待到验收入库时，借记“原材料”科目，贷记“在途物资”科目。

【例 3-9】3 月 10 日，广州迪奥公司从联成五金厂购入五金件 200 套，35 元/套。取得的增值税专用发票上注明货物金额为 7 000 元，增值税税额为 910 元，价税合计为 7 910 元，款项未支付，材料尚未到达（暂不考虑运费、保险费、包装费等，增值税专用发票抵扣联略）。相关原始凭证如图 3-28 所示。

4400093620　　增值税专用发票　　№ 00476270

广东　发票联

开票日期：2020年03月10日

购货单位	名称：广州市迪奥皮具有限公司 纳税人识别号：440886231200028 地址、电话：广州市花都区华昌大道168号 020-3369778 开户行及账号：广州市工商银行花都支行 0032-6788-0012	密码区	（略）				
货物或应税劳务名称	规格型号	单位	数量	单价	金额	税率	税额
五金件		套	200	35.00	7 000.00	13%	910.00
合计					¥7 000.00		¥910.00
价税合计（大写）	⊗柒仟玖佰壹拾元整				（小写）¥7 910.00		
销货单位	名称：联成五金厂 纳税人识别号：44021087589387X 地址、电话：江湾路78号 86045567 开户行及账号：农行江湾分理处 6675537	备注					

收款人：姚程　　复核：　　开票人：李彤　　销货单位：（章）

第三联：发票联　购货方记账凭证

国税函〔2014〕410 号海南华森实业公司

联成五金厂　44021087589387X　发票专用章

图 3-28　增值税专用发票第三联：购货方记账凭证

会计对以上原始凭证审核后编制记账凭证，其分录如下：

借：在途物资——五金件　7 000

　应交税费——应交增值税（进项税额）　910

　贷：应付账款——联成五金厂　7 910

【例 3-10】3 月 11 日，广东迪奥公司财务部收到公司仓库转来的入库单一张，注明前批 200 件的五金件已经验收入库。相关原始凭证如图 3-29 所示。

入　库　单

供货单位：联成五金厂

发票编号：00476270　　2020 年 03 月 11 日　　收字第 003 号

材料编号	材料名称	材料规格	计量单位	数量	
				应收	实收
003	五金件		套	200	200

仓库主管：魏明　　收料人员：黄庆杰

图 3-29　入库单

会计根据入库单编制材料采购成本计算表，如图 3-30 所示。

材料采购成本计算表

2020 年 03 月 11 日　　编号：收字第 003

材料名称	单位	数量	单价	买价	运杂费		实际采购成本	单位成本
					分配率	金额		
五金件	套	200	35.00	7 000.00			7 000.00	35.00
合计		200		7 000.00			7 000.00	

会计主管：王丽霞　　复核：魏明　　制表：刘兴

图 3-30　材料采购成本计算表

会计对以上原始凭证审核后编制记账凭证，其分录如下：

借：原材料——五金件　7 000

　贷：在途物资——五金件　7 000

【例 3-11】3 月 11 日，广东迪奥公司将前欠联成五金厂的 7 910 元货款通过网银支付。相关原始凭证如图 3-31 所示。

会计对以上原始凭证审核后编制记账凭证，其分录如下：

借：应付账款——联成五金厂　7 910

　贷：银行存款　7 910

中国建设银行 网上银行电子回单

电子回单号吗：2230-5876-9365-4430

付款人	全 称	广州市迪奥皮具有限公司	收款人	全 称	联成五金厂
	账 号	0032-6788-0012		账 号	6675537
	开户银行	广州市工商银行花都支行		开户银行	农行江湾分理处
金 额		人民币（大写）：柒仟玖佰壹拾元整 ¥7 910.00			
摘 要		支付前欠货款	业务（产品）种类		
用 途		货款			
交易流水号		005579	时间戳		2020.3.11
中国建设银行 电子回单 专用章（电子回单章）		备注： 附言：支付交易序号： 报文种类： 委托日期：2020.03.14 业务种类： 收款人地址：江湾路 78 号 付款人地址：华昌大道 168 号 指令编号： 提交人： 最终授权人： 验证码：48001			
记账网点	广州市工商银行花都支行	记账柜员	黄灿然	记账日期	2020.03.14

图 3-31 网上银行电子回单

在供应环节，企业除了主要采购固定资产和原材料，还需要采购一定的办公用品，用于满足企业日常的组织和管理生产经营需要，一般需要按照所受益对象进行核算。

材料已经抵达但发票账单未收到的账务处理

【例 3-12】3 月 12 日，广州迪奥公司从花都大润发超市购买了行政部门使用的办公用品一批，中性笔 100 支，3 元/支；A4 复印纸 4 箱，50 元/箱。取得的增值税专用发票上注明货物金额为 500 元，增值税税额为 65 元，价税合计为 565 元，用现金支付。增值税专用发票如图 3-32 所示，现金支出报销单见图 3-33（增值税专用发票抵扣联略）。

4400093620 广东增值税专用发票 № 00475279

开票日期：2020年03月12日

购货单位 名称：广州市迪奥皮具有限公司
纳税人识别号：440886231200028
地址、电话：广州市花都区华昌大道168号 020-3369778
开户行及账号：广州市工商银行花都支行 0032-6788-0012
密码区：（略）

货物或应税劳务名称	规格型号	单位	数量	单价	金额	税率	税额
中性笔	黑色	支	100	3.00	300.00	13%	39.00
复印纸	A4	箱	4	50.00	200.00	13%	26.00
合 计					¥500.00		¥65.00
价税合计（大写）	⊗伍佰陆拾伍元整				（小写）¥565.00		

销货单位 名称：大润发有限责任公司
纳税人识别号：440553020007786
地址、电话：广州市花都区花昌大道160号 020-3369550
开户行及账号：广州市工商银行花都支行 0032-8840-2235

收款人：王莹泽 复核： 开票人：张敏 销货单位：（章）

第三联：发票联 购货方记账凭证

图 3-32 增值税专用发票

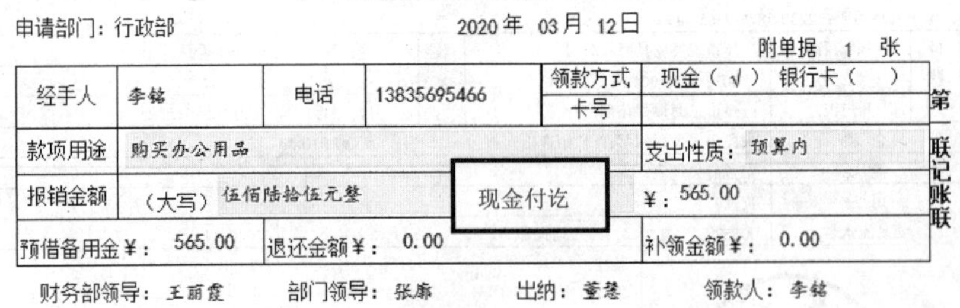

现金支出报销单

申请部门：行政部　　　　2020年 03月 12日

附单据 1 张

经手人	李铭	电话	13835695466	领款方式	现金（√） 银行卡（ ）
				卡号	
款项用途	购买办公用品				支出性质：预算内
报销金额	（大写）伍佰陆拾伍元整		现金付讫		¥：565.00
预借备用金¥：565.00		退还金额¥：0.00			补领金额¥：0.00

第一联 记账联

财务部领导：王丽霞　　部门领导：张廉　　出纳：董楚　　领款人：李铭

图 3-33　现金支出报销单

会计对以上原始凭证审核后编制记账凭证，其分录如下：

借：管理费用——办公费　　500

　　应交税费——应交增值税（进项税额）　　65

　　贷：库存现金　　565

例 3-7～例 3-12 的记账凭证填写见二维码资源：供应阶段的业务核算相关的记账凭证。

供应阶段的业务核算相关的记账凭证

3．生产阶段的业务核算

企业主要的经济活动之一是进行产品的生产，生产过程同时也是耗费的过程。产品的生产阶段，是生产费用的发生、归集、分配和生产成本的形成过程。归集和分配直接材料费用，归集和分配直接人工费用，归集和分配制造费用，最后计算出产品的成本，就构成了生产阶段业务核算的主要内容。

生产费用的构成按照记入产品成本方式的不同，可以分为直接费用和间接费用，如图 3-34 所示。

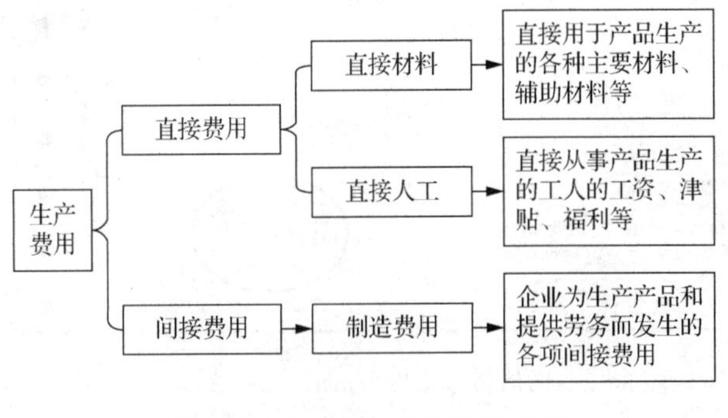

图 3-34　生产费用的构成示意图

成本与费用的联系与区别

1）直接材料费用的归集与分配

动画：领用材料业务核算

工业企业通过供应阶段采购的各种原材料，验收入库后，形成了生产产品的物资储备。在生产过程中，直接材料的价值一次全部转移到新生产的产品中，构成了产品成本的重要组成部分。

（1）直接材料的概念。

直接材料是指企业在生产产品和提供劳务过程中，直接用于产品生产的各种主要材料、辅助材料等。

（2）账户设置。

企业在生产阶段领用原材料用于生产产品的业务核算时，应设置的主要账户有“生产成本”“原材料”。领用原材料用于生产产品核算的主要账户设置如表 3-8 所示。

表 3-8　领用原材料用于生产产品核算的主要账户设置

账户名称	账户性质、用途及明细科目设置	账户结构	
		借方　　固定资产	贷方
生产成本	性质：成本类账户 用途：核算企业进行生产所发生的各项生产费用 明细科目设置：该账户可按产品的种类或者类别设置明细分类账	（+） 发生生产费用： 直接材料 直接人工 制造费用 分配转来的制造费用	（-） 完工入库产品的生产成本
		期末余额：月末在产品的成本	

（3）账务处理。

在计算材料费用的归集和分配时，应根据领料凭证区分不同的车间、部门和用途，按照确定的结果将材料的成本分别记入“生产成本”“制造费用”“管理费用”等账户，贷记“原材料”科目。

【例 3-13】 3 月 12 日，广州迪奥公司从仓库领用天然皮革 1 000 平方英尺，50 元/英尺^2，600 平方英尺用于生产女式手提包，400 平方英尺用于生产男式公文包。领料单如图 3-35 所示。

领　料　单

领料部门：皮包生产车间　　2020 年 03 月 12 日　　编号：第 001 号

用途：生产女式手提包、生产男式公文包						
材料类别	材料编号	材料名称	材料规格	计量单位	数量	
					请领	实发
原料	A1	天然皮革		平方英尺	1 000	1 000

主管：魏明　　发料人：黄庆杰　　领料人：李梦晴

图 3-35　领料单

会计根据领料单编制材料耗用汇总表，如图 3-36 所示。

材料耗用汇总表

2020 年 03 月 12 日

材料品种		原材料			合计/元
		数量/平方英尺	成本单价/元	金额/元	
生产成本	女式手提包	600	50	30 000	30 000
	男式公文包	400	50	20 000	20 000
	小计	1 000	—	50 000	50 000

会计主管：王丽霞　　复核：魏明　　制表：刘兴

图 3-36　材料耗用汇总表

会计对以上原始凭证审核后编制记账凭证，如图 3-37 所示。

记 账 凭 证

2020 年 03 月 12 日　　记 字第 11 号

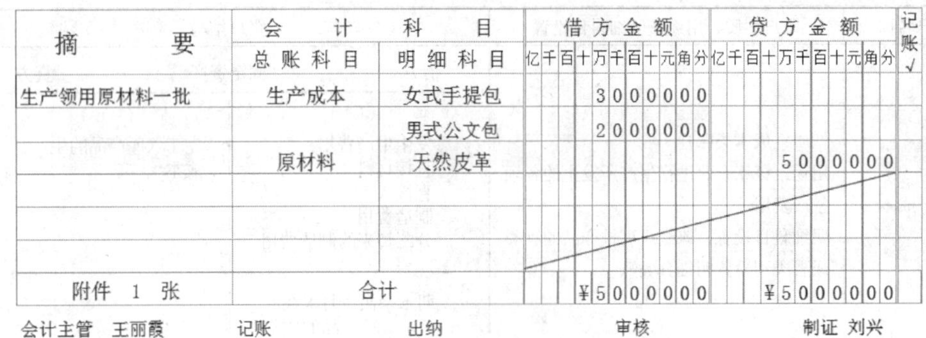

摘要	会计科目		借方金额（亿千百十万千百十元角分）	贷方金额（亿千百十万千百十元角分）	记账√
	总账科目	明细科目			
生产领用原材料一批	生产成本	女式手提包	3000000		
		男式公文包	2000000		
	原材料	天然皮革		5000000	
附件 1 张	合计		¥5000000	¥5000000	

会计主管　王丽霞　　记账　　出纳　　审核　　制证　刘兴

图 3-37　记账凭证

【例 3-14】3 月 13 日，广州迪奥公司从仓库领用 PU 革 2 000 平方英尺，30 元/英尺^2；领用 400 套五金件，35 元/套，用于生产女式手提包。领料单如图 3-38 所示。

领　料　单

领料部门：皮包生产车间　　2020 年 03 月 13 日　　编号：第 002 号

用途：生产女式手提包						
材料类别	材料编号	材料名称	材料规格	计量单位	数量	
					请领	实发
原料	A2	PU 革		平方英尺	2 000	2 000
原料	A3	五金件		套	400	400

主管：魏明　　发料人：黄庆杰　　领料人：李梦晴

图 3-38　领料单

会计根据领料单编制材料耗用汇总表，如图 3-39 所示。

材料耗用汇总表

2020 年 03 月 13 日

材料品种		PU 革			五金件			合计/元
		数量/平方英尺	成本单价/元	金额/元	数量/套	成本单价/元	金额/元	
生产成本	女式手提包	2 000	30	60 000	400	35	14 000	74 000
	小计	2 000	—	60 000	400	—	14 000	74 000

会计主管：王丽霞　　复核：魏明　　制表：刘兴

图 3-39　材料耗用

会计对以上原始凭证审核后编制记账凭证，其分录如下：

借：生产成本——女式手提包　　74 000

　　贷：原材料——PU 革　　60 000

　　　　原材料——五金件　　14 000

【例 3-15】3 月 13 日，广州迪奥公司从仓库领用 PU 革 1 500 平方英尺，30 元/英尺 ^{2}；领用 400 套五金件，35 元/套，用于生产男式公文包。领料单如图 3-40 所示。

领　料　单

领料部门：皮包生产车间　　2020 年 03 月 13 日　　编号：第 003 号

用途：生产男式公文包

材料类别	材料编号	材料名称	材料规格	计量单位	数量	
					请领	实发
原料	A1	PU 革		平方英尺	1 500	1 500
原料	A2	五金件		套	400	400

主管：魏明　　发料人：黄庆杰　　领料人：李梦晴

图 3-40　领料单

会计根据领料单编制材料耗用汇总表，如图 3-41 所示。

材料耗用汇总表

2020 年 03 月 13 日

材料品种		PU 革			五金件			合计/元
		数量/平方英尺	成本单价/元	金额/元	数量/套	成本单价/元	金额/元	
生产成本	男式公文包	1 500	30	45 000	400	35	14 000	59 000
	小计	1 500	—	45 000	400	—	14 000	59 000

会计主管：王丽霞　　复核：魏明　　制表：刘兴

图 3-41　材料耗用汇总表

会计对以上原始凭证审核后编制记账凭证，其分录如下：

借：生产成本——男式公文包　　59 000

　　贷：原材料——PU 革　　45 000

　　　　原材料——五金件　　14 000

2）直接人工费用的归集与分配

职工为企业提供劳务应当获得一定的回报，即企业应当向职工支付一定的薪酬。所谓的职工薪酬，是企业为了获得职工提供的服务或解除劳动关系而给予各种形式的报酬或补偿。

（1）直接人工的概念。

直接人工是指企业在生产产品和提供劳务过程中，直接用于产品生产的工人的工资、津贴、福利等。

职工概念与职工薪酬的范围

应付职工薪酬核算内容

（2）账户设置。

职工薪酬日常核算，应设置的主要账户有“应付职工薪酬”“生产成本”“管理费用”“销售费用”等。职工薪酬日常核算的主要账户设置如表 3-9 所示。

表 3-9　职工薪酬日常核算的主要账户设置

账户名称	账户性质、用途及明细科目设置	账户结构	
		借方　应付职工薪酬	贷方
应付职工薪酬	性质：负债类账户 用途：核算企业应付给职工的各种薪酬总额与实际发放情况 明细科目设置：该账户可按“工资”“职工福利费”“社会保险费”“住房公积金”“工会经费”“职工教育经费”等设置明细分类账	（－） 实际发放的各种职工薪酬	（＋） 计算本月应付的各种职工薪酬 期末余额：应付未付的职工薪酬
		借方　管理费用	贷方
管理费用	性质：费用类账户 用途：核算企业行政管理部门为了管理和组织生产经营活动而发生的各项费用 明细科目设置：该账户按费用项目设置明细账	（＋） 行政管理部门发生的各项费用 结转后无余额	（－） 期末结转到“本年利润”账户
		借方　销售费用	贷方
销售费用	性质：费用类账户 用途：核算企业销售商品和材料、提供劳务的过程中发生的各种费用等 明细科目设置：该账户按费用项目设置明细账	（＋） 发生的各项销售费用 结转后无余额	（－） 期末结转到“本年利润”账户

（3）账务处理。

企业应当在职工为其提供服务的会计期间，将实际发生的短期薪酬确定为负债，并计入当期损益，其他会计准则要求或允许计入资产成本的除外。

企业应该根据职工提供服务的受益对象，分别进行相应的处理：生产工人的短期职工薪酬应借记“生产成本”科目；生产车间的管理人员的短期职工薪酬应借记“制造费用”科目；行政管理部门人员的短期职工薪酬应借记“管理费用”科目；专设销售机构人员的短期职工薪酬应借记“销售费用”科目，贷记“应付职工薪酬”科目。

企业等到发放工资时，根据实际发生额进行账务处理。借记“应付职工薪酬”科目，贷记“银行存款”“库存现金”等科目。

【例 3-16】3 月，广州迪奥公司应付职工工资总额为 110 000 元，具体工资分配如图 3-42 所示。

广州迪奥公司工资分配表

2020 年 03 月 31 日　　　　单位：元

应借账户	生产车间			管理费用	销售费用	合计
	女式手提包	男式公文包	管理人员			
生产成本	40 000	30 000				70 000
制造费用			10 000			10 000
管理费用				20 000		20 000
销售费用					10 000	10 000
合计	40 000	30 000	10 000	20 000	10 000	110 000

会计主管：王丽霞　　　　复核：张云　　　　填制：李丽

图 3-42　具体工资分配

会计部门对工资分配表审核后编制记账凭证，其分录如下：

借：生产成本——女式手提包　　40 000
　　生产成本——男式公文包　　30 000
　　制造费用　　10 000
　　管理费用　　20 000
　　销售费用　　10 000
　　贷：应付职工薪酬——工资　　110 000

【例 3-17】3 月 5 日，广州迪奥公司用银行存款支付了 2 月的工资。会计取得相关的原始凭证如图 3-43 所示。

会计对以上原始凭证审核后编制记账凭证，其分录如下：

借：应付职工薪酬——工资　　110 000
　　贷：银行存款　　110 000

图 3-43 支票存根

3）制造费用的归集与分配

（1）制造费用的概念。

制造费用是指企业为了生产产品和提供劳务而发生的各项间接费用，包括企业生产部门（如生产车间）发生的水电费、固定资产折旧、无形资产摊销、管理人员的职工薪酬、劳动保护费，以及国家规定的有关环保费用、季节性和修理期间的停工损失等。

（2）账户设置。

企业制造费用业务的核算，应设置的主要账户有“制造费用”“生产成本”等。企业制造费用业务核算的主要账户设置如表 3-10 所示。

表 3-10 企业制造费用业务核算的主要账户设置

账户名称	账户性质、用途及明细科目设置	账户结构
制造费用	性质：成本类账户 用途：用于归集和分配企业生产车间（基本生产车间和辅助生产车间）为组织和管理产品活动而发生的各项间接生产费用 明细科目设置：该账户应按不同车间设置明细账户，按照费用项目设置专栏进行明细分类核算	借方 制造费用 贷方 （+）归集生产车间发生的各项间接费用	（-）期末分配转入“生产成本”账户 期末一般无余额

（3）账务处理。

① 制造费用发生。企业发生制造费用时，应借记“制造费用”科目，贷记“累计折旧”“银行存款”“应付职工薪酬”等科目。以计提折旧为例学习制造费用发生时的会计处理，分配工资的制造费用的会计处理在例 3-16 中已经提及。

【例 3-18】 本月月末，广州迪奥公司计提固定资产折旧 27 000 元，具体的折旧计算表如图 3-44 所示。

广州迪奥公司折旧计算表

2020 年 03 月 31 日　　单位：元

车间、部门	3 月折旧额
生产车间	17 000
办公车间	3 000
行政办公部门	7 000
合计	27 000

审核：王丽霞　　填制：刘兴

图 3-44　具体折旧计算表

会计部门对折旧计算表审核后编制记账凭证，其分录如下：

借：制造费用——折旧费　　20 000
　　管理费用——折旧费　　7 000
　　贷：累计折旧　　27 000

② 制造费用结转。企业期末应当按照一定的分配方法将制造费用分配进入“生产成本”账户，如果在生产车间只生产一种产品，可以直接计入该产品的成本；生产两种或两种以上的产品时，应通过分配将制造费用计入各产品的成本。制造费用期末结转时，应借记“生产成本”科目，贷记“制造费用”科目。

【例 3-19】 3 月，广州迪奥公司发生制造费用共 30 000 元，其中，为生产女式手提包发生的工时为 1 800 小时，为生产男式公文包发生的工时为 1 200 小时。

将“制造费用”账户归集的费用总额 30 000 元，按生产工时进行分配：

制造费用的分配率 =30 000÷(1 800+1 200)=10（元/小时）

女式手提包应分配的制造费用=1 800×10=18 000（元）

男式公文包应分配的制造费用=1 200×10=12 000（元）

编制制造费用分配表，如图 3-45 所示。

制 造 费 用 分 配 表

2020 年 03 月 31 日

项目	应借科目	分配标准/小时	分配率/（元/小时）	分配额/元
女式手提包	生产成本——女式手提包	1 800		18 000
男式公文包	生产成本——男式公文包	1 200		12 000
合计			10	30 000

会计主管 王丽霞　　复核　　制表 刘兴

图 3-45　制造费用分配表

会计人员根据制造费用分配表编制记账凭证，其分录如下：

借：生产成本——女式手提包　　18 000
　　生产成本——男式公文包　　12 000
　　贷：制造费用　　30 000

4）完工产品成本的计算与结转

（1）完工产品成本的计算。

完工产品成本的计算是指将企业生产过程中为制造产品所发生的各种费用按照成本计算对象进行归集和分配，以便计算各种产品的总成本和单位成本。

企业应当通过“生产成本”账户归集直接材料、直接人工和分配的制造费用，同时需要设置明细账来归集计入各类产品的生产费用。如果企业只生产一种产品，在计算产品成本时，只需要为该产品开设一本明细账；如果企业生产多种产品，则应当按照种类分别开设成本明细账。生产过程中，如果能够分清生产费用归属于哪种产品所消耗，就直接记入该产品的成本明细账；如果无法分清生产费用归属于哪种产品所消耗，应当通过相应的分配方法在各种产品的成本之间进行分配，然后记入各产品的成本明细账。

完工产品成本的基本计算公式

如果月末某种产品全部完工，则应当将其转入“库存商品”账户；如果月末某种产品还没有完工，则该产品生产成本的明细账所归集的费用总额就是该产品的总成本；如果月末某种产品一部分完工，另一部分还没有完工，则根据在产品成本明细账中的费用总额采用适量的方法在完工产品和还没有完工产品之间进行分配，从而计算出各自的成本。

（2）账户设置。

产品完工入库业务的核算，应设置的主要账户有“库存商品”“生产成本”等。产品完工入库业务核算的主要账户设置如表 3-11 所示。

表 3-11　产品完工入库业务核算的主要账户设置

账户名称	账户性质、用途及明细科目设置	账户结构	
库存商品	性质：资产类账户 用途：核算企业库存的外购商品、自制产品（产成品）、自制半成品等实际成本（或计划成本）的增减变动及其结余情况 明细科目设置：该账户应按商品种类、名称及存放地点等设置明细账，进行明细分类核算	借方　　库存商品	贷方
		（+） 已验收入库商品的成本	（−） 发出商品的成本
		期末余额：实际库存的商品成本	

（3）账务处理。

产品完工入库核算时，应借记“库存商品”科目，贷记“生产成本”科目。

【例 3-20】 3 月底，迪奥公司结转本月成本，女式手提包产品全部完工入库。成品入库单如图 3-46 所示。

成　品　入　库　单

2020 年 03 月 31 日　　　　NO：0025

产成品名称	计量单位	入库数量	备注
女式手提包	个	540	
合计		540	

仓库主管：魏明　　　　保管员：黄庆杰

图 3-46　成品入库单

会计部门根据完工产品数量和已登记的生产成本明细账编制完工产品成本计算单，如图 3-47 所示。

完工产品成本计算单

2020 年 03 月 31 日　　　　单位：元

成本项目	女式手提包（540 件）		合计
	总成本	单位成本	
直接材料	104 000	192.592 6	104 000
直接人工	40 000	74.074 1	40 000
制造费用	18 000	33.333 3	18 000
合计	162 000	300	162 000

会计主管　王丽霞　　　　复核　魏明　　　　制表　刘兴

图 3-47　完工产品成本计算单

会计人员根据成品入库单和完工产品成本计算单编制记账凭证，其分录如下：

借：库存商品——女式手提包　　　　162 000

　　贷：生产成本——女式手提包　　　　162 000

【例 3-21】 3 月底，广州迪奥公司结转本月成本，男式公文包产品全部完工入库。成品入库单如图 3-48 所示。

成　品　入　库　单

2020 年 03 月 31 日　　　　NO：0026

产成品名称	计量单位	入库数量	备注
男式公文包	个	605	
合计		605	

仓库主管：魏明　　　　保管员：黄庆杰

图 3-48　成品入库单

会计部门根据完工产品数量和已登记的生产成本明细账编制完工产品成本计算单，如图 3-49 所示。

完工产品成本计算单

2020 年 03 月 31 日　　　　单位：元

成本项目	男式公文包（605 件）		合计
	总成本	单位成本	
直接材料	79 000	130.578 5	79 000
直接人工	30 000	49.586 8	30 000
制造费用	12 000	19.834 7	12 000
合计	121 000	200	121 000

会计主管 王丽霞　　　复核 魏明　　　制表 刘兴

图 3-49　完工产品成本计算单

生产阶段的业务核算的相关记账凭证

会计人员根据成品入库单和完工产品成本计算单编制记账凭证，其分录如下：

借：库存商品——男式公文包　　121 000

　　贷：生产成本——男式公文包　　121 000

例 3-14～例 3-21 的记账凭证填写见二维码资源：生产阶段的业务核算的相关记账凭证。

4．销售阶段的业务核算

销售阶段是企业经营过程中最后一个阶段，是产品价值实现的过程。

企业通过将生产好的库存商品对外销售，形成销售收入。在销售阶段结转销售成本，以及销售过程中发生的运输、包装、广告等销售费用，按照国家税法规定计算缴纳的各种销售税金等，都应该从销售收入中得到补偿，补偿之后的差额就是销售商品的业务成果（赚取的利润或亏损）。

企业在销售阶段除了发生销售产品、提供工业性劳务等主营业务，形成主营业务收入，还可能发生一些其他业务，如销售原材料、出租包装物、出租固定资产、出租无形资产等业务，从而形成其他业务收入。

销售阶段主要业务包括销售商品、办理相关的价款结算，并确认所取得的营业收入；同时，按照配比原则，确认并结转营业成本、销售费用、税金及附加等，其核算过程具体如图 3-50 所示。

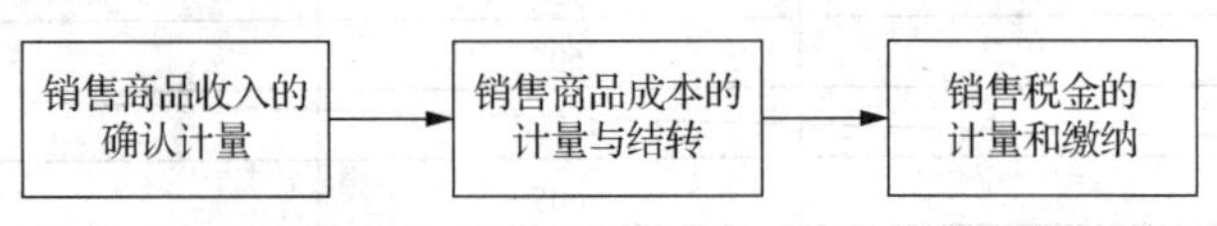

图 3-50　销售阶段核算过程

动画：销售收入的核算

1）主营业务收支核算

企业的主要经营业务范围包括销售商品、自制半成品及提供劳务等。主营业务收支核算主要包括确定主营业务收入和结转主营业务成本两个部分。本书中的主营业务收支核算以企业销售产品业务为例。

（1）商品销售收入的确认与计量。

企业销售商品收入的确认，必须同时符合以下条件。

① 企业已将商品所有权上的主要风险和报酬转移给购货方。

② 企业既没有保留通常与商品所有权相联系的继续管理权，也没有对已售出的商品实施控制。

③ 收入的金额能够可靠计量。

④ 相关的经济利益很可能流入企业。

⑤ 相关的已发生或将发生的成本能够可靠地计量。

（2）账户设置。

企业在销售商品业务核算时，应设置的主要账户有“主营业务收入”“主营业务成本”“应收账款”“应收票据”“预收账款”等。企业销售商品业务核算的主要账户设置如表 3-12 所示。

表 3-12　企业销售商品业务核算的主要账户设置

<table>
<tr><th rowspan="2">账户名称</th><th rowspan="2">账户性质、用途及明细科目设置</th><th colspan="2">账户结构</th></tr>
<tr><th>借方</th><th>贷方</th></tr>
<tr><td rowspan="3">主营业务收入</td><td rowspan="3">性质：损益类（收入）账户
用途：核算企业销售商品和提供工业性劳务所实现收入账户
明细科目设置：该账户可按主营业务的种类设置明细分类账，进行明细分类核算</td><td colspan="2">借方　主营业务收入　贷方</td></tr>
<tr><td>（−）
销货退回、销售折让结转到本年利润</td><td>（+）
实现主营业务收入</td></tr>
<tr><td></td><td>期末一般无余额</td></tr>
<tr><td rowspan="3">主营业务成本</td><td rowspan="3">性质：损益类（费用）账户
用途：核算企业确认主营业务收入时应结转的成本
明细科目设置：该账户可按主营业务的种类设置明细分类账，进行明细分类核算</td><td colspan="2">借方　主营业务成本　贷方</td></tr>
<tr><td>（+）
已销产品实际成本</td><td>（−）
期末结转到“本年利润”账户</td></tr>
<tr><td>期末一般无余额</td><td></td></tr>
<tr><td rowspan="3">应收账款</td><td rowspan="3">性质：资产类账户
用途：核算企业因销售商品和提供劳务等而应向购货单位或接受劳务单位收取的款项，代购货单位垫付的各种款项也在该账户中核算
明细科目设置：该账户应按不同的购货单位或接受劳务单位设置明细账户，进行明细分类核算</td><td colspan="2">借方　应收账款　贷方</td></tr>
<tr><td>（+）
应收销货款</td><td>（−）
已收回的货款</td></tr>
<tr><td>期末余额：尚未收回的货款</td><td>期末余额：预收款</td></tr>
<tr><td rowspan="3">应收票据</td><td rowspan="3">性质：资产类账户
用途：核算企业因销售商品、产品和提供劳务而应收的商业汇票款等
明细科目设置：该账户根据商业汇票的种类设置明细分类账户，并在应收票据备查簿中逐笔进行登记</td><td colspan="2">借方　应收票据　贷方</td></tr>
<tr><td>（+）
应收商业汇票的票面金额</td><td>（−）
票据到期、收回款项
商业汇票的贴现</td></tr>
<tr><td>期末余额：尚未收回的商业汇票的票面金额</td><td></td></tr>
</table>

续表

账户名称	账户性质、用途及明细科目设置	账户结构
预收账款	性质：负债类账户 用途：核算企业按照合同的规定向购货单位预收的货款 明细科目设置：该账户根据商业汇票的种类设置明细分类账户，并在应收票据备查簿中逐笔进行登记	借方　预收账款　贷方 （-）销售实现冲减预收款；多收的货款退回　｜　（+）预收的货款；补收的货款 期末余额：应收款项　｜　期末余额：预收款项

（3）账务处理。

企业在销售商品业务核算时，先确定主营业务收入，借记“银行存款”“应收账款”“应收票据”“预收账款”等科目，贷记“主营业务收入”“应交税费——应交增值税”等科目。然后结转主营业务成本，借记“主营业务成本”科目，贷记“库存商品”科目。

① 销售实现，确认收入，未收到货款。

【例 3-22】3 月 15 日，广州迪奥公司向新大新百货公司销售 800 个女式手提包，销售价 450 元/个。开出的增值税专用发票上注明货物金额为 360 000 元，增值税税额为 46 800 元，价税合计为 406 800 元，款项尚未收到（暂不考虑运费、保险费、包装费等）。相关原始凭证如图 3-51 所示。

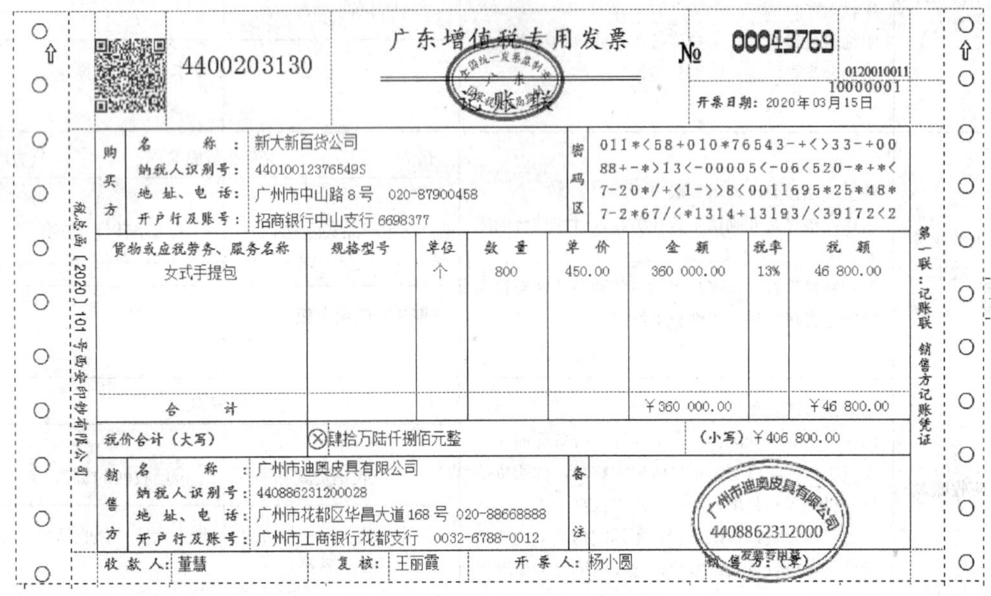

4400203130　广东增值税专用发票　№ 00043769
记账联
0120010011
10000001
开票日期：2020年03月15日

购买方	名称：新大新百货公司 纳税人识别号：440100123765495 地址、电话：广州市中山路8号 020-87900458 开户行及账号：招商银行中山支行 6698377	密码区	011*<58+010*76543-+<>33-+00 88+-*>13<-00005<-06<520-*+*< 7-20*/+<1->>8<0011695*25*48* 7-2*67/<*1314+13193/<39172<2

货物或应税劳务、服务名称	规格型号	单位	数量	单价	金额	税率	税额
女式手提包		个	800	450.00	360 000.00	13%	46 800.00
合计					￥360 000.00		￥46 800.00
价税合计（大写）	⊗肆拾万陆仟捌佰元整				（小写）￥406 800.00		

销售方	名称：广州市迪奥皮具有限公司 纳税人识别号：440886231200028 地址、电话：广州市花都区华昌大道168号 020-88668888 开户行及账号：广州市工商银行花都支行 0032-6788-0012	备注	

收款人：董慧　复核：王丽霞　开票人：杨小圆　销售方：（章）

第一联：记账联　销售方记账凭证

税总函〔2020〕101号西安印钞有限公司

图 3-51　增值税专用发票第一联：销售方记账凭证

会计人员审核原始凭证后编制记账凭证，如图 3-52 所示。

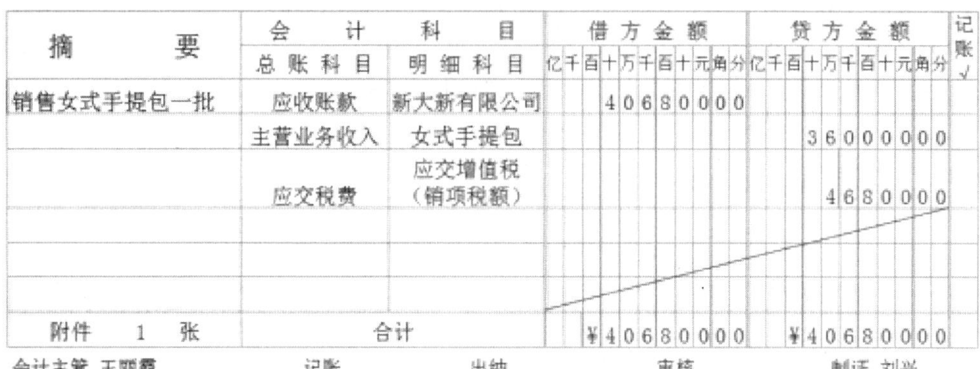

记　账　凭　证

2020 年 03 月 15 日　　　　记字第 16 号

摘要	会计科目		借方金额	贷方金额	记账√
	总账科目	明细科目	亿千百十万千百十元角分	亿千百十万千百十元角分	
销售女式手提包一批	应收账款	新大新有限公司	40680000		
	主营业务收入	女式手提包		36000000	
	应交税费	应交增值税（销项税额）		4680000	
附件 1 张	合计		¥40680000	¥40680000	

会计主管 王丽霞　记账　出纳　审核　制证 刘兴

图 3-52　记账凭证

【例 3-23】3 月 20 日，结转该批女式手提包的成本 240 000 元。

仓库管理员转来产成品出库单，如图 3-53 所示。

产 成 品 出 库 单

2020 年 03 月 20 日　　　　编号：0201

产成品名称	规格	计量单位	出库数量
女式手提包		个	800
合计			800

主管：魏明　　　　保管员：黄庆杰

图 3-53　产成品出库单

会计根据审核无误的产成品出库单，编制产品销售成本计算表，如图 3-54 所示。

产 品 销 售 成 本 计 算 表

2020 年 03 月 20 日

产品名称	销售数量/个	单位成本/元	总成本/元
女式手提包	800	300	240 000
合计	800	300	240 000

会计主管 王丽霞　　复核 魏明　　制表 刘兴

图 3-54　产品销售成本计算表

会计根据产品销售成本计算表编制记账凭证，其分录如下：

借：主营业务成本——女式手提包　　240 000

　　贷：库存商品——女式手提包　　240 000

② 销售实现，确认收入，收到货款。

【例 3-24】3 月 24 日，广州迪奥公司向广州市力新和商贸城销售 400 个男式公文包，销售价 320 元/个。开出的增值税专用发票上注明货物金额为 128 000 元，增值税税额为 16 640 元，价税合计为 144 640 元，已收到对方的货款并存入银行（暂不考虑运费、保险费、包装费等）。相关原始凭证如图 3-55 和图 3-56 所示。

4400203130　　广东增值税专用发票　　№ 00043770

记账联　　0120010011　10000001

开票日期：2020年03月24日

购买方	名　　称：广州市力新和商贸城 纳税人识别号：440557800053392 地 址、电 话：广州市白云区黄边路 272 号　020-8896443 开户行及账号：广州市工商银行黄边支行　0032-5322-7655	密码区	011*<58+010*78323-+<>33-+00 88+-*>13<-55525<-06<520-*+*< 120*/+<1->>8<663 7015*25*48* 7-2*67/<*1314-13789 3/-38+2389

货物或应税劳务、服务名称	规格型号	单位	数量	单价	金额	税率	税额
男式公文包		个	400	320.00	128 000.00	13%	16 640.00
合　　计					￥128 000.00		￥16 640.00
价税合计（大写）	⊗壹拾肆万肆仟陆佰肆拾元整				（小写）￥144 640.00		

销售方	名　　称：广州市迪奥皮具有限公司 纳税人识别号：440886231200028 地 址、电 话：广州市花都区华昌大道 168 号　020-88668888 开户行及账号：广州市工商银行花都支行　0032-6788-0012	备注	广州市迪奥皮具有限公司 440886231200028 发票专用章

收款人：董慧　　复核：王丽霞　　开票人：杨小圆　　销售方：（章）

税总函〔2020〕101 号西安印钞有限公司

第一联：记账联　销售方记账凭证

图 3-55　增值税专用发票第一联：销售方记账凭证

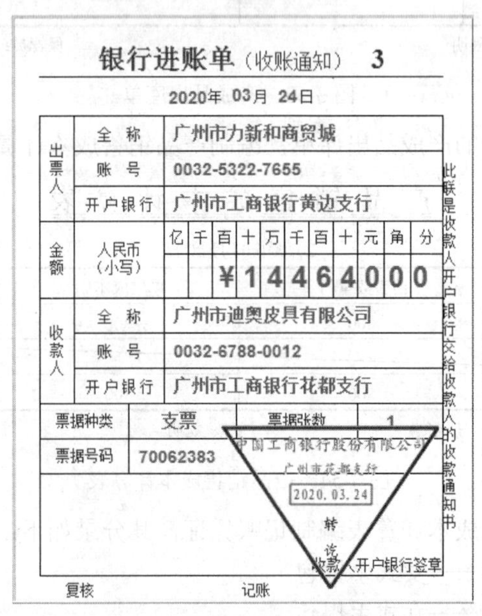

银行进账单（收账通知）　3

2020年 03月 24日

出票人	全　称	广州市力新和商贸城
	账　号	0032-5322-7655
	开户银行	广州市工商银行黄边支行
金额	人民币（小写）	亿千百十万千百十元角分：￥14464000
收款人	全　称	广州市迪奥皮具有限公司
	账　号	0032-6788-0012
	开户银行	广州市工商银行花都支行
票据种类	支票	票据张数　1
票据号码	70062383	

中国工商银行股份有限公司 广州市花都支行 2020.03.24 转讫

收款人开户银行签章

复核　　记账

此联是收款人开户银行交给收款人的收款通知书

图 3-56　银行进账单（收账通知）

会计人员审核销售发票和银行进账单（收账通知）后编制记账凭证，其分录如下：

借：银行存款　　144 640
　贷：主营业务收入——男式公文包　　128 000
　　应交税费——应交增值税（销项税额）　　16 640

【例 3-25】3 月 24 日，结转该批男式公文包的成本是 80 000 元。产成品出库单如图 3-57 所示。

产 成 品 出 库 单

2020 年 03 月 24 日　　编号：0202

产成品名称	规格	计量单位	出库数量
男式手提包		个	400
合计			400

主管：魏明　　保管员：黄庆杰

图 3-57　产成品出库单

会计根据审核无误的产成品出库单，编制产品销售成本计算表，如图 3-58 所示。

产 品 销 售 成 本 计 算 表

2020 年 03 月 24 日

产品名称	销售数量/个	单位成本/元	总成本/元
男式公文包	400	200	80 000
合计	400	200	80 000

会计主管 王丽霞　　复核 魏明　　制表 刘兴

图 3-58　产品销售成本计算表

会计根据产品销售成本计算表编制记账凭证，其分录如下：

借：主营业务成本——男式公文包　　80 000
　贷：库存商品——男式公文包　　80 000

2）其他业务收支核算

企业除了发生销售商品、提供劳务等主要业务，还会发生一些非经常性的其他业务。这里的其他业务是指企业在经营过程中发生除主营业务以外的其他业务，如销售原材料、出租包装物、出租固定资产、出租无形资产等。对于不同的企业来说，主营业务与非主营业务的划分并不是绝对的，一个企业的主营业务可能是另一个企业的其他业务；对于同一个企业而言，不同时期的主营业务和其他业务的内容也不是固定不变的。对其他业务成本核算的确认原则和计量方法与主营业务核算基本一致。

（1）账户设置。

企业在销售原材料、出租包装物、出租固定资产、出租无形资产等其他业务收支核算时，应设置的主要账户有“其他业务收入”“其他业务成本”等。企业其他业务收支核算的主要账户设置如表 3-13 所示。

表 3-13　企业其他业务收支核算的主要账户设置

账户名称	账户性质、用途及明细科目设置	账户结构	
其他业务收入	性质：损益类（收入）账户 用途：核算企业除主营业务收入以外的其他业务收入的实现及其结转情况 明细科目设置：该账户可按其他业务的种类设置明细分类账，进行明细分类核算	借方　其他业务收入 （－） 期末结转到“本年利润”账户	贷方 （＋） 销售原材料实现的收入，出租包装物、固定资产、无形资产实现的收入，提供非工业性劳务的收入 期末一般无余额
其他业务成本	性质：损益类（费用）账户 用途：核算企业除主营业务以外的其他业务的成本发生及其转销情况 明细科目设置：该账户可按其他业务的种类设置明细分类账，进行明细分类核算	借方　其他业务成本 （＋） 取得原材料的成本、出租周转材料和无形资产的摊销额、出租固定资产的折旧额 期末一般无余额	贷方 （－） 期末结转到“本年利润”账户

（2）账务处理。

企业在销售原材料、出租包装物、出租固定资产、出租无形资产等业务核算时，先确定其他业务收入，借记“银行存款”“应收账款”“应收票据”“预收账款”等科目，贷记“其他业务收入”“应交税费——应交增值税”等科目。然后结转其他业务成本，借记 “其他业务成本”科目，贷记“原材料”“累计折旧”“累计摊销”等科目。

【例 3-26】3 月 25 日，广州迪奥公司将一批不需要的 200 平方英尺天然皮革原材料销售给大华贸易公司，开出的增值税专用发票上注明货物金额为 12 000 元，增值税税额为 1 560 元，价税合计为 13 560 元，款项已收到并存入银行（暂不考虑运费、保险费、包装费等）。相关原始凭证如图 3-59 和图 3-60 所示。

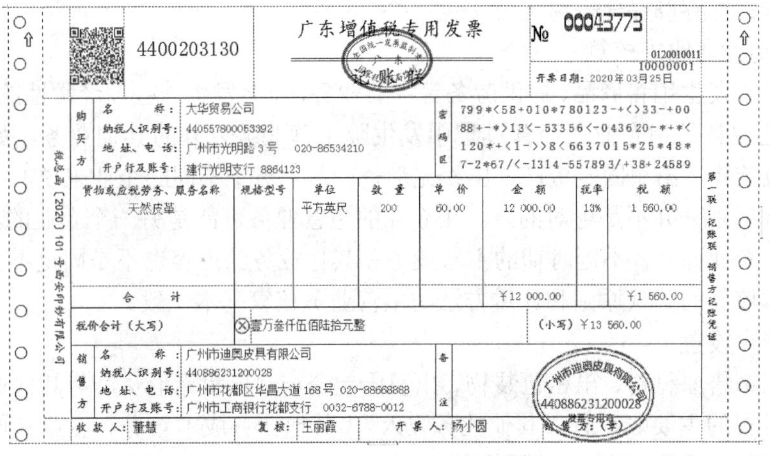

4400203130　广东增值税专用发票　№ 00043773
记账联
0120010011
10000001
开票日期：2020年03月25日

购买方　名称：大华贸易公司
纳税人识别号：440557800053392
地址、电话：广州市光明路 3 号　020-86534210
开户行及账号：建行光明支行 8864123

密码区：
799*<58+010*780123-+<>33-+00
88+-*>13<-53356<-043620-*+*<
120*+<1->>8<6637015*25*48*
7-2*67/<-1314-557893/+38+24589

货物或应税劳务、服务名称	规格型号	单位	数量	单价	金额	税率	税额
天然皮革		平方英尺	200	60.00	12 000.00	13%	1 560.00
合计					¥12 000.00		¥1 560.00

价税合计（大写）　ⓧ壹万叁仟伍佰陆拾元整　（小写）¥13 560.00

销售方　名称：广州市迪奥皮具有限公司
纳税人识别号：440886231200028
地址、电话：广州市花都区华昌大道 168 号 020-88668888
开户行及账号：广州市工商银行花都支行　0032-6788-0012

备注：广州市迪奥皮具有限公司 440886231200028 发票专用章

收款人：董慧　复核：王丽霞　开票人：杨小圆　销售方：（章）

税总函〔2020〕101 号西安印钞有限公司

第一联：记账联　销售方记账凭证

图 3-59　增值税专用发票第一联：销售方记账凭证

银行进账单（收账通知）　3

2020年 03月 25日

出票人	全　称	大华贸易公司
	账　号	8864123
	开户银行	广州市建设银行光明支行
金额	人民币（小写）	亿 千 百 十 万 千 百 十 元 角 分 ¥1356000
收款人	全　称	广州市迪奥皮具有限公司
	账　号	0032-6788-0012
	开户银行	广州市工商银行花都支行
票据种类	支票	票据张数　1
票据号码	5306015	

中国工商银行股份有限公司 广州市花都支行 2020.03.25 转讫

收款人开户银行签章

复核　　记账

此联是收款人开户银行交给收款人的收款通知书

图 3-60　银行进账单（收账通知）

会计人员对以上原始凭证审核后编制记账凭证，其分录如下：

借：银行存款　　13 560

　　贷：其他业务收入——天然皮革　　12 000

　　　　应交税费——应交增值税（销项税额）　　1 560

【例 3-27】 接例 3-26，3 月 25 日，结转该批天然皮革原材料的成本为 10 000 元。领料单如图 3-61 所示。

领　料　单

领料部门：销售部　　2020 年 03 月 25 日　　第 015 号

材料编号	材料名称	材料规格	计量单位	数量	
				请领	实发
A1	大然皮革		平方英尺	200	200
合计				200	200

主管　魏明　　发料人　黄庆杰　　领料人　赵培

图 3-61　领料单

会计根据仓库转来的领料单编制材料销售成本计算表，如图 3-62 所示。

材料销售成本计算表

2020 年 03 月 25 日　　金额单位：元

产品名称	销售数量/平方英尺	单位成本/元	总成本/元
天然皮革	200	50.00	10 000.00
合计	200		¥10 000.00

会计主管　王丽霞　　复核　魏明　　制表　刘兴

图 3-62　材料销售成本计算表

会计部门审核了以上原始凭证并编制记账凭证，其分录如下：

借：其他业务成本——天然皮革　　10 000

　　贷：原材料——天然皮革　　10 000

3）税金及附加的核算

企业在销售商品过程中实现了商品的销售额，就应该向国家税务机关缴纳各种销售税金及附加，具体包括消费税、城市维护建设税及教育费附加、资源税、房产税、城镇土地使用税、车船税、印花税等。企业向国家缴纳各种税费，对企业而言，它就是一项费用支出。

（1）账户设置。

企业进行税金及附加的核算，应设置的主要账户有“税金及附加”“应交税费”等。企业税金及附加业务核算的主要账户设置如表 3-14 所示。

表 3-14　企业税金及附加业务核算的主要账户设置

账户名称	账户性质、用途及明细科目设置	账户结构	
		借方　税金及附加	贷方
税金及附加	性质：损益类（费用）账户 用途：核算企业经营过程中各项应税行为所负担的各种税费，包括消费税、城市维护建设税及教育费附加、资源税、房产税、城镇土地使用税、车船税、印花税等 明细科目设置：一般情况下，该账户可以不设置明细账	（+） 期末计提应缴纳的消费税、城市维护建设税及教育费附加、资源税、房产税、车船税、印花税等	（-） 期末转入“本年利润”账户的金额
		期末一般无余额	

（2）账务处理。

企业计提税金及附加的核算时，应借记“税金及附加”科目，贷记“应交税费”科目。

【例 3-28】3 月月底，广州迪奥公司计提应缴纳的城市维护建设税、教育费附加。

计算本月应计提的城市维护建设税、教育费附加如下。

销项税=46 800+16 640+1 560 = 65 000（元）

进项税=6 500 +6 500+1 950+910+65+180 =16 105（元）

城市维护建设税=48 895×7% =3 422.65（元）

教育费附加=48 895×3% =1 466.85（元）

税（费）计提明细表如图 3-63 所示。

会计部门审核了以上原始凭证并编制记账凭证，其分录如下：

借：税金及附加　　4 889.50

　　贷：应交税费——应交城市维护建设税　　3 422.65

　　　　　　　　——应交教育费附加　　1 466.85

税（费）计提明细表

税款所属期间：　2020 年 03 月 01 日—2020 年 03 月 31 日

填表日期：2020 年 03 月 31 日　　　　金额单位：元

序号	税种	计提基数	计提比例	计提金额	备注
1	城市维护建设税	48 895	7%	3 422.65	
2	教育费附加	48 895	3%	1 466.85	
合计				4 889.50	

主管：王丽霞　　　　制表：刘兴

图 3-63　税（费）计提明细表

4）其他相关费用的核算

在销售阶段，企业除销售商品确认营业收入和结转营业成本，计提税金及附加等业务的核算外，还会涉及销售费用的核算，如销售过程中发生的包装费、保险费、展览费、广告费、运输费、装卸费等费用，都应计入销售费用进行核算。

企业在日常活动中所发生，不能直接归属于某个特定产品的成本，而应当计入当期损益的各种费用，除了上述提到的财务费用、销售费用，还有管理费用，其中主要是用于满足企业日常的组织和管理生产经营需要，一般需要按照所受益对象进行核算，如预借差旅费，可以按所受益对象进行核算。

提现账务处理

（1）管理费用（预借差旅费）的业务核算。

【例 3-29】3 月 14 日，李伟应邀前往广州天河区琶洲参加珠三角皮具产品博览会，预借差旅费 2 000 元，公司财务支付了现金。相关原始凭证如图 3-64 所示。

借 支 单

2020 年 03 月 14 日

工作部门	设计部	职务	总监	姓名	李伟	盖章	李伟
借支金额	人民币（大写）贰仟元整			¥2 000.00			
借款原因	前往广州天河区琶洲参加珠三角皮具产品博览会			附证件	（略）		
还款日期	2020 年 03 月 26 日						
批核	情况属实，同意借支						

现金付讫

会计：刘兴　　　　出纳：董慧　　　　制单：刘兴

图 3-64　借支单

会计人员对借支单审核后编制记账凭证，其分录如下所示：

借：其他应收款——李伟　　　　2 000

　　贷：库存现金　　　　2 000

【例 3-30】3 月 26 日，李伟出差回来办理报销差旅费 1 060 元，将所剩 940 元现金返还给公司。相关原始单据如图 3-65 所示（交通发票、餐饮发票略）。

差旅费报销单

部门：设计部　　报销日期：2020 年 03 月 26 日　　编号：001

出差人				李伟					出差事由	广州天河区琶洲参加珠三角皮具产品博览会				项目名称					
出发				到达					交通			出差补助		其他费用					
月	日	时	地点	月	日	时	地点	人数	工具	金额	天数	补助标准	金额	住宿费用	市内交通	餐饮费			合计
3	15	08:10	广州花都	3	15	10:00	广州天河	1	出租车	180.00	11					700.00			700.00
3	25	15:00	广州天河	3	25	17:00	广州花都	1	出租车	180.00	11	现金收讫							
合计										360.00	--					700.00			1050.00
报销总额	人民币(大写) 壹仟零伍拾元整									¥1050.00					预借金额 ¥2000.00 退☑/补☐金额 ¥940.00				
附单据张数合计(对应上方的项目)									城际交通：	2		其他：	7						
领导批示 张凯				部门主管					财务主管			会计			出纳 董慧		领款人 李伟		

图 3-65　差旅费报销单

会计人员对相关原始单据审核后编制记账凭证，其分录如下：

借：管理费用——差旅费　　1 060

　　库存现金　　940

　　贷：其他应收款——李伟　　2 000

（2）销售费用的业务核算。

【例 3-31】 3 月 14 日，广州迪奥公司发生广告宣传费，取得的增值税专用发票上注明金额为 3 000 元，增值税税额为 180 元，价税合计为 3 180 元，用银行存款支付（增值税专用发票抵扣联略）。相关原始凭证如图 3-66 和图 3-67 所示。

4400093620　　增值税专用发票　　№ 05420071

发票联　　开票日期：2020年03月14日

购货单位	名　　称：广州市迪奥皮具有限公司 纳税人识别号：440886231200028 地址、电话：广州市花都区华昌大道168号 开户行及账号：广州市工商银行花都支行　0032-6788-0012			密码区	（略）		
货物或应税劳务名称	规格型号	单位	数量	单价	金　额	税率	税　额
产品广告费		次	3	1 000.00	3 000.00	6%	180.00
合　　计					¥3 000.00		¥180.00
价税合计（大写）	⊗叁仟壹佰捌拾元整				（小写）¥3 180.00		
销货单位	名　　称：广州市斑斑彩业广告有限公司 纳税人识别号：440550003721599 地址、电话：广州市天河区广州大道52号 开户行及账号：广州市工商银行天河支行　0032-6702-5535			备注	广州市斑斑彩业广告有限公司 440320102083305 发票专用章		

收款人：卢璐　　复核：　　开票人：章惠子　　销货单位：（章）

国家税〔2014〕410 号海南华森实业公司

第三联：发票联　购货方记账凭证

图 3-66　增值税专用发票第三联：购货方记账凭证

中国工商银行
支票存根
10504420
02795536
附加信息
出票日期 2020 年 03 月 14 日
收款人：广州市斑斑彩业广告有限公司
金 额：¥3 180.00
用 途：广告费
单位主管 王丽霞 会计 刘兴

图 3-67 支票存根

会计人员对相关原始单据审核后编制记账凭证，其分录如下：

借：销售费用——广告费 3 000

　　应交税费——应交增值税（进项税额） 180

　　贷：银行存款 3 180

例 3-23～例 3-31 的记账凭证填写见二维码资源：销售阶段业务核算的相关记账凭证。

销售阶段业务核算的相关记账凭证

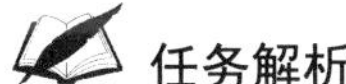 任务解析

制造企业的主要生产经营过程包括供应、生产和销售 3 个阶段，其主要的经济业务包括资金筹集业务、采购业务、生产业务、销售业务等。在资金筹集环节，主要涉及投资者投入资本和借入资本的业务核算；在采购环节，主要涉及固定资产采购、材料采购及办公用品采购业务核算；在生产环节，主要涉及直接材料费用、直接人工、制造费用的归集与分配，以及完工产品成本的计算与结转的业务核算；在销售环节，主要涉及主营业务收支、其他业务收支、税金及附加，以及其他相关费用的业务核算。

巩固与训练

一、单选题

1．下列各项中，不属于企业资金循环和周转环节的是（　　）。

A．供应过程　　B．生产过程　　C．销售过程　　D．分配过程

2．企业收到投资者的投入涉及增加的会计要素为（　　）。

A．所有者权益　　B．负债　　C．实收资本　　D．费用

3．一般性企业从投资者处筹集的资金通常称为（　　）。

A．所有者权益　　B．实收资本　　C．盈余公积　　D．收入

4．企业借入短期借款的利息在发生时应记入（　　）账户的借方。

A．“管理费用”　　B．“财务费用”　　C．“销售费用”　　D．“预提费用”

5．企业采购原材料发生的采购费用应记入（　　）账户。

A．“制造费用”　　B．“原材料”　　C．“管理费用”　　D．“财务费用”

6．材料采购成本不包括（　　）。

A．采购价格　　B．运输途中的合理损耗

C．运杂费　　D．入库后的挑选整理费用

7．企业购进不需要安装的机器，代表资产增加，借方应记入（　　）账户的借方。

A．“原材料”　　B．“在建工程”　　C．“固定资产”　　D．“在途物资”

8．生产成本的构成要素不包括（　　）。

A．直接材料　　B．直接人工　　C．制造费用　　D．管理费用

9．生产成本的期末借方余额表示（　　）。

A．库存商品成本　B．期末在产品成本　C．期初在产品成本　D．已售商品成本

10．与“制造费用”账户不可能发生对应关系的是（　　）账户。

A．“银行存款”　　B．“原材料”　　C．“应付职工薪酬”　D．“库存商品”

11．各生产单位为组织与管理生产而发生的管理人员工资和福利费等费用属于（　　）。

A．直接工资　　B．其他直接支出　　C．制造费用　　D．期间费用

12．工业生产企业的“主营业务收入”主要是指（　　）。

A．出租包装物租金收入　　B．转让土地使用权使用费收入

C．销售商品收入　　D．接受捐赠收入

13．“其他业务收入”不应核算的是（　　）。

A．销售商品收入　　B．出租包装物租金收入

C．出租固定资产租金收入　　D．出租无形资产租金收入

14．“其他业务成本”科目按其所反映的经济内容，属于（　　）类科目。

A．成本　　B．资产　　C．损益　　D．所有者权益

15．企业销售商品时，下列账户中不可能与“主营业务收入”账户发生对应关系的是（　　）账户。

A．“银行存款”　　B．“应收账款”　　C．“预收账款”　　D．“库存商品”

二、多选题

1．筹集资金按来源可以分为（　　）。

A．投资者投入　　B．向债权人借入　　C．货币资金　　D．非货币资金

2．一般纳税人采购固定资产取得增值税专用发票，可能涉及的科目有（　　）。

A．“固定资产”　　B．“应交税费——应交增值税（进项税额）”

C．“银行存款”　　D．“库存现金”

3．一般纳税人采购原材料取得增值税专用发票，可能涉及的科目有（　　）。

A．“原材料”　　B．“应交税费——应交增值税（进项税额）”

C．“银行存款”　　D．“应交税费——应交增值税（销项税额）”

4．下列关于“制造费用”账户的说法，正确的有（　　）。

A．借方登记实际发生的各项制造费用　　B．贷方登记分配计入产品成本的制造费用

C．期末余额有时在借方，有时在贷方　　D．期末结转后一般无余额

5．一般纳税人销售商品开出增值税专用发票，可能涉及的科目有（　　）。

A．“库存现金”　　B．“应交税费——应交增值税（销项税额）”

C．“银行存款”　　D．“主营业务收入”

三、判断题

1．注册资本即为实收资本，两者的数额完全相等。（　　）

2．短期借款是指企业根据生产经营的需要，从银行或其他金融机构借入的偿还期在一年以内的各种借款，包括生产周转借款、临时借款等。（　　）

3．材料采购成本包括采购员发生的差旅费。（　　）

4．采购过程中支付的增值税应计入采购货物的成本。（　　）

5．采购不需要安装的设备可以直接通过“固定资产”账户进行核算。（　　）

6．制造费用是企业生产产品和提供劳务过程中发生的各项直接费用。（　　）

7．直接用于某种产品生产的材料费用，要先通过“制造费用”账户进行归集。期末再同其他间接费用一起按照一定的标准分配计入有关产品成本。（　　）

8．企业根据有关规定应付给职工的各种薪酬包括职工工资、奖金、津贴和补贴、职工福利费等，均应通过“应付职工薪酬”账户进行核算。（　　）

9．在销售环节，存货的发出成本即是销售成本。（　　）

10．销售原材料通过“营业外收入”账户进行核算。（　　）

四、实训题

1．河东有限公司 2020 年 4 月发生如下部分经济业务。

（1）1 日，接受投资者林锋投资 500 000 元，款项存入银行。

（2）1 日，向银行借入 3 个月的借款 100 000 元，年利率 6%，款项存入银行。

（3）月底计算本月该笔借款利息。

根据以上资料，填写相关的记账凭证（自备通用记账凭证）。

2．河东有限公司 2020 年 4 月发生如下部分经济业务。

（1）3 日向东华有限公司购入生产用的设备一台，取得的增值税专用发票上注明货物金额为 10 000 元，增值税税额为 1 300 元，价税合计为 11 300 元，款项未付。

（2）8 日，购入原材料一批，取得的增值税专用发票上注明货物金额为 5 000 元，增值税税额为 650 元，价税合计为 5 650 元，开出转账支票支付了全部款项，这批原材料当天检验入库。

（3）12 日，从南城有限公司购入原材料一批，取得的增值税专用发票上注明货物金额为 6 000 元，增值税税额为 780 元，价税合计为 6 780 元，款项未支付，这批原材料当天未到达。

（4）15 日，公司仓库转来的入库单一张，注明 4 月 12 日购买的原材料已经验收入库。

（5）16 日，公司将所欠南城有限公司的 6 780 元货款通过网银支付。

（6）17 日，公司从超市购买了行政部门使用的办公用品一批。取得的增值税专用发票上注明货物金额为 200 元，增值税税额为 26 元，价税合计为 226 元，用现金支付。

根据以上资料，填写相关的记账凭证（自备通用记账凭证）。

3．河东有限公司 2020 年 4 月发生如下部分经济业务。

（1）16 日，从仓库领用 A 材料 15 000 元，用于生产车间生产甲产品 8 000 元，用于生产乙产品 7 000 元。

（2）20 日，行政管理人员胡宪出差，预借差旅费 1 000 元，公司财务支付了现金。

（3）22 日，胡宪出差回来办理报销差旅费 800 元，将所剩 200 元现金返还给公司。

（4）4 月应付职工工资总额为 100 000 元，其中：生产甲产品工人工资 40 000 元，乙产品工人工资 30 000 元，车间管理人员工资 10 000 元，销售人员工资 8 000 元，行政管理人员工资 12 000 元。

（5）4 月末公司计提固定资产折旧 18 000 元，其中生产车间折旧 10 000 元，行政办公部门折旧 8 000 元。

（6）4 月发生制造费用共 20 000 元，生产甲乙两种产品所费工时为 1 000 小时。其中，生产甲产品发生的工时为 600 小时，生产乙产品所发生的工时为 400 小时。

（7）4 月结转成本，甲产品成本为 60 000 元，乙产品成本为 45 000 元，全部完工入库。

根据以上资料，填写相关的记账凭证（自备通用记账凭证）。

4．河东有限公司 2020 年 4 月发生如下部分经济业务。

（1）18 日，销售一批产品给 A 公司，按照合同约定产品的售价为 500 000 元，增值税额为 65 000 元，甲产品已经发出，货款已经收到，该产品的成本为 300 000 元。

（2）26 日，将一批不需用的原材料出售，该批原材料的成本为 20 000 元，售价 30 000 元，增值税税额为 3 900 元，款项已收到并存入银行。

（3）28 日，公司发生广告宣传费，取得的增值税专用发票上注明金额为 1 000 元，税额为 60 元，价税合计为 1 060 元，用银行存款支付。

（4）4 月末计提应缴纳的消费税 5 000 元。

根据以上资料，填写相关的记账凭证（自备通用记账凭证）。

任务 3.3 记账凭证的审核

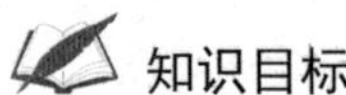

知识目标

1. 熟悉记账凭证审核的内容。
2. 掌握记账凭证审核错误的处理方法。

技能目标

1. 能对记账凭证进行审核。
2. 能对记账凭证审核错误进行正确的处理和更正。

任务情境

“记账凭证的填写原来也有这么多学问！”正在李伟看得出神的时候，会计已经把记账凭证填写完毕。只见他把刚填好的凭证给了会计主管：“王经理，麻烦您审核一下。”李伟又是满脸疑惑：“会计不是已经将记账凭证按照要求认认真真填好了吗？怎么还要交给另外一个人审核，填写的人审核不行吗？都审核些什么呢？”一连串的疑问再次涌上李伟心头。

知识准备

微课：记账凭证的审核

1. 记账凭证的审核内容

为了使记账凭证能够真实、准确地反映经济业务，保证会计信息的质量，在登记账簿之前应由有关稽核人员对已填制的记账凭证进行认真、严格的审核，审核的内容如下。

（1）内容是否真实。

审核记账凭证是否以原始凭证为依据，所记载的经济业务内容、金额是否与所附原始凭证的内容、金额一致。除规定的几种特殊情况外，没有附原始凭证的记账凭证无效，不能作为登记账簿的依据。

（2）记录是否正确。

审核记账凭证中应借、应贷会计科目是否正确，科目之间的对应关系是否清晰、完整，借贷方金额合计是否相等；审核记账凭证中列示的总分类科目的金额和明细科目的金额是否正确，总分类科目的金额与其所属明细科目的金额之和是否相等。

（3）项目是否齐全。

审核记账凭证中有关项目的填写是否齐全、完整，有关经办人员的签章是否完备。

（4）书写是否规范。

审核记账凭证的书写是否符合标准、数字是否清晰、书写是否规范，错误更正的方法是否正确。

记账凭证审核的流程

2. 记账凭证审核错误的处理

在审核记账凭证的过程中，若发现未入账的记账凭证有错误或者填列不完整、签章不齐全，应及时查明原因，按规定更正、补充或重新填制；已入账的记账凭证有错误的，应按照规定的更正错误的方法予以更正。

审核无误的记账凭证才能作为登记账簿的依据。

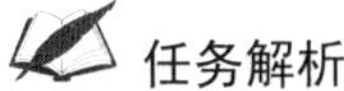

任务解析

为了使记账凭证能够真实、准确地反映经济业务，保证会计信息的质量，在登记账簿之前应由有关稽核人员对已填制的记账凭证进行认真、严格的审核，审核的内容主要包括内容是否真实、记录是否正确、项目是否齐全、书写是否规范。

巩固与训练

一、单选题

1．审核记账凭证的目的是（　　）。

A．保证记账凭证及所附原始凭证正确无误

B．保证账实相符

C．保证账表相符

D．保证账证相符

2．下列各项中，不属于记账凭证审核内容的是（　　）。

A．各项目填写是否齐全

B．所记录的经济业务是否符合生产经营活动的需要

C．内容是否真实

D．书写是否规范

3．下列关于记账凭证审核的表述，不正确的是（　　）。

A．审核各项目填写是否齐全　　B．由出纳人员负责审核

C．审核内容是否真实　　D．审核书写是否规范

4．下列选项中，属于记账凭证审核内容的是（　　）。

A．经济业务是否符合国家有关的政策规定

B．所记录的经济业务是否符合生产经营活动的需要

C．凭证所列事项是否符合有关的计划、预算和合同等规定

D．审核内容是否真实反映经济业务的发生

5．下列内容中，不属于记账凭证审核内容的是（　　）。

A．凭证是否符合有关的计划和预算

B．会计科目是否使用正确

C．凭证的金额与所附原始凭证的金额是否一致

D．凭证的内容与所附原始凭证的内容是否一致

二、多选题

1．以下属于记账凭证审核内容的有（　　）。

A．内容是否真实　B．项目是否齐全　C．记录是否正确　D．书写是否规范

2．下列关于审核记账凭证的内容是否真实的说法，表述正确的有（　　）。

A．是否有原始凭证为依据

B．所记载的经济业务内容、金额是否与所附原始凭证的内容、金额一致

C．书写是否规范

D．项目是否齐全

3．下列有关记账凭证的说法，正确的有（ ）。

A．在审核过程中，如发现差错，应查明原因，按规定办法及时处理和更正

B．实行电算化的企业，对于机制记账凭证要认真审核

C．只有经过审核无误的记账凭证，才能据以登记账簿

D．电算化中，打印出的机制记账凭证要加盖制单人员、审核人员、记账人员及会计机构负责人、会计主管人员印章或签字，以加强审核，明确责任

4．下列各项中，记账凭证审核处理正确的是（ ）。

A．若发现未入账的记账凭证有错误或者填列不完整、签章不齐全，应及时查明原因，按规定更正、补充或重新填制

B．若入账的记账凭证有错误，应按照规定的更正错误的方法予以更正

C．已经实行电算化的企业，对于机制记账凭证不需要重新审核

D．只有经过审核无误的记账凭证，才能据以登记账簿

三、判断题

1．没有附原始凭证的记账凭证无效，不能作为登记账簿的依据。（ ）

2．审核记账凭证中应借、应贷会计科目是否正确，科目之间的对应关系是否清晰、完整，借贷方金额合计是否相等，属于书写是否规范的审核内容。（ ）

3．记账凭证是根据审核后的合法原始凭证填制的。对会计凭证进行审核，是保证会计信息质量、发挥会计监督作用的重要手段。（ ）

4．审核无误的记账凭证才能作为登记账簿的依据。（ ）

5．在审核过程中，如发现差错，应查明原因，按规定办法及时处理和更正。（ ）

任务 3.4 会计凭证的传递和保管

知识目标

1. 了解会计凭证的传递方式。
2. 熟悉会计凭证保管的要求。

技能目标

1. 能够及时传递记账凭证。
2. 能准确整理、装订记账凭证和所附的原始凭证。

任务情境

会计主管认真审核完记账凭证后，在凭证底部签上了自己的名字，她对会计说："凭证无误，可以记账了。"李伟感慨地说："我忽然有个想法，可以写本书叫《小小发票漂流记》。这些差旅费发票从取得后，先后经手部门领导签字确认、会计审单、出纳凭单报销、会计凭单登记记账凭证、主管审核记账凭证，最后才可以登记账簿。我很想知道，

这些单据最后去向如何？财务部门怎么保管这些会计凭证？”

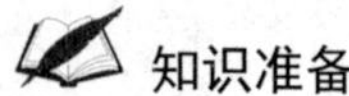

知识准备

1．会计凭证的传递

1）会计凭证传递的含义

会计凭证的传递是指从会计凭证的取得或填制完成后至归档保管过程中，在单位内部有关部门和人员之间的传递程序和过程。

会计凭证的传递，应当满足内部控制制度的要求，做到责任明确、手续合规、传递程序合理有效，同时尽量节约传递时间，减少传递的工作量。

会计凭证的传递具体包括凭证的传递程序和传递时间。各单位应根据经济业务的特点、内部机构设置、人员分工情况，以及经营管理的需要规定各种凭证的传递程序；根据有关部门和人员办理经济业务的必要时间，合理确定会计凭证的传递时间。

2）会计凭证传递的要求

正确、合理地组织会计凭证的传递工作，科学地确定会计凭证传递程序和时间，通常应考虑以下几个方面。

（1）传递的程序科学、合理。

要根据经济业务的特点、企业内部机构的设置、人员分工情况及经营管理的需要，合理确定各种会计凭证的联次和流转的必要环节。既要做到有关部门和人员能对会计凭证按规定程序进行处理和审核，及时了解经济业务的发生和完成情况，又要避免会计凭证传递经过不必要的环节，影响传递速度，降低工作效率。

（2）传递的时间恰当、及时。

要根据有关部门和人员办理经济业务的必要手续的需要，确定会计凭证在各环节停留的时间，保证业务手续的顺利完成。既要防止不必要的延误，影响工作效率，又要避免时间定得过紧，影响业务手续的完成。

（3）传递的手续完备、简易。

为了保证会计凭证的安全、完整，在各环节中都应指定专人办理交接手续，做到责任明确、手续完备且简便易行。

2．会计凭证的保管

会计凭证的保管是指会计凭证在登账后的整理、装订、归档和存查工作。会计凭证作为登记账簿的直接依据，是重要的会计档案和经济资料。为了便于随时查阅利用，任何单位在完成经济业务手续和记账后，应由会计部门加以整理、归类，形成会计档案资料，并送交档案部门妥善保管。

会计凭证的保管，既要做到会计凭证的安全和完整，又要便于凭证的事后调阅和查找。会计凭证归档保管的主要方法和要求如下。

（1）会计凭证应定期装订成册，防止散失。每月记账完毕，要将本月各种记账凭证加以整理，检查有无缺号和附件是否齐全。《会计基础工作规范》第五十五条规定：“记账凭证应当连同所附的原始凭证或者原始凭证汇总表，按照编号顺序，折叠整齐，按期装订成册，并加具封面，注明单位名称、年度、月份和起讫日期、凭证种类、起讫号码，由装订人在装订线封签处签名或者盖章。”为了防止任意拆装，在装订线上要加贴封签，并由会计主管人员盖章。

（2）在一个月内，凭证数量过多的，可分装若干册，在封面上加注“共×册”字样。如果记账凭证所附原始凭证数量过多，可单独装订保管，但应在其封面注明所属记账凭证的日期、编号和种类，同时在所属的记账凭证上注明“附件另订”及原始凭证的名称和编号，以便查阅。对重要的原始凭证，如合同、契约、押金收据及需要随时查阅的单据等在需要单独保管时，应编制目录，并在原始凭证和记账凭证上分别注明日期和编号，以便查核。

（3）原始凭证不得外借，其他单位如有特殊原因确实需要使用时，经本单位会计机构负责人（会计主管人员）批准，可以复制。向外单位提供的原始凭证复制件，应当在专设的登记簿上登记，并由提供人员和收取人员共同签名或盖章。

（4）每年装订成册的会计凭证，年度终了时可暂由单位会计机构保管一年，期满后应当移交本单位档案机构统一保管；未设立档案机构的，应当在会计机构内部指定专人保管。出纳人员不得监管会计档案。

（5）应当遵守会计凭证的保管期限要求，期满前不得任意销毁。原始凭证和记账凭证的保管年限为 30 年。

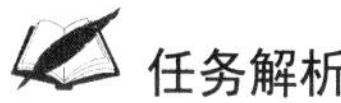

任务解析

会计凭证的传递是指从会计凭证的取得或填制完成后至归档保管过程中，在单位内部有关部门和人员之间的传递程序和过程。会计凭证的保管是指会计凭证在登账后的整理、装订、归档和存查工作。会计凭证作为登记账簿的直接依据，是重要的会计档案和经济资料。为了便于随时查阅利用，任何单位在完成经济业务手续和记账后，应由会计部门加以整理、归类，形成会计档案资料，并送交档案部门妥善保管。

巩固与训练

一、单选题

1．其他单位因特殊原因需要使用原始凭证时，经本单位会计机构负责人批准后（　　）。

A．可以外借　　B．只可以查阅不能复印

C．可以复印　　D．不可查阅或复印

2．下列各项中，不符合记账凭证的传递要求的是（　　）。

A．传递的程序科学、合理　　B．传递的时间恰当、及时

C．传递的手续完备、简易　　D．传递的顺序可以随意

3．需要查阅已入档的会计凭证时，必须办理借阅手续。其他单位因特殊原因需要使用原始凭证时，经本单位的（　　）批准，可以复制该原始凭证。

A．财务部负责人　　B．总会计师　　C．董事长　　D．单位负责人

4．不影响会计凭证传递的因素是（　　）。

A．企业管理的要求　　B．企业生产组织的特点

C．企业经济业务的内容　　D．规定的保管期限

5．下列各项中，作为会计凭证复制借出批准人的是（　　）。

A．财务经理　　B．财务负责人　　C．财务总监　　D．单位负责人

二、多选题

1．以下各项符合会计凭证归档保管的主要方法和要求有（　　）。

A．会计凭证应定期装订成册，防止散失

B．在一个月内，凭证数量过多的，可分装若干册，在封面上加注“共×册”字样

C．原始凭证不得外借，其他单位如有特殊原因确实需要使用的，经本单位会计机构负责人（会计主管人员）批准，可以复制

D．应当遵守会计凭证的保管期限要求，期满前不得任意销毁

2．制定会计凭证的传递程序应考虑的因素有（　　）。

A．经济业务特点　　B．内部机构设置　　C．人员分工情况　　D．经济管理要求

3．其他单位如有特殊原因确实需要使用本单位原始凭证资料的，经本单位（　　）批准，原始凭证可以复制。

A．审核人员　　B．会计机构负责人　　C．会计主管人员　　D．记账人员

4．会计凭证在传递过程中应做到（　　）。

A．凭证传递满足需要　　B．手续完备

C．传递及时　　D．责任明确

5．下列有关会计凭证保管的规定的表述，正确的有（　　）。

A．会计凭证应定期装订成册，防止散失

B．会计封面注明凭证种类、时间日期并装订好即可

C．会计凭证保管期限未满前不得任意销毁

D．原始凭证不得外借，更不可以复制

三、判断题

1．原始凭证和记账凭证的保管年限为20年。（　　）

2．会计凭证的保管是指会计凭证在登账后的整理、装订、归档和存查工作。（　　）

3．原始凭证不得外借，也绝不可以复制。（　　）

4．会计凭证的传递，应当满足内部控制制度的要求。（　　）

5．会计凭证传递主要包括凭证的传递路线、传递时间、传递方式3个方面的内容。（　　）

项目 4

设置和登记会计账簿

 会计思政案例微课堂

九龙水泥厂设两套账逃税案

2016 年 4 月，普安县九龙水泥厂会计危某文收到了贵州省普安县人民法院刑事判决书。判决书显示：普安县九龙水泥厂在 2011 年度生产经营期间，通过做两套账簿（20111 账和 20112 账），向普安县国税局申报销售收入 11 318 036.55 元，缴纳增值税、地方教育附加税共计 607 905.57 元，隐瞒收入 5 919 593.70 元，少申报增值税额 860 111.90 元，逃税数额占应缴纳税额比例的 58.59%。危某文曾辩解："我来水泥厂时，水泥厂的公共账号被法院查封，没有公共账号，收入账要打预付款打到出纳办的银行卡上，出纳向客户开收据，其中一联拿来给我做账……经普安县国税局审计后，厂里涉嫌逃税 90 多万元，因为当时厂里没有钱，我电话向董事长蒋某铮汇报纳税的事情，他叫我自己处理，如果处理不好，叫我回江西去……"最终，法院根据《中华人民共和国刑法》第二百一十一条和第二百〇一条的规定，以逃税罪追究危某文的刑事责任。

（资料来源：http://blog.sina.com.cn/s/blog_62eca3670102xm6z.html.）

感悟：《会计法》规定"各单位必须依法设置会计账簿，并保证其真实、完整"。依法设账是实际会计工作中的薄弱环节。普安县九龙水泥厂账外设账，企图逃税是违法的，其行为已严重损害了国家和社会公众利益，干扰了社会经济秩序。会计危某文明知设账外账违法，却不能坚持准则，不能执业谨慎，不敢抵制歪风邪气，终究逃脱不了法律的制裁。

任务 4.1 会 计 账 簿

任务 4.1.1 会计账簿的概念与分类

 知识目标

1. 掌握会计账簿的概念与分类。
2. 理解会计账簿设置与登记的作用。

技能目标

1. 能够掌握各类账簿所能反映的会计信息。
2. 学会对业务数据的分类、汇总。

任务情境

一天，李伟和刘会计到会计档案室，“这些就是账簿吧，为什么要记这么多账簿呢？”刘会计回答道：“因为信息使用者的需求不同，有些使用者想了解整体情况，但有些使用者只想了解其中一种情况；有些使用者想了解这个项目的金额情况，但也有使用者想了解这个项目的数量情况。所以会计账簿的种类就变得多种多样了。”那么会计账簿到底有哪些？又有什么作用呢？

知识准备

会计账簿简称账簿，是指由一定格式的账页组成的，以经审核过的会计凭证为依据，全面、系统、连续地记录各项经济业务的簿籍。

会计凭证数量繁多、信息分散，难以全面、完整地了解企业的财务状况，不便于会计信息的整理与报告。因此，各单位应当按照国家统一的会计制度的规定和会计业务的需要设置会计账簿，以全面、系统、连续地核算和监督企业的经济活动及其财务收支情况。

设置和登记账簿是编制财务报表的基础，是连接会计凭证和会计报表的中间环节。

1. 设置和登记账簿的作用

（1）通过账簿的设置和登记，可以记载、储存会计信息。将会计凭证记录的经济业务逐笔逐项记入有关账簿，及时储存所需要的各项会计信息。

动画：认识会计账簿

（2）通过账簿的设置和登记，可以分类、汇总会计信息。会计账簿能及时提供各方面所需要的总括信息，为管理决策提供信息。

（3）通过账簿的设置和登记，可以检查、校正会计信息。会计账簿记录是对会计凭证的进一步整理，是会计分析、会计检查的重要依据。

（4）通过账簿的设置和登记，可以编报、输出会计信息。会计账簿是对会计凭证的系统化，提供的是全面、系统、分类的会计信息。会计账簿是编制会计报表的主要资料来源，所记录的资料是编制会计报表的主要依据。

2. 会计账簿的种类

会计账簿的种类是多种多样的，不同类别的会计账簿可以提供不同的信息，满足不同的需要。为了便于了解和使用，必须对账簿进行分类。

1）按用途分类

账簿按用途可分为序时账簿、分类账簿和备查账簿。

（1）序时账簿。

序时账簿又称日记账，是按照经济业务发生时间的先后顺序逐日、逐笔登记的账簿。在实际工作中，通常按记账凭证编号的先后顺序逐日进行登记，又称日记账。序时账簿的特点是序时登记和逐笔登记。日记账按其所核算和监督经济业务的范围，可分为特种日记账和普通日记账。

普通日记账是两栏式日记账，是序时地逐笔登记各项经济业务的账簿，它核算和监督全部经济业务的发生与完成情况。

普通日记账的格式如表 4-1 所示。

表 4-1 普通日记账

第×页

2020 年		凭证		会计科目	摘要	借方金额/元	贷方金额/元	过账
月	日	字	号					
3	1	记	1	银行存款	收到投入的资金	100 000		√
				实收资本	李伟		100 000	
3	1	记	2	银行存款	款项存入银行	150 000		√
				短期借款	向银行借入 3 个月的借款		150 000	

特种日记账是用来核算和监督某一类型经济业务发生与完成情况的账簿。常见的特种日记账有现金日记账、银行存款日记账。各单位一般应设置特种日记账，该种日记账汇总金额记入分类账，减少了过账工作。

在实际工作中，因为经济业务的复杂性，一般很少采用普通日记账，应用较为广泛的是特种日记账。我国大多数单位一般只设置现金日记账和银行存款日记账，而不设置转账日记账。

（2）分类账簿。

分类账簿是指按照会计要素的具体类别而设置的分类账户进行登记的账簿。在账簿组织中，分类账簿占有特别重要的地位。分类账簿提供的核算信息是编制会计报表的主要依据。

账簿按其反映经济业务的详略程度可分为总分类账簿和明细分类账簿。

总分类账簿又称总账，是根据总分类账户开设的，能够全面地反映企业的经济活动；明细分类账簿又称明细账，是根据明细分类账户开设的，用来提供明细的核算资料。总账对所属的明细账起统驭作用，明细账对总账进行补充和说明。

总分类账与明细分类账的关系：明细分类账是对总分类账的补充和具体化，并受总分类账的控制和统驭。

序时账簿与分类账簿的区别：作用不同，序时账簿提供连续系统的信息，反映企业资金运动的全貌；分类账簿是按照经营与决策的需要而设置的账户，归集并汇总各类信息，反映资金运动的各种状态。

（3）备查账簿。

备查账簿又称辅助登记簿或补充登记簿，是指对某些在序时账簿和分类账簿中未能记载或记载不全的经济业务进行补充登记的账簿。备查账簿只是对其他账簿记录的一种补充，与其他账簿不存在严密的依存和勾稽关系。备查账簿根据企业的实际需要设置，没有固定的格式要求。它可以为某项经济业务的内容提供必要的参考，如反映企业租入固定资产的租入固定资产登记簿、受托加工材料登记簿、代销商品登记簿等。

备查账簿与序时账簿和分类账簿相比，主要有两点不同之处：一是登记依据不同，备查账簿的登记可能不需要记账凭证，甚至不需要一般意义上的原始凭证；二是格式和登记方法不同，备查账簿没有固定的格式，主要栏目不记录金额，更注重用文字来表述某项经济业务的发生情况。

2）按账页格式分类

账簿按照账页格式可以分为两栏式账簿、三栏式账簿、多栏式账簿、数量金额式账簿和横线登记式账簿。

（1）两栏式账簿。

两栏式账簿是只有借方和贷方两个基本金额栏的账簿。普通日记账和转账日记账一般采用两栏式账簿，具体格式如图 4-1 所示。

明细账

明细科目：

年		凭证编号	摘要	借方												贷方											
月	日			十	亿	千	百	十	万	千	百	十	元	角	分	十	亿	千	百	十	万	千	百	十	元	角	分

图 4-1　两栏式账簿

（2）三栏式账簿。

三栏式账簿是设有借方、贷方和余额 3 个基本栏目的账簿。各种日记账、总分类账及资本、债权、债务明细账都可采用三栏式账簿。

三栏式账簿又分为设对方科目和不设对方科目两种，区别是在“摘要”栏和“借方科目”栏之间是否有“对方科目”栏。三栏式账簿的具体格式如图 4-2 和图 4-3 所示。

总账

第　　页

年		凭证编号	摘要	借方												贷方												借或贷	余额												
月	日			十	亿	千	百	十	万	千	百	十	元	角	分	十	亿	千	百	十	万	千	百	十	元	角	分		百	十	亿	千	百	十	万	千	百	十	元	角	分

图 4-2　不设对方科目的三栏式账簿

日记账

第　　页

年		凭证编号	结算方式		摘要	对方科目	收入												支出												借或贷	结余												
月	日		类	号码			十	亿	千	百	十	万	千	百	十	元	角	分	十	亿	千	百	十	万	千	百	十	元	角	分		百	十	亿	千	百	十	万	千	百	十	元	角	分

图 4-3　设对方科目的三栏式账簿

（3）多栏式账簿。

多栏式账簿是在账簿的两个基本栏目（借方和贷方）按需要再分设若干专栏的账簿，如多栏式日记账、多栏式明细账。

专栏设在借方还是贷方或两方同时设专栏、专栏的数量等，均根据需要确定。收入、费用、成本、利润明细账一般均采用这种格式的账簿。多栏式账簿的具体格式如图 4-4 所示。

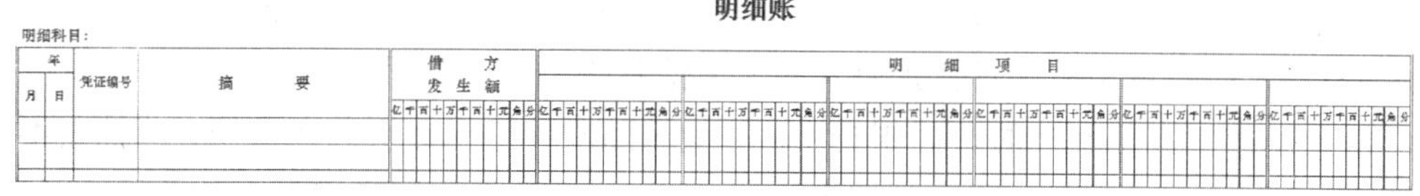

明细账

明细科目：

年		凭证编号	摘　要	借方发生额	明细项目					
月	日			亿千百十万千百十元角分	亿千百十万千百十元角分	亿千百十万千百十元角分	亿千百十万千百十元角分	亿千百十万千百十元角分	亿千百十万千百十元角分	亿千百十万千百十元角分

图 4-4　多栏式账簿

（4）数量金额式账簿。

数量金额式账簿是指在账簿的“借方”“贷方”“余额”3 个栏目内，每个栏目再分设“数量”“单价”“金额”三小栏，借以反映财产物资的实物数量和价值量的账簿。例如，原材料、库存商品等明细账一般采用数量金额式账簿。数量金额式账簿的具体格式如图 4-5 所示。

明细账

明细科目：　　计量单位：

年		凭证编号	摘　要	收入			发出			结存		
月	日			数量	单位成本	金额	数量	单位成本	金额	数量	单位成本	金额

图 4-5　数量金额式账簿

（5）横线登记式账簿。

横线登记式账簿又称平行式账簿，是指将前后密切相关的经济业务登记在同一行上，以便检查每笔业务的发生和完成情况的账簿。例如，材料采购、在途物资、应收票据等明细账一般采用横线登记式账簿。横线登记式账簿的具体格式如图 4-6 所示。

在途物资 明细账

明细账：　　第　页

户名	借方							贷方					借或贷	余额
	年		凭证编号	摘　要	买价	采购费用	金额	年		凭证编号	摘　要	金额		
	月	日			亿千百十万千百十元角分	亿千百十万千百十元角分	亿千百十万千百十元角分	月	日			亿千百十万千百十元角分		亿千百十万千百十元角分

图 4-6　横线登记式账簿

各类账页格式账簿的适用范围一览表见二维码资源：各类账页格式账簿的适用范围一览表。

各类账页格式账簿的适用范围一览表

3）按外形特征分类

账簿按照外形特征（或外表形式）可以分为订本式账簿、活页式账簿和卡片式账簿。

（1）订本式账簿。

订本式账簿简称订本账，是指在启用前将编有顺序页码的一定数量账页装订成册的账簿。订本账的优点是能避免账页散失和防止抽换账页，其缺点是不能准确地为各账户预留账页。这种账簿一般适用于总分类账、现金日记账、银行存款日记账。

（2）活页式账簿。

活页式账簿简称活页账，是指将一定数量的账页置于活页夹内，可根据记账内容的变化而随时增加或减少部分账页的账簿。当账簿登记完毕之后（通常为一个会计年度结束之后），才将账页予以装订，加具封面，并给各账页连续编号。

活页账的优点是记账时可以根据实际需要，随时将空白账页装入账簿，或抽去不需要的账页，便于分工记账；缺点是如果管理不善，可能会造成账页散失或故意抽换账页。

通常各种明细分类账一般采用活页账形式。

（3）卡片式账簿。

卡片式账簿简称卡片账，是指将一定数量的卡片式账页存放于专设的卡片箱中，可以根据需要随时增添账页的账簿。严格来说，卡片式账簿也是一种活页账，只不过它不是在活页账夹中。在我国，单位一般只对固定资产的核算采用卡片账形式，也有少数企业在材料核算中使用材料卡片。

任务解析

会计账簿是由一定格式的账页组成的，以经审核过的会计凭证为依据，全面、系统、连续地记录各项经济业务的簿籍，可以全面、系统、连续地核算和监督企业的经济活动及其财务收支情况。企业为满足不同的需要，根据不同的分类标准对账簿进行分类，分类结果如图 4-7 所示。

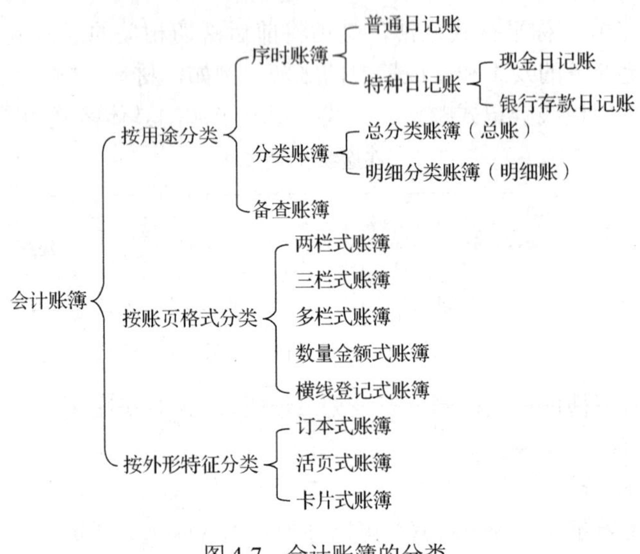

图 4-7　会计账簿的分类

巩固与训练

一、单选题

1. 由一定格式账页组成的，以经过审核的会计凭证为依据，全面、系统、连续地记录各项经济业务的簿籍是（　　）。

A．会计账簿　　B．会计账户　　C．序时账簿　　D．分类账簿

2．下列各项中，能够作为登记账簿依据的是（　　）。

A．原始凭证　　B．记账凭证　　C．会计凭证　　D．账页

3．下列关于账簿分类的表述，正确的是（　　）。

A．账簿按用途可以分为序时账簿、分类账簿、备查账簿

B．账簿按时间可以分为序时账簿、分类账簿、备查账簿

C．账簿按外形特征可以分为两栏式、三栏式、多栏式和数量金额式

D．账簿按账页格式可以分为订本账、活页账和卡片账

4．按经济业务发生时间的先后顺序，逐日逐笔进行登记的账簿是（　　）。

A．明细分类账　　B．总分类账　　C．序时账　　D．备查账

5．下列关于备查账簿的说法，错误的是（　　）。

A．备查账簿不是根据会计凭证登记的账簿

B．备查账簿没有固定的格式

C．每个单位都应设置备查账簿

D．与其他账簿之间不存在严密的依存和勾稽关系

二、多选题

1．下列关于会计账簿的说法，正确的有（　　）。

A．在会计核算中具有重要的意义

B．可以全面反映会计主体在一定时期内所发生的各项资金运动，储存所需要的各项会计信息

C．账簿由不同的相互关联的账户构成

D．能够检查和校正会计信息

2．常见的特种日记账主要是指（　　）。

A．现金日记账　　B．银行存款日记账　　C．收入日记账　　D．固定资产日记账

3．下列关于分类账簿的表述，正确的有（　　）。

A．分类账簿可以分别反映和监督各项资产、负债、所有者权益、收入、费用和利润的增减变动情况及其结果

B．明细分类账簿是提供总括核算资料的分类账簿

C．总分类账簿是提供明细核算资料的账簿

D．明细分类账簿是对总分类账簿的补充和具体化

4．下列关于各种格式的账簿适用范围的表述，正确的有（　　）。

A．普通日记账和转账日记账一般采用两栏式

B．总分类账及资本、债权、债务明细账一般采用多栏式

C．收入、成本、费用明细账一般采用三栏式

D．原材料、库存商品、产成品等明细账一般采用数量金额式

5．下列关于活页式账簿的表述，正确的有（　　）。

A．在账簿登记完毕之前并不固定装订在一起，而是装在活页账夹中

B．账簿的页数不固定，使用前不装订，可以根据实际需要增减账页

C．空白账页使用时必须连续编号，置于账夹中或临时装订成册，并由有关人员在账页上盖章，以防舞弊

D．一般适用于各种明细分类账和日记账

三、判断题

1．设置和登记账簿是编制财务报表的基础，是连接会计凭证与财务报表的中间环节。（　　）

2．设置和登记账簿可以检查财产物资是否妥善保管、账实是否相符。（　　）

3．序时账簿和分类账簿中未能记载或记载不全的经济业务，可以在备查账簿中予以登记。（　　）

4．两栏式账簿是指只有发生额和余额两个栏目的账簿。（　　）

5．在我国，一般只对固定资产明细账采用卡片账形式，但少数企业在材料核算中也使用卡片账。（　　）

任务 4.1.2　会计账簿的基本内容及启用规则

知识目标

1．了解会计账簿的基本内容。

2．掌握会计账簿的启用规则。

技能目标

1．能够掌握会计账簿的启用规则。

2．能够为会计信息使用者提供正确的会计信息。

任务情境

李伟在会计档案室查看会计账簿时发现，每本账簿前都有几页表格，这是干什么用的呢？他带着问题找到刘会计，刘会计告诉他："这是新账启用时要求填写的内容。"李伟好奇地问："账簿不是直接根据会计凭证填写的吗？难道登记之前还要什么仪式吗？"刘会计笑道："一本新的账簿要开启真的需要开启仪式，就像新剧的开机仪式一样，账簿要启用后才可以登记的。"那么开启一本新的账簿到底要做些什么工作呢？

知识准备

1．会计账簿的基本内容

在实际工作中，由于各种会计账簿所记录的经济业务不同，账簿的格式也多种多样。但各种账簿都应具备的基本内容有封面、扉页和账页。

1）封面

封面上主要用来标明账簿的名称，如总分类账、各种明细分类账、现金日记账、银行存款日记账等。各种账簿封面如图 4-8 所示。

图 4-8 各种账簿封面

2）扉页

扉页主要列明科目索引和账簿启用及接交表（该表又称账簿启用登记和经管人员一览表）。账簿扉页的格式如图 4-9 所示。

账簿启用及接交表

<table>
<tr><td>单位名称</td><td colspan="7"></td><td colspan="3">公　章</td></tr>
<tr><td>账簿名称</td><td colspan="7">（第　册）</td><td colspan="3" rowspan="4"></td></tr>
<tr><td>账簿编号</td><td colspan="7"></td></tr>
<tr><td>账簿页数</td><td colspan="7"></td></tr>
<tr><td>启用日期</td><td colspan="7"></td></tr>
<tr><td rowspan="3">经管人员</td><td colspan="2">单位主管</td><td colspan="2">财务主管</td><td colspan="3">复　核</td><td colspan="3">记　账</td></tr>
<tr><td>姓名</td><td>盖章</td><td>姓名</td><td>盖章</td><td>姓名</td><td colspan="2">盖章</td><td>姓名</td><td colspan="2">盖章</td></tr>
<tr><td></td><td></td><td></td><td></td><td></td><td colspan="2"></td><td></td><td colspan="2"></td></tr>
<tr><td rowspan="4">接交记录</td><td colspan="2">经管人员</td><td colspan="4">接　管</td><td colspan="4">交　出</td></tr>
<tr><td>职别</td><td>姓名</td><td>年</td><td>月</td><td>日</td><td>盖章</td><td>年</td><td>月</td><td>日</td><td>盖章</td></tr>
<tr><td></td><td></td><td></td><td></td><td></td><td></td><td></td><td></td><td></td><td></td></tr>
<tr><td></td><td></td><td></td><td></td><td></td><td></td><td></td><td></td><td></td><td></td></tr>
<tr><td>备注</td><td colspan="10"></td></tr>
</table>

目　录

编号	会计科目	起止页码	编号	会计科目	起止页码

图 4-9 账簿扉页的格式

活页式账簿、卡片式账簿在装订成册后，填列账簿启用及交接表。

3）账页

账页是账簿用来记录经济业务事项的载体，包括账户的名称、登记账户的“日期”栏、“凭证种类和号数”栏、“摘要”栏（记录经济业务内容的简要说明）、“金额”栏（金额的增减变动）、总页次和分户页次等。总账账页的格式如图 4-10 所示。

总　账

总页码	
本户页次	

会计科目名称及编号

2020年		凭证编号	摘要	借方	贷方	借或贷	余额	核对号
月	日			十亿千百十万千百十元角分	十亿千百十万千百十元角分		百十亿千百十万千百十元角分	

图 4-10　总账账页的格式

不同的账簿账页格式根据反映的会计信息不同而不同，具体的内容将在登记账页部分介绍。

2．会计账簿的启用规则

在实际工作中，各种账簿都是重要的会计档案。为了保证账簿记录的合法性和完整性，明确责任，启用会计账簿时，应当在账簿封面上写明单位名称和账簿名称，并在账簿扉页上附账簿启用及接交表（图 4-11）。

账簿启用及接交表

单位名称	广州市迪奥皮具有限公司							公章
账簿名称	总分类账　（第 1 册）							广州市迪奥皮具有限公司
账簿编号	202001							
账簿页数	100							
启用日期	二〇二〇年一月一日							
经管人员	单位主管		财务主管		复核		记账	
	姓名	盖章	姓名	盖章	姓名	盖章	姓名	盖章
	张凯	张凯	王丽霞	王丽霞	陈海霞	陈海霞	刘兴	刘兴

接交记录	经管人员		接管				交出			
	职别	姓名	年	月	日	盖章	年	月	日	盖章
备注										

图 4-11　账簿启用及接交表示例

账簿目录如图 4-12 所示。

目　录

编号	会计科目	起止页码	编号	会计科目	起止页码
1001	库存现金	1	2221	应交税费	49
1002	银行存款	4	4001	实收资本	52
1122	应收账款	7	4101	盈余公积	55
1221	其他应收款	10	4102	资本公积	58
1231	坏账准备	13	4103	本年利润	61
1402	在途物资	16	4104	利润分配	64
1403	原材料	19	5001	生产成本	67
1405	库存商品	22	5101	制造费用	70
1601	固定资产	25	6001	主营业务收入	73
1602	累计折旧	28	6054	其他业务收入	76
1701	无形资产	31	6403	税金及附加	79
1702	累计摊销	34	6401	主营业务成本	82
2201	短期借款	37	6402	其他业务成本	85
2202	应付账款	40	6602	管理费用	88
2203	预收账款	43	6601	销售费用	91
2211	应付职工薪酬	46	6603	财务费用	94

图 4-12　账簿目录

（1）在账簿封面上写明单位名称和账簿名称。

（2）在账簿扉页上附账簿启用及接交表，表内详细载明单位名称、账簿名称、账簿编号、账簿页数、启用日期、经管人员姓名。

（3）加盖有关人员的签章和单位公章。

（4）更换记账人员时，应办理交接手续，在“接交记录”栏内填写接管日期和接交人员姓名并盖章。

另外，启用订本式账簿，应当按第一页到最后一页的顺序编定页数，不得跳页、缺号。使用活页式账页，应当按账户顺序编号，并定期装订成册；装订后再按实际使用的账页顺序编定页码，另加目录，记明每个账户的名称和页次。

任务解析

不论是哪种会计账簿，它的基本内容均包括封面、扉页和账页 3 个部分。在新的会计年度开始时，都必须办理启用手续，即按照账簿启用规则，由相关人员填写有关项目，主要如下。

（1）账簿封面：启用会计账簿时，应在会计账簿封面上写明会计账簿的名称、单位名称和启用日期。

（2）账簿启用及接交表：账簿启用及接交表内容填写得准确完整，是账簿具有合法性的重要标志。

（3）目录：填写目录表中的会计科目应是一级会计科目的全称，其编号应按会计制度的统一编号填列，并准确填列该会计科目的起讫页次。

巩固与训练

一、单选题

1. 下列选项中，能够作为记录经济业务事项载体的是（　　）。

A. 封面　　B. 扉页　　C. 账页　　D. 账簿名称

2. 应在账簿封面上写明单位名称和账簿名称，并在账簿扉页上附启用表的时间是（　　）。

A. 启用会计账簿时　　B. 装订成册时　　C. 年初时　　D. 年末时

3. 启用会计账簿时，除了应当在账簿封面上写明单位名称，还应当写明的是（　　）。

A. 账簿内容　　B. 账簿名称　　C. 账簿类型　　D. 账簿编号

4. 账簿启用登记和经管人员一览表不需要填列的内容是（　　）。

A. 起止页数　　B. 记账人员　　C. 账户名称　　D. 启用日期

5. 在启用之前就已将账页装订在一起，并对账页进行了连续编号的账簿是（　　）。

A. 订本式账簿　　B. 活页式账簿　　C. 卡片式账簿　　D. 明细分类账

二、多选题

1. 下列关于会计账簿与账户关系的说法，正确的有（　　）。

A. 账户存在于账簿之中，账簿中的每一账页就是账户的存在形式和载体

B. 没有账簿，账户就无法存在

C. 账簿只是一个外在形式，账户才是其实质内容

D. 账簿与账户的关系是形式和内容的关系

2. 下列关于会计账簿启用的说法，正确的有（　　）。

A. 启用会计账簿时，应在账簿封面上写明单位名称和账簿名称

B. 启用会计账簿时，应在账簿扉页上附启用表

C. 启用订本式账簿时应当从第一页到最后一页顺序编定页数，不得跳页、缺号

D. 在年度开始，启用新账簿时，应把上年度的年末余额记入新账的第一行

3. 会计账簿启用登记表的填写要求是（　　）。

A. 填写启用日期和启用账簿的起止页数

B. 填写记账人员姓名和会计主管姓名并加盖签章

C. 加盖单位公章

D. 接办人、监交人的姓名、加盖公章

4. 下列各项中，账页包括的内容有（　　）。

A. 账户名称　　B. 记账凭证的种类和号数栏

C. “摘要”栏　　D. 总页次和分户页次栏

5. A公司2016年7月8日正式营业，会计李娜建账时选用的账本有三栏式、多栏式和数量金额式3种。其中，可以选用三栏式账簿的有（　　）。

A. “固定资产”总账　　B. 库存现金日记账

C. “应收账款”明细账　　D. “原材料”明细账

三、判断题

1. 账簿应当具备以下基本内容：封面、扉页、账页。其中，账页是用来记录经济业务事项的载体，其格式因反映经济业务内容的不同而有所不同。（　　）

2. 会计账簿的基本内容包括封面、扉页和账页。（　　）

3. 账页的基本内容应包括账户的名称、登记账簿的日期栏、凭证的种类和号数栏、“摘要”栏、“金额”栏及总页次和分户页次栏。（　　）

4. 各单位在更换旧账簿、启用新账簿时，应当填制账簿启用表。（　　）

5. 启用订本式账簿应当从第一页到最后一页顺序编定页数，可以跳页，不得缺号。（　　）

任务 4.1.3　会计账簿的登记规则

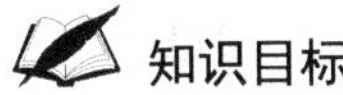

知识目标

1. 掌握会计账簿的登记规则。
2. 熟悉会计工作规范的相关规定。

技能目标

1. 能够掌握会计账簿的登记规则。
2. 能够判断账簿登记中的错误操作。

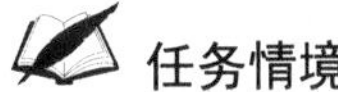

任务情境

李伟在翻阅账簿时发现里面的数字与人们平常写的不一样，就好奇地问刘会计：“账簿的信息是直接把数字从会计凭证中抄来的吗？为什么所有的数字只占了每个格子的一半？”刘会计告诉他：“会计账簿是根据审核无误的会计凭证按照一定的规则来记录会计信息的，包括用笔、写字都是有规定的。”那么登记账簿要遵守什么规则呢？

知识准备

为了保证账簿记录的正确性，必须根据审核无误的会计凭证登记会计账簿，并符合有关法律、行政法规和国家统一的会计准则制度的规定。

1. 准确完整

为了保证账簿记录的准确、整洁，应当根据审核无误的会计凭证登记会计账簿。

（1）登记会计账簿时，应当将会计凭证的日期、编号、摘要、金额和其他有关资料逐项记入账内，做到数字准确、摘要清楚、登记及时、字迹工整。

（2）每一项会计事项，一方面要记入有关的总账，另一方面要记入该总账所属的明细账。

（3）账簿记录中的日期，应该填写记账凭证上的日期；以自制原始凭证（如发料单、领料单等）作为记账依据的，账簿记录中的日期应按有关自制凭证上的日期填列。

2．注明记账符号

账簿登记完毕后，要在记账凭证上签名或者盖章，并在记账凭证的“过账”栏内注明账簿页数或画“√”，注明已经登账的符号，表示已经记账完毕，避免重记、漏记。

3．书写留空

账簿中书写金额、文字时要求紧靠左侧，书写数字时要求紧靠右侧。无论文字、金额和数字都应紧靠底线书写，上面要留有适当空格，不要写满格，一般占格距的1/2。这样既方便更正，也方便日后的查账工作。

4．正常记账使用蓝黑墨水

为了保持账簿记录的持久性，防止涂改，登记账簿必须使用蓝黑墨水笔或碳素墨水笔书写，不得使用圆珠笔（银行的复写账簿除外）或者铅笔书写。

5．特殊记账使用红墨水

（1）按照红字冲账的记账凭证，冲销错误记录。

（2）在不设借贷等栏的多栏式账页中，登记减少数。

（3）在三栏式账户的“余额”栏前，如未印明余额方向的，在“余额”栏内登记负数余额。

（4）根据国家统一的会计制度的规定，可以用红字登记的其他会计记录。

由于会计中的红字表示负数，因而除上述情况外，不得用红色墨水笔登记账簿。

6．顺序连续登记

在登记各种账簿时，应按页次顺序连续登记，不得隔页、跳行。如无意发生隔页、跳行现象，应在空页、空行处用红色墨水笔划对角线注销，或者注明“此页空白”或“此行空白”字样，并由记账人员签名或盖章。

7．结出余额

凡需要结出余额的账户，结出余额后，应当在“借或贷”栏目内注明“借”或“贷”字样，以示余额的方向；对于没有余额的账户，应在“借或贷”栏目内写“平”字，并在余额栏“元”位处用“θ”表示。具体如图4-13所示。

在途物资 明细账

明细账：五金件　　　　第 1 页

户名	借方							贷方					借或贷	余额
	2020年		凭证编号	摘要	买价	采购费用	金额	2020年		凭证编号	摘要	金额		
	月	日			亿千百十万千百十元角分	亿千百十万千百十元角分	亿千百十万千百十元角分	月	日			亿千百十万千百十元角分		亿千百十万千百十元角分
	3	10	记7	购买材料，料未入库，款未付	700000			3	13	记8	材料验收入库	700000	平	θ
联成五金厂														

图4-13　在途物资明细账

8．过次承前

每一账页登记完毕结转下页时，应当结出本页合计数及余额，写在本页最后一行和下页第一行相关栏内，并在“摘要”栏内注明“过次页”和“承前页”字样；也可以将本页合计数及金额只写在下页第一行相关栏内，并在“摘要”栏内注明“承前页”字样，以保持账簿记录的连续性，便于对账和结账。

对需要结计本月发生额的账户，结计“过次页”的本页合计数应当为自本月初起至本页末止的发生额合计数。

对需要结计本年累计发生额的账户，结计“过次页”的本页合计数应当为自年初起至本页末止的累计数。

对既不需要结计本月发生额也不需要结计本年累计发生额的账户，可以只将每页末的余额结转次页。

9．不得涂改、刮、擦、挖补

如发生账簿记录错误，不得刮、擦、挖补或用褪色药水更改字迹，而应采用规定的方法更正。

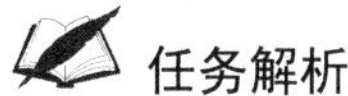 任务解析

根据《会计基础工作规范》的规定，在登记账簿时必须遵守的登账规则具体包括以下内容：①完整准确，清楚及时；②签名盖章，注明符号；③格距占半，墨水用对；④特殊情况，方用红字；⑤顺序连续，空白注明；⑥结出余额，过次承前；⑦电算防丢，定期打印。

巩固与训练

一、单选题

1．下列关于会计账簿登记要求的表述，不正确的是（ ）。

A．登记账簿必须使用蓝黑墨水笔或碳素墨水笔书写，不得使用圆珠笔（银行的复写账簿除外）或铅笔书写

B．账页登记满时，应办理转页手续

C．使用活页式账簿时，应先将其装订成册，以防止散失

D．在不设借贷栏的多栏式账页中，登记减少数时，可以使用红色墨水笔记账

2．账簿中书写的文字和数字上面要留有适当的空格，不要写满格，一般应占格距的比例是（ ）。

A．1/3 B．1/2 C．2/3 D．1/4

3．在登记账簿过程中，每一账页的最后一行及下一页第一行要办理转页手续的目的是（ ）。

A．便于查账 B．防止遗漏

C．防止隔页 D．保持账簿记录的连续性

4．对于需要结计本年累计发生额的账户，结计“过次页”的本页合计数是指（　　）。

A．自年初起至本日止的累计数　　B．自年初起至本页末止的累计数

C．自月初至本页末止的累计数　　D．自本页初至本页末止的累计数

5．以下说法不正确的是（　　）。

A．凡需要结出余额的账户，结出余额后，应当在“借或贷”等栏内写明“借”或者“贷”等字样，以示余额方向

B．没有余额的账户，应当在“借或贷”等栏内写“－”，并在“余额”栏内用“θ”表示

C．库存现金日记账必须逐日结出余额

D．银行存款日记账必须逐日结出余额

二、多选题

1．下列各项中，属于会计账簿登记要求的有（　　）。

A．登记会计账簿时，应当将会计凭证日期、编号、业务内容摘要、金额和其他有关资料逐项记入账内

B．登记完毕后，要在记账凭证上签名或者盖章，并注明已经登账的符号，表示已经记账完毕

C．账簿中书写的文字和数字应紧靠底线书写，上面要留有适当空格，不要写满格

D．登记账簿要用蓝黑墨水笔或者碳素墨水笔书写，不得使用圆珠笔（银行的复写账簿除外）或者铅笔书写

2．下列书写工具中，可用于登记一般会计账簿的有（　　）。

A．蓝黑墨水笔　　B．碳素墨水笔　　C．圆珠笔　　D．铅笔

3．下列情况中，可以用红色墨水笔记账的有（　　）。

A．在不设借贷等栏的多栏式账页中，登记减少数

B．在三栏式账户的“余额”栏前，如未印明余额方向的，在“余额”栏内登记负数余额

C．按照红字冲账的记账凭证，冲销错误记录

D．根据国家统一的会计制度的规定可以用红字登记的其他会计记录

4．在记账过程中，发生跳行、隔页时正确的处理方法有（　　）。

A．将空行、空页划线注销　　B．注明“此行空白”“此页空白”字样

C．记账人员应签名或盖章　　D．在空行、空页处添加有关记录

5．下列关于账户结计发生额的说法，正确的有（　　）。

A．需要结计本月发生额的账户，结计“过次页”的本页合计数应当为自本月初起至本页末止的发生额合计数

B．需要结计本年累计发生额的账户，结计“过次页”的本页合计数应当为自年初起至本页末止的累计数

C．既不需要结计本月发生额，也不需要结计本年累计发生额的账户，可以只将每页末的余额结转次页

D．既不需要结计本月发生额，也不需要结计本年累计发生额的账户，结计“过次页”的本页合计数应当为自年初起至本页末止的发生额合计数

三、判断题

1. 原材料明细账的每一账页登记完毕结转下页时，若无须掌控发生额，可以只将每页末的余额结转次页，不必将本页的发生额结转次页。 （ ）

2. 以自制原始凭证（如发料单、领料单等）作为记账依据的，账簿记录中的日期应按有关自制原始凭证上的日期填列。 （ ）

3. 红色墨水笔仅限于在借方栏登记贷方数，在贷方栏登记借方数。 （ ）

4. 登记账簿时，发生的空行、空页一定要补充书写，不得注销。 （ ）

5. 凡需结出余额的账户，结出余额后，应在“借或贷”栏内写明“借”或“贷”字样。没有余额的账户，只要在“余额”栏内用“0”表示即可。 （ ）

任务 4.2 期 初 建 账

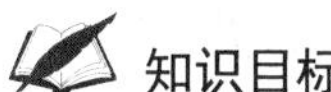

知识目标

掌握各类会计账簿的期初建账方法。

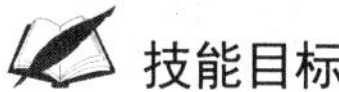

技能目标

能够对各种会计账簿进行建账。

任务情境

有一天，李伟路过财务部，正好听到会计主管让刘会计去购买新账簿，“有些账簿没用完，为什么要买新的账簿呢？”王主管告诉李伟这是企业建账的一个要求。那么什么是建账呢？

知识准备

任何企业在成立之初及原有单位在年度开始时，都面临建账问题，根据企业具体的行业要求和将来可能发生的会计业务情况，购置所需要的账簿，然后根据企业日常发生的业务情况和会计处理程序登记账簿。建账分为新设建账和年初建账。

新设建账是指新组建一个企业时，应于领取营业执照 15 日内建立各种会计账簿，并报主管财政、税务机关备案。具体操作方法是按财政部门核发的会计科目表开设总分类账，按预计的经济业务繁简程度及自身核算的要求开设明细分类账。

年初建账是指一个企业开始经营后，每年年初都要重新开设各种账簿（个别账户除外）。具体操作方法是将各资产、负债、所有者权益账户上年末的期末余额过入本年新开设的账户所对应的“余额”栏，并在“摘要”栏内填写“期初余额”或“上年结转”；没有期初余额的成本类、损益类账户则直接按会计科目开设账簿。

建账流程包括选择适用准则、准备账簿、选择会计科目、填制账簿内容等。

1．选择适用准则

应根据企业经营行业、规模及内部财务核算特点，选择适用《企业会计准则》或《小企业会计准则》。个体工商户参照执行《小企业会计准则》。

2．准备账簿

1）建账时应考虑的问题

（1）与企业规模相适应。企业规模与经济业务量是有密切关系的，通常规模大的企业业务量大、分工复杂，会计账簿需要的各类和数量也多。企业规模小，业务量也小。有的企业，一位会计人员就能处理所有经济业务，设置账簿时就没有必要设许多种类和数量，所有的明细账合成一两本就可以。

（2）依据企业管理需要。建立账簿是为了满足企业管理需要，为会计信息使用者（如公司管理者等）提供有用的会计信息。在建账时，应以满足企业管理需要为前提，避免重复设账、记账。简而言之，就是会计做的事要符合企业管理的要求和需要。

（3）依据账务处理程序。企业业务量不同，所采用的账务处理程序也不同。企业一旦选择某种账务处理程序，也就选择了相应的账簿设置。例如，企业采用的是记账凭证账务处理程序，那么总账就要根据记账凭证来序时登记，这时就要准备一本序时登记的总账。

2）企业应设置的账簿

（1）现金日记账。一般企业只设一本现金日记账。但若有外币，则应就不同的币种分设现金日记账。

（2）银行存款日记账。一般应根据每个银行账号单独设立一本账。如果企业开立一个基本户，就设一本银行存款日记账。不同的开户行使用不同的账本，避免错乱。

现金日记账和银行存款日记账均应使用订本账。

（3）总分类账。一般企业只设一本总分类账。大多数企业采用订本账。

（4）明细分类账。明细分类账采用活页形式。存货类的明细账要用数量金额式的账页；收入、费用、成本类的明细账要用多栏式的账页；应交增值税的明细账单有账页；其他的基本使用三栏式账页。因此，企业需要分别购买这 4 种明细账账页，数量的多少根据单位业务量等情况而不同。业务简单且量少的企业可以把所有的明细账户设在一本明细账上；业务多的企业可根据需要分别就资产、权益、损益类分为 3 本明细账；也可单独就存货、往来账项各设一本，此处没有硬性规定，完全视企业管理的需要来设置。

3．选择会计科目

可参照选定的会计准则中的会计科目及主要账务处理，结合自己单位所属行业及企业管理需要，然后依次选择资产类、负债类、所有者权益类、成本类、损益类等科目中本企业应设置的会计科目。

4．填制账簿内容

建账过程中，除了开启新账要办理启用手续，填写账簿封面、账簿启用及接交表和目录，一般会计工作还要根据会计信息汇总需要进行账页登记。

不论是新设建账还是年初建账，在填制账簿时都应进行以下操作。

1）确定科目位置

（1）编写页码（账页一面为一页）。总账和日记账一般已经预先印好编码。无须编写页码。明细账大多采用活页账，因此它们的账页数量和位置具有可变性，可在月末整理好，装订完毕后再进行页码的编制。

（2）定位（明确科目位置）。确定科目在第几页，根据业务量多少预留账页。

2）登记各科目期初余额

有期初余额的把余额抄入“结余”栏内，如图 4-14 所示；没有期初余额的账户只需要指定登账的位置而不用登记期初余额。具体登记如图 4-15 所示。

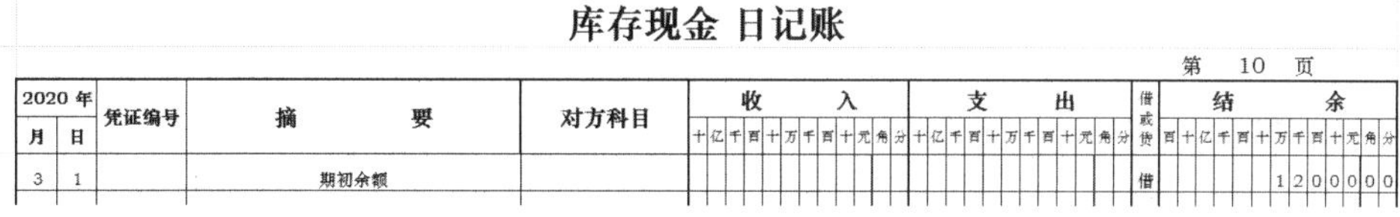

库存现金 日记账

第 10 页

2020 年 月	日	凭证编号	摘要	对方科目	收入（十亿千百十万千百十元角分）	支出（十亿千百十万千百十元角分）	借或贷	结余（百十亿千百十万千百十元角分）
3	1		期初余额				借	1200000

图 4-14 “库存现金”日记账

管理费用 明细账

年 月	日	凭证编号	摘要	借方发生额（亿千百十万千百十元角分）	明细项目（亿千百十万千百十元角分）	（亿千百十万千百十元角分）	（亿千百十万千百十元角分）	（亿千百十万千百十元角分）	（亿千百十万千百十元角分）	（亿千百十万千百十元角分）

图 4-15 “管理费用”明细账

年初建账是在上一会计年度结束后开立新账时进行的工作，为保证会计数据的准确性与会计信息的连续性，比新设建账多了一个正确性检验。

（1）总账账户的期初余额试算平衡。

（2）总账与其所属明细账之间的期初核对。

（3）总账与日记账之间的期初核对。

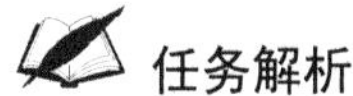

任务解析

《会计法》规定，各单位应当按照国家统一会计制度的规定和会计业务的需要设置会计账簿，账簿的设置一般称为建账，具体分为选择准则、准备账簿、科目选择、填制账簿 4 个部分内容。日常工作中所说的建账工作就是管理各类账簿的会计人员根据自己的职责开立新账户并录入各账户的期初余额；同时对有余额的账户进行正确性检验，为后期记录做好基础工作。

巩固与训练

一、单选题

1. 任何企业在成立之初始及原有单位在年度开始时，都面临（　　）问题。
   A. 记账　B. 登账　C. 建账　D. 结账
2. 不是每个企业都必须设置的账簿是（　　）。
   A. 备查账　B. 总账　C. 日记账　D. 明细账
3. 无须在建账时编写页码的账簿是（　　）。
   A. 银行存款日记账　B. 总账　C. 库存现金日记账　D. 明细账
4. 建账时，有期初余额的账户应将金额填入（　　）内。
   A. “借方”栏　B. “贷方”栏　C. “余额”栏　D. 不用填
5. 建账时为保证记录准确性，应在全部总账账户之间进行（　　）。
   A. 平行登记　B. 试算平衡　C. 互相核对　D. 不作处理

二、多选题

1. 建账流程的内容有（　　）。
   A. 选择准则　B. 准备账簿　C. 科目选择　D. 填制账簿
2. 建账时应考虑的问题有（　　）。
   A. 与企业相适应　B. 依据企业管理需要
   C. 依据账务处理程序　D. 会计人员的工作习惯
3. 企业应设置的账簿有（　　）。
   A. 现金日记账　B. 银行存款日记账
   C. 总分类账　D. 明细分类账
4. 建账具体分为（　　）。
   A. 新设建账　B. 年初建账　C. 中期建账　D. 期中建账
5. 建账时在填制账簿时应（　　）。
   A. 确定科目位置　B. 登记科目期初余额
   C. 进行正确性检验　D. 登记本期发生的业务信息

三、判断题

1. 任何企业在成立之初，及原有单位在年度开始时，都面临建账问题。（　　）
2. 有些企业可以不设置总分类账。（　　）
3. 企业在建账时可设多本总分类账，而且可采用订本账。（　　）
4. 明细账大多采用活页账，一般已经预先印好编码。（　　）
5. 没有期初余额的账户只需要指定登账的位置而不用登记期初余额。（　　）

任务 4.3 账簿的登记

任务 4.3.1 日记账的登记

知识目标

1. 了解日记账的不同格式。
2. 掌握日记账的登记方法。

技能目标

1. 能够熟练掌握库存现金和银行存款的登记方法。
2. 能够分析现金日记账和银行存款日记账应反映的会计信息。

任务情境

一天，李伟到财务部想了解下一季度新产品开发预算，看到出纳将会计凭证的信息填到一本账簿里，“不是说出纳管钱不管账吗？为什么出纳也在登记账簿呢？”根据相互牵制的内控需求，常说出纳管钱不管账，会计管账不管钱。那么出纳如何管钱呢？出纳主要是经管企业钱款的收付业务，要保证钱款的准确与完整，好记性不如烂笔头，将当时发生的每一笔收付款业务记录下来，同时每日算出余额，这样做可以更好地实现出纳管钱的目的。

知识准备

日记账是按照经济业务发生或完成的时间先后顺序逐日逐笔进行登记的账簿。设置日记账的目的是使经济业务的时间顺序清晰地反映在账簿记录中。常见的日记账主要有现金日记账和银行存款日记账。

1. 库存现金日记账的格式与登记方法

1）库存现金日记账的格式

库存现金日记账是用来核算和监督库存现金日常收、付和结存情况的序时账簿。库存现金日记账的格式主要有三栏式和多栏式两种，库存现金日记账必须使用订本账。

微课：日记账的登记

（1）三栏式库存现金日记账。

三栏式库存现金日记账是用来登记库存现金的增减变动及其结果的日记账，设“借方”“贷方”“余额”3 个金额栏目，一般将其分别分为“收入”“支出”“结余”3 个基本栏目。三栏式库存现金日记账的格式如表 4-2 所示。

表 4-2　库存现金日记账（三栏式）

第×页

年		凭证		摘要	对方科目	收入	支出	结余
月	日	字	号					

（2）多栏式库存现金日记账。

多栏式库存现金日记账是在三栏式库存现金日记账基础上发展起来的。具体内容见二维码资源：多栏式库存现金日记账的格式与登记方法。

多栏式库存现金日记账的格式与登记方法

为了保证库存现金日记账的安全和完整，无论采用三栏式还是多栏式现金日记账，都必须使用订本式账簿。

2）库存现金日记账的登记方法

库存现金日记账由出纳人员根据同现金收付有关的记账凭证，按时间顺序逐日逐笔进行登记，并根据“上日余额+本日收入-本日支出=本日余额”的公式，逐日结出现金余额，与现金实存数核对，以检查每日现金收付是否有误。

三栏式库存现金日记账由出纳人员根据库存现金收款凭证、库存现金付款凭证及银行存款的付款凭证，按照库存现金收、付款业务和银行存款付款业务发生时间的先后顺序逐日逐笔登记。三栏式库存现金日记账的具体登记方法如下。

（1）“日期”栏，是指记账凭证的日期，应与现金实际收付的日期一致。

（2）“凭证”栏，是指登记入账的收付款凭证的种类和编号，如采用专用记账凭证，则以“现收（付）”“银收（付）”进行序时编号；如采用通用记账凭证，则以“记”进行序时编号。标明凭证编号是为了查账和核对。

（3）“摘要”栏，摘要说明登记入账的经济业务的内容。文字要简练，但要能说明问题。

（4）“对方科目”栏，是指现金收入的来源科目或现金支出的用途科目，作用在于了解经济业务的来龙去脉。

（5）“收入”“支出”栏，是指现金实际收付的金额。库存现金日记账根据“现收”“银付”反映的现金收款业务登记“收入”栏，根据“现付”反映的现金付款业务登记“支出”栏。每日终了，应分别计算现金收入和付出的合计数，结出余额，同时将余额与实有库存现金核对，即通常说的“日清”。如账款不符，应查明原因，并记录备案。月终，同样要计算现金收付和结存的合计数，并与实有库存现金核对相符，通常称为“月结”。

以广州迪奥公司 3 月的经济业务为例，在建好的库存现金日记账的基础上讲解如何登记三栏式的现金日记账。

库存现金业务汇总

广州迪奥公司 3 月初库存现金期初余额为 12 000 元。3 月发生的与库存现金有关的业务见项目 3 中的例 3-12、例 3-29、例 3-30 和本项目中的例 4-4，共有 4 笔业务，详细汇总资料请见二维码资源：库存现金业务汇总。

根据上述资料进行库存现金日记账登记，具体内容如图 4-16 所示。

库存现金 日记账

第 10 页

2020 年		凭证编号	摘要	对方科目	收入	支出	借或贷	结余
月	日				十亿千百十万千百十元角分	十亿千百十万千百十元角分		百十亿千百十万千百十元角分
3	1		期初余额				借	120000
3	12	记10	购买行政部门办公用品	管理费用等		56500	借	114350
3	14	记14	李伟预借差旅费	其他应收款		200000	借	94350
3	26	记22	李伟报销差旅费交回余款	其他应收款	94000		借	103750
3	31	记32	购买行政部门办公用品	管理费用等		55600	借	98190

图 4-16　库存现金日记账（三栏式）

2. 银行存款日记账的格式与登记方法

银行存款日记账是用来核算和监督银行存款每日的收入、支出及结余情况的账簿。

银行存款日记账应按企业在银行开立的账户和币种分别设置，每个银行账户设置一本日记账。由出纳人员根据与银行存款收付业务相关的记账凭证，逐日逐笔按照先后顺序进行登记。根据银行存款收款凭证和有关的现金付款凭证（将库存现金存入银行的业务，由于规定只填制现金付款凭证，不填制银行存款收款凭证）登记银行存款“收入”栏，根据银行存款付款凭证登记其“支出”栏，每日结出存款余额。

1）银行存款日记账的格式

银行存款日记账的格式与现金日记账相同，既可以采用三栏式也可以采用多栏式。多栏式可以将收入和支出核算在一本账上，也可以分设“银行存款收入日记账”“银行存款支出日记账”。银行存款日记账的格式如表 4-3 和表 4-4 所示。

表 4-3　银行存款日记账（三栏式）(1)

第×页

年		凭证		摘要	对方科目	收入	支出	结余
月	日	字	号					

表 4-4　银行存款日记账（三栏式）(2)

第×页

年		凭证		结算方式		摘要	对方科目	收入	支出	结余
月	日	字	号	类	号码					

2）银行存款日记账的登记方法

银行存款日记账的登记方法与库存现金日记账的登记方法基本相同，均包括“日期”“凭证编号”“摘要”“对方科目”“收入”“支出”等栏。

银行存款业务汇总

继续以广州迪奥公司 3 月的经济业务为例，在已建好的银行存款日记账基础上继续登记 3 月发生的与银行存款有关的业务，见项目 3 中例 3-1、例 3-2、例 3-6、例 3-7、例 3-11、例 3-17、例 3-24、例 3-26、例 3-31 和本项目中的例 4-3、例 4-4 共 11 笔业务，详细汇总资料请见二维码资源：银行存款业务汇总。

根据上述资料进行银行存款日记账登记，具体内容如图 4-17 所示。

银行存款 日记账

明细科目：

年 月	年 日	凭证编号	结算方式 类	结算方式 号码	摘要	对方科目	收入（十亿千百十万千百十元角分）	支出（十亿千百十万千百十元角分）	借或贷	结余（百十亿千百十万千百十元角分）
3	1				期初余额				借	16800000
3	1	记1	支票	####	收到李伟以股东名义投入的资金	实收资本	10000000		借	26800000
3	1	记2	收账通知		向银行借入3个月的借款	短期借款	15000000		借	41800000
3	1				本日小计		25000000		借	41800000
3	3	记3	转支	####	购入生产用的设备	固定资产等		5650000	借	36150000
3	5	记4	支票	####	支付了2月份的工资	应付职工薪酬		11000000	借	25150000
3	6	记5	转支	####	购入天然皮革	原材料等		5650000	借	19500000
3	11	记9	网银		支付前欠联成五金厂货款	应付账款		791000	借	18709000
3	14	记15	支票	4420	发生广告宣传费	销售费用等		318000	借	18391000
3	24	记18	支票	####	向广州市力新和商贸城销售男式公文	主营业务收入等	14464000		借	32855000
3	20	记20	支票	3592	向大华贸易公司销售天然皮革原材料	其他业务收入等	1356000		借	34211000
3	31	记30			购买会计账簿	财务费用		20000	借	34191000
3	31	记31			偿还以前借入的短期借款本金	短期借款		1800000	借	32391000

图 4-17　银行存款日记账（三栏式）

通过银行存款日记账和库存现金日记账结果的比对，发现两者有以下区别。

（1）银行存款日记账增加了“结算方式”栏，所记录的经济业务是以支票付款结算的，应在这两栏内填写相应的支票号数，以便与开户银行对账。

（2）银行存款日记账根据“银收”“现付”反映收到银行存款的业务登记“收入”栏，根据“银付”反映以银行存款支付的业务登记“支出”栏。库存现金日记账根据“现收”“银付”反映收到现金的业务登记“收入”栏，根据“现付”反映支付现金的业务登记“支出”栏。

（3）登记银行存款日记账时，如同一日存在多笔银行存款业务时要进行“本日小计”处理，计算出本日收入合计、支出合计，并结出当日余额。现金日记账的登记对此没有要求。

（4）现金日记账要求做到日清月结，而银行存款一般只要求做到月清月结。

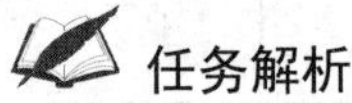

任务解析

登记日记账（序时账）应掌握以下几点。

（1）登记人员：由出纳人员负责登记。

（2）登记依据：根据审核无误的涉及现金和银行存款的记账凭证序时登记。

（3）登记要求：逐日逐笔登记，并结出余额。现金日记账要求做到日清月结，银行存款日记账则要求月清月结。

（4）所有单位都要设置现金日记账和银行存款日记账。无论采用三栏式还是多栏式日记账，现金日记账和银行存款日记账必须采用订本式账簿。

巩固与训练

一、单选题

1. 下列各项中，属于日记账登记的特点的是（　　）。

A. 定期逐笔登记　B. 逐日逐笔登记　C. 顺序登记　D. 汇总登记

2. 三栏式库存现金日记账为了清晰地反映与现金业务相关的账户对应关系，应在“摘要”栏后设（　　）栏。

A. 记账凭证的日期　B. 记账凭证的编号

C. 对方科目　D. 收入、支出和余额

3. 下列选项中，（　　）应填写在库存现金日记账日期栏。

A. 当月 1 日　B. 当月末日期　C. 登记账簿的日期　D. 记账凭证的日期

4. 银行存款日记账是根据（　　）逐日逐笔登记的。

A. 审核无误的涉及银行存款收、付的记账凭证

B. 审核无误的转账凭证

C. 审核无误的库存现金收款凭证

D. 银行对账单

5. 从银行提取现金这笔经济业务中，现金的收入数，应根据（　　）登记。

A. 银行存款收款凭证　B. 银行存款付款凭证

C. 库存现金收款凭证　D. 库存现金付款凭证

二、多选题

1. 现金日记账属于（　　）。

A. 特种日记账　B. 普通日记账　C. 订本账　D. 活页账

2. 下列关于现金日记账的具体登记方法的表述，正确的有（　　）。

A. 日期栏是指记账凭证的日期，应与现金实际收、付日期一致

B. 凭证栏是指登记入账的收、付款凭证种类和编号

C. 对方科目栏是指现金收入的来源科目或支出的用途科目

D. 收入、支出栏是指现金实际收、付的金额

3. 下列关于银行存款日记账的登记方法的说法，正确的有（　　）。

A. 由会计负责登记　B. 按时间先后顺序逐日逐笔进行登记

C. 每日结出存款余额　D. 月终计算出全月收入、支出的合计数

4. 出纳人员可以登记和保管的账簿有（　　）。

A. 现金日记账　B. 银行存款日记账　C. 现金总账　D. 银行存款总账

5．以下说法中，正确的有（　　）。

A．出纳人员主要负责登记库存现金日记账和银行存款日记账

B．库存现金日记账由出纳人员根据库存现金的收、付款凭证，逐日逐笔顺序登记

C．银行存款日记账应该定期或者不定期与开户银行提供的对账单进行核对，每月至少核对 3 次

D．库存现金日记账和银行存款日记账，应该定期与会计人员登记的库存现金总账和银行存款总账核对

三、判断题

1．为了落实内部牵制原则，实行钱、账分管，通常由出纳人员根据收、付款凭证进行现金收支，然后将收付款后的库存现金收款凭证和付款凭证交给会计人员，由会计人员登记三栏式库存现金日记账。（　　）

2．现金日记账账面余额应每天与现金实际库存数相核对，不准以借条抵充现金或挪用现金，做到日清月结。（　　）

3．现金日记账的“日期”栏是指记账凭证的日期，应与现金实际支付日期一致。（　　）

4．银行存款日记账是由出纳人员根据审核无误的记账凭证按照经济业务的发生顺序，逐日、逐笔序时登记。（　　）

5．银行存款日记账设置对方科目栏，便于了解经济业务的来龙去脉。（　　）

任务 4.3.2　分类账的登记

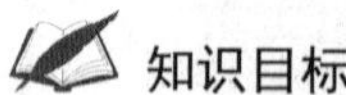

知识目标

1．了解总分类的格式及登记方法。

2．熟悉明细分类的格式及登记方法。

3．掌握平行登记。

技能目标

1．熟悉总账根据记账凭证进行登记的方法。

2．熟悉各种明细账的登记方法，掌握总账与明细账的平行登记，并了解各种账簿之间的勾稽关系。

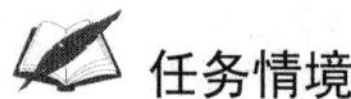

任务情境

李伟在了解出纳管钱的方法后，对会计如何管账也产生了兴趣，“与日记账不一样的账簿可是有很多种的，到底要怎么记呢？每种账簿之间有什么关系呢？”“除了日记账，企业还必须设置总账和明细账，它们之间可以说是父母与子女之间的关系，关联而又独立。”

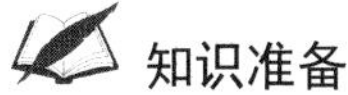

知识准备

1．总分类账的格式和登记方法

1）总分类账的格式

总分类账简称总账，它是按照总分类账户分类登记以提供总括会计信息的账簿。总账中的账页是按总账科目（一级科目）开设的总分类账户，可以为编制会计报表提供所需的资料。因此，每个企业都应设置总分类账，而且必须采用订本式账簿。

总分类账最常用的格式为三栏式，设置“借方金额”“贷方金额”“余额”3 个基本金额栏目。总分类账（三栏式）如表 4-5 所示。

表 4-5　总分类账（三栏式）

账户名称：　　　　　　　　　　　　　　　　　　　　第×页

年		凭证号	摘要	借方金额	贷方金额	借或贷	余额
月	日						

2）总分类账的登记方法

总分类账的登记方法因登记的依据不同而有所不同。经济业务少的小型单位的总分类账可以根据记账凭证逐笔登记，填制内容如图 4-18 所示。总分类账还可以根据记账凭证汇总表（又称科目汇总表）或汇总记账凭证等定期登记。具体的填制内容将在账务处理程序章节中进行介绍。

应收账款 总账

第　7　页

2020 年		凭证编号	摘要	借方	贷方	借或贷	余额
月	日			十亿千百十万千百十元角分	十亿千百十万千百十元角分		百十亿千百十万千百十元角分
3	1		期初余额			借	5960000
3	23	记16	销售产品，款未收	40680000		借	46640000

图 4-18　应收账款总账（三栏式）

2．明细分类账的格式和登记方法

1）明细分类账的格式

明细分类账是根据有关明细分类账户设置并登记的账簿。它能提供交易或事项比较详细、具体的核算资料，以补充总分类账所提供核算资料的不足。因此，各企业单位在设置总账的同时，还应设置必要的明细分类账。明细分类账一般采用活页式账簿、卡片式账簿。明细分类账一般根据记账凭证和相应的原始凭证来登记。根据各种明细分类账所记录经济业务的特点，明细分类账的常用格式主要有以下 4 种。

（1）三栏式明细分类账。

三栏式明细分类账设有借方、贷方和余额 3 个栏目，用以分类核算各项经济业务，提供详细的核算资料。三栏式明细分类账格式与三栏式总分类账格式相同，适用于只需进行金额明细核算的账户，不需数量核算的资本、债权和债务账户，如“应收账款”“应付账款”“应交税费”等往来结算账户。应收账款明细账如图 4-19 所示。

应收账款 明细账

明细科目：新大新百货公司　　　　第　15　页

2020 年		凭证编号	摘　　要	借　　方	贷　　方	借或贷	余　　额
月	日			十亿千百十万千百十元角分	十亿千百十万千百十元角分		百十亿千百十万千百十元角分
3	1		期初余额			借	5960000
3	23	记16	销售产品，款未收	40680000		借	46640000

图 4-19　应收账款明细账

（2）多栏式明细分类账。

多栏式明细分类账是将属于同一个总账科目的各个明细科目合并在一张账页上进行登记，即在这种格式账页的借方或贷方金额栏内按照明细项目设若干专栏。这种格式适用于收入、成本、费用类科目的明细核算，如“生产成本”“制造费用”“管理费用”“销售费用”“财务费用”等账户。

实际工作中的“管理费用”明细账格式

在实际工作中，成本费用类科目的明细账，可以按借方发生额设置专栏，贷方发生额由于每月发生的笔数很少，可以在借方直接用红字冲销。也可以在借方设专栏的情况下，贷方设置一个“总金额”栏，再设置一个“余额”栏。格式见二维码资源：实际工作中的“管理费用”明细账格式和表 4-6 所示。

表 4-6　管理费用明细分类账

年		凭证号	摘要	借方						贷方	余额
月	日			工资及福利	折旧费	差旅费	办公费	……	合计		

（3）数量金额式明细分类账。

数量金额式明细分类账适用于既要进行金额核算又要进行数量核算的账户，如“原材料”“库存商品”等存货账户，其“借方（收入）”“贷方（发出）”“余额（结存）”都分别设有“数量”“单价”“金额”栏，分别登记实物的数量、单价和金额，适用于既需进行金额明细核算又需进行数量核算的明细分类账，如“原材料”“库存商品”“周转材料”等账户。数量金额式账页提供了企业有关财产物资数量和金额收、发、存的详细资料，从而能加强财产物资的实物管理和使用监督，保证这些财产物资的安全完整。原材料明细账如图 4-20 所示。

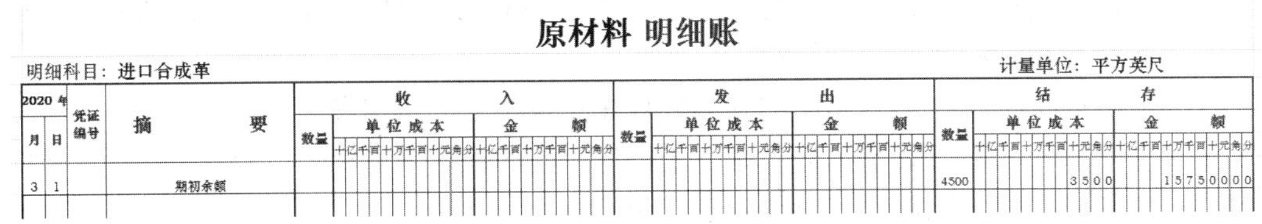

原材料 明细账

明细科目：进口合成革　　　　计量单位：平方英尺

2020年 月	日	凭证编号	摘要	收入 数量	收入 单位成本	收入 金额	发出 数量	发出 单位成本	发出 金额	结存 数量	结存 单位成本	结存 金额
3	1		期初余额							4500	3500	15750000

图 4-20　原材料明细账

（4）横线登记式明细分类账。

横线登记式明细分类账采用横线登记，即将每一相关的业务登记在一行，从而可依据每一行各栏目的登记是否齐全来判断该项业务的进展情况。这种格式适用于登记材料采购、在途物资、应收票据和一次性备用金业务。在途物资明细账如图 4-21 所示。

在途物资 明细账

明细账：五金件　　　　第 1 页

户名	借方 2020年 月	日	凭证编号	摘要	买价	采购费用	金额	贷方 2020年 月	日	凭证编号	摘要	金额	转销
联成五金厂	3	10	记7	购买材料，料未入库，款未付	700000		700000	3	13	记8	材料验收入库	700000	

图 4-21　在途物资明细账

2）明细分类账的登记方法

不同类型经济业务的明细分类账，可根据管理需要，依据记账凭证、原始凭证或汇总原始凭证逐日逐笔或定期汇总登记。

（1）固定资产、债权、债务等明细账应逐日逐笔登记。

（2）库存商品、原材料、产成品收发明细账及收入、费用明细账可逐笔登记，也可定期汇总登记。

“库存现金”“银行存款”账户由于设置了日记账，不必再设明细账，其日记账实质上也是一种明细账。

3．总分类账户与明细分类账户的平行登记

1）总分类账户与明细分类账户的关系

总分类账户是所属明细分类账户的统驭账户，对所属明细分类账户起着控制作用；明细分类账户则是总分类账户的从属账户，对其所隶属的总分类账户起着辅助作用。总分类账户及其所属明细分类账户的核算对象是相同的，它们所提供的核算资料互相补充，只有把二者结合起来，才能既总括又详细地反映同一核算内容。因此，总分类账户和明细分类账户必须平行登记。

（1）总分类账户对明细分类账户具有统驭控制作用。

总分类账户提供的总括核算资料是对有关明细分类账户资料的综合；明细分类账户所提供的明细核算资料是对其总分类账户资料的具体化。

（2）明细分类账户对总分类账户具有补充说明作用。

总分类账户是对会计要素各项目增减变化的总括反映，提供总括的资料；明细分类

账户反映的是会计要素各项增减变化的详细情况，提供某一具体方面的详细资料，有些还提供实物数量指标和劳动量指标等。

（3）总分类账户与其所属明细分类账户在总金额上应当相等。

总分类账户与其所属明细分类账户是根据相同的依据来进行平行登记的，所反映的经济内容是相同的。因此，其总金额必然相等。

2）总分类账户与明细分类账户平行登记的要点

总分类账户与明细分类账户存在统驭与被统驭的关系，两者的直接依据不一定相同，但原始依据是相同的，在账务处理上是平行关系，应当进行平行登记，以便进行会计账户核对，并确保核算资料的正确、完整。所谓平行登记，是指对所发生的每一项经济业务都要以会计凭证为依据，一方面要记入有关的总分类账户，另一方面要记入有关总分类账户所属的明细分类账户。

通过总分类账户与其所属明细分类账户的平行登记，便于会计账户核对和检查，纠正错误和遗漏。平行登记的要点：方向相同、期间一致及金额相等。

（1）方向相同。

对于发生的经济业务，记入总分类账户与记入明细分类账户的方向必须相同。如果总分类账户登记在借方，那么其所属明细分类账户也应登记在借方；如果总分类账户登记在贷方，那么其所属明细分类账户也应登记在贷方。

（2）期间一致。

对于发生的经济业务，记入总分类账户与记入明细分类账户的具体时间可以有先有后，但应在同一个会计期间记入总分类账户与记入明细分类账户。

（3）金额相等。

对于发生的每一项经济业务，记入总分类账户的金额必须等于其所属明细分类账户的金额之和。

平行登记的结果，用公式表示为

总分类账户的本期借方发生额＝所属明细分类账户的本期借方发生额合计

总分类账户的本期贷方发生额=所属明细分类账户的本期贷方发生额合计

总分类账户的期末余额＝所属明细分类账户的期末余额合计

总分类账户的期初余额＝所属明细分类账户的期初余额合计

【例 4-1】2020 年 3 月 1 日，广州迪奥公司“原材料”总分类账户为借方余额 697 500 元，明细分类账户余额如表 4-7 所示。

表 4-7　广州迪奥公司 3 月的“原材料”总分类账户

名称	数量/千克	单价/（元/千克）	金额/元
天然皮革	5 500	50	275 000
PU 革	6 500	30	195 000
进口合成革	4 500	35	157 500
五金件	2 000	35	70 000
合计			697 500

3 月，广州迪奥公司发生涉及原材料的业务见项目 3 中例 3-7、例 3-8、例 3-10、例 3-13、例 3-14、例 3-15、例 3-27，详细汇总资料请见二维码资源：平行登记业务汇总。

平行登记业务汇总

根据上述资料，在总分类账和明细分类账中进行平行登记。相关内容如图 4-22～图 4-25 所示。

原材料总分类账

第 19 页

2020 年 月	日	凭证编号	摘要	借方	贷方	借或贷	余额
3	1		期初余额			借	69700000
3	6	记5	购买材料，料已入库，款已付	5000000		借	74750000
3	8	记6	购买材料，料已入库，款未付	1500000		借	76250000
3	11	记8	材料验收入库	70000		借	76320000
3	12	记11	生产领料		5000000	借	71320000
3	13	记12	生产领料		7400000	借	63920000
3	13	记13	生产领料		5900000	借	58020000
3	25	记21	结转已销材料生产成本		1000000	借	57020000

图 4-22 原材料总分类账

原材料 明细账

明细科目：天然皮革　　计量单位：平方英尺

2020 年 月	日	凭证编号	摘要	收入 数量	收入 单位成本	收入 金额	发出 数量	发出 单位成本	发出 金额	结存 数量	结存 单位成本	结存 金额
3	1		期初余额							5500	5000	27500000
3	6	记5	购买材料，料入库，款已付	1000	5000	5000000				6500	5000	32500000
3	12	记11	生产领料				1000	5000	5000000	5500	5000	27500000
3	25	记21	结转已销材料生产成本				200	5000	1000000	5300	5000	26500000

图 4-23 原材料明细账（天然皮革）

原材料 明细账

明细科目：PU革　　计量单位：平方英尺

2020 年 月	日	凭证编号	摘要	收入 数量	收入 单位成本	收入 金额	发出 数量	发出 单位成本	发出 金额	结存 数量	结存 单位成本	结存 金额
3	1		期初余额							6500	3000	19500000
3	8	记6	购买材料，料入库，款未付	500	3000	1500000				7000	3000	21000000
3	13	记12	生产领料				2000	3000	6000000	5000	3000	15000000
3	13	记13	生产领料				1500	3000	4500000	3500	3000	10500000

图 4-24 原材料明细账（PU 革）

原材料 明细账

明细科目：五金件　　计量单位：件

2020 年 月	日	凭证编号	摘要	收入 数量	收入 单位成本	收入 金额	发出 数量	发出 单位成本	发出 金额	结存 数量	结存 单位成本	结存 金额
3	1		期初余额							2000	3500	7000000
3	11	记8	材料验收入库	200	3500	700000				2200	3500	7700000
3	13	记12	生产领料				400	3500	1400000	1800	3500	6300000
3	13	记13	生产领料				400	3500	1400000	1400	3500	4900000

图 4-25 原材料明细账（五金件）

可见，根据“有借必有贷，借贷必相等”的记账规则，在平行登记下，总分类账与其所属明细分类账的本期发生额及余额必然相等。期末，对总分类账和其所属明细分类账进行核对和检查（表 4-8），检查其完整性和正确性，以便发现和纠正错误。在本例中，发现本期发生额不相等，说明有问题，需要查找错误并进行更正。

表 4-8　总分类账与明细分类账对照表

单位：元

会计账户	期初余额		本期发生额		期末余额	
	借方	贷方	借方	贷方	借方	贷方
总分类账						
原材料	697 500		65 700	193 000	570 200	
明细分类账						
天然皮革	275 000		50 000	60 000	265 000	
PU 革	195 000		15 000	105 000	105 000	
进口合成革	157 500		—	—	157 500	
五金件	70 000		7 000	28 000	49 000	
合计	697 500		72 000	193 000	576 500	

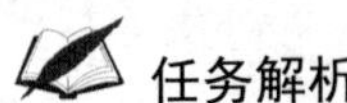

任务解析

总分类账簿按照总分类账户分类登记并以提供总括会计信息，明细分类账簿是根据有关明细分类账户设置并登记的，它能提供交易或事项比较详细、具体的核算资料，以补充总分类账所提供核算资料的不足。在实际工作中，这两类账簿分不同的会计人员进行登记与管理，为保证信息的完整与准确，一般采用平行登记方式进行处理。

平行登记是指对所发生的每一项经济业务都要以会计凭证为依据，一方面要记入有关的总分类账户，另一方面要记入有关总分类账户所属的明细分类账户。平行登记的要点：方向相同、期间一致及金额相等。

通过总分类账户与其所属明细分类账户的平行登记，便于会计账户核对和检查，纠正错误和遗漏。

巩固与训练

一、单选题

1．大多数总分类账一般采用的账页格式为（　　）。

A．两栏式　　B．三栏式　　C．多栏式　　D．数量金额式

2．下列明细分类账格式选择正确的是（　　）。

A．三栏式明细分类账设有数量、单价和金额 3 个栏目

B．三栏式明细分类账适用于收入、费用和利润分配明细账的核算

C．数量金额式明细分类账适用于同时需要金额核算和数量核算的账户

D．多栏式明细分类账适用于应收账款、应付账款等账户的明细分类核算

3．下列关于对总分类账格式和登记方法的要求的表述，错误的是（　　）。

A．总分类账的账页格式有三栏式和多栏式两种

B．总分类账一般不采用订本式账簿

C．总分类账应该按照总分类账户分类登记

D．总分类账的登记方法取决于单位、企业采用的账务处理程序

4．下列关于明细分类账的登记方法的表述，错误的是（　　）。

A．不同类型经济业务的明细分类账，可根据管理需要，依据记账凭证、原始凭证或汇总原始凭证逐日逐笔或定期汇总登记

B．固定资产、债权、债务等明细账可以定期汇总登记

C．库存商品、原材料、产成品收发明细账可以逐笔登记

D．收入、费用明细账可以定期汇总登记

5．某公司“原材料”总分类科目下设“甲材料”和“乙材料”两个明细科目。2020 年 6 月末，“原材料”总分类科目为借方余额 450 000 元，“甲材料”明细科目为借方余额 200 000 元，则“乙材料”明细科目为（　　）。

A．借方余额 650 000 元　　B．贷方余额 250 000 元

C．借方余额 250 000 元　　D．贷方余额 650 000 元

二、多选题

1．下列各项中，适用三栏式明细分类账的是（　　）。

A．资本明细账　　B．债权明细账　　C．债务明细账　　D．成本明细账

2．适用于横线登记式明细分类账的有（　　）。

A．材料采购业务　　B．一次性备用金业务

C．应收票据业务　　D．固定资产业务

3．下列有关总分类科目和明细分类科目关系的表述，正确的有（　　）。

A．控制和辅助　　B．总括和详细　　C．统驭和从属　　D．相互制约、相互联系

4．下列关于明细分类账的说法，正确的有（　　）。

A．明细分类账是根据二级账户或明细账户开设账页，分类、连续地登记经济业务以提供明细核算资料的账簿

B．明细分类账所提供的资料也是编制会计报表的依据之一

C．明细分类账一般采用订本式账簿

D．有的明细分类账可以采用卡片式账簿

5．总分类账户与明细分类账户平行登记的要点有（　　）。

A．期间一致　　B．金额相等　　C．方向相同　　D．方向相反

三、判断题

1．总分类账簿和明细分类账簿既提供价值指标又提供实物指标。（　　）

2．发生销售退回时，借记“主营业务收入”科目，贷记“银行存款”科目，并且用红字金额在“主营业务收入”账户贷方多栏式明细账的贷方明细栏“产品销售”栏中登记。（　　）

3．总分类账户与明细分类账户登记的核算对象不同。（　）

4．固定资产、债权、债务等明细账应逐日逐笔登记；原材料、库存商品的收发明细账及收入、费用明细账可逐日逐笔登记，也可定期汇总登记。（　）

5．通过平行登记，可以使总分类账户与其所属明细分类账户保持统驭关系，便于核对与检查，纠正错误与遗漏。（　）

四、实训题

ABC 企业 2019 年 3 月 31 日原材料和应付账款的期初资料如表 4-9 所示。

表 4-9　ABC 企业的期初资料

单位：元

总账	明细账	借方金额	贷方金额
原材料		27 000	
	——甲材料	17 000	
	——乙材料	10 000	
应付账款			30 000
	——A 企业		10 000
	——B 企业		20 000

该企业 4 月发生的经济业务及登记的总分类账和明细分类账如下。

（1）4 日，向 A 企业购入甲材料 1 000 千克，单价 17 元，价款 17 000 元，购入乙材料 2 500 千克，单价 10 元，价款 25 000 元。货物已验收入库，款项尚未支付（不考虑增值税，下同）。

（2）8 日，向 B 企业购入甲材料 2 000 千克，单价 17 元，价款 34 000 元，货物已验收入库，款项尚未支付。

（3）13 日，生产车间为生产产品领用材料，其中领用甲材料 1 400 千克，单价 17 元，价值 23 800 元，领用乙材料 3 000 千克，单价 10 元，价值 30 000 元。

（4）23 日，向 A 企业偿还前欠货款 20 000 元，向 B 企业偿还前欠货款 40 000 元，用银行存款支付。

（5）26 日，向 A 企业购入乙材料 1 600 千克，单价 10 元，价款 16 000 元全用银行存款支付，货物同时验收入库。

要求：根据材料和总分类账及明细分类账的勾稽关系，对“原材料”和“应付账款”进行平行登记。

任务 4.4　对账与错账更正

任务 4.4.1　对账

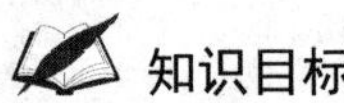 知识目标

1. 了解对账的概念和意义。
2. 熟悉对账的内容。

技能目标

能明确各种对账方法的具体内容，并能通过对账查找记账过程中出现的错误。

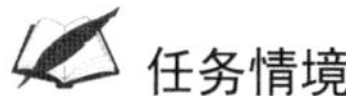

任务情境

李伟：“刘会计，上次登记明细账时，出现了与总账信息不一致的情况，这肯定是有错误了。可是到底是哪里出错了？我该怎么查找出错误呢？”刘会计：“不要急，出现差错是很常见的现象。我们一定要静下心，沉住气，一项一项进行核对，就可以查出错误了。”李伟：“核对？谁与谁核对呢？”刘会计：“这就是对账的内容了。我来一项一项告诉你。”

知识准备

1. 对账的概念

对账就是核对账目，是指对账簿、账户记录进行的核对工作。在填制凭证、记账、过账、算账、结账、计算过程中，难免会发生差错，出现账款、账物不符的情况。因此，有必要在结账前进行对账。通过对账，做到账证相符、账账相符、账实相符。

对账工作一般在月末进行，即在记账之后、结账之前进行。

2. 对账的内容

对账的主要内容包括账证核对、账账核对、账实核对。

1）账证核对

账簿是根据经过审核之后的会计凭证登记的，但实际工作中仍有可能发生账证不符的情况。记账后，应将账簿记录与会计凭证核对，核对账簿记录与原始凭证、记账凭证的时间、凭证字号、内容、金额等是否一致，记账方向是否相符，做到账证相符。

动画：对账方法

一般来说，日记账要与收款凭证、付款凭证相核对，总账要与记账凭证相核对，明细账要与记账凭证或原始凭证相核对。账证核对工作在日常制证和记账工作中进行，即“复核”环节。会计期末，如果发现账证不符，也可以再将账簿记录与有关会计凭证进行核对，以保证账证相符。

2）账账核对

账账核对，是指核对不同账簿记录之间的账簿记录是否相符。具体核对内容包括以下几个方面。

（1）总分类账簿之间的核对。资产类账户的余额应等于权益类账户的余额，或总账账户的借方期末余额合计数应与总账账户的贷方期末余额合计数核对相符。

（2）总分类账簿与所属明细分类账簿之间的核对。总账账户的期末余额应与其所属明细分类账的期末余额之和核对相符。

（3）总分类账簿与序时账簿之间的核对。总账中“库存现金”和“银行存款”账户期末余额应分别与库存现金日记账、银行存款日记账的期末余额核对相符。

（4）明细分类账簿之间的核对。会计部门的各种财产物资明细分类账的期末余额应与财产物资保管和使用部门的财产物资明细账的结存数核对相符。

3）账实核对

账实核对，是指各项财产物资、债权债务等账面余额与实有数额之间的核对。具体核对内容如下。

（1）库存现金日记账账面余额与库存现金实际库存数额逐日核对是否相符。

（2）银行存款日记账账面余额与银行对账单的余额定期核对是否相符。

（3）各种财产物资明细分类账账面余额与财产物资的实有数额定期核对是否相符。

（4）有关债权、债务明细账账面余额与对方单位的账面记录是否相符等。各种应收、应付款项明细账账面余额与债务、债权单位的账面余额核对相符；与上下级单位、财政和税务部门的拨缴款项也应定期核对无误。

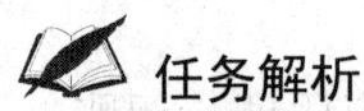

对账工作一般在记账之后、结账之前进行，具体包括账证核对、账账核对、账实核对，目的就是保证账簿记录准确，做到账实相符，为以后编制报表提供可靠数据。

巩固与训练

一、单选题

1．下列关于对账的表述，不正确的是（　　）。

A．对账工作一般在月末进行，即在记账之后结账之前进行

B．对账的内容包括账证核对、账账核对、账实核对、证表核对

C．账证核对是指账簿记录与原始凭证、记账凭证的核对

D．账实核对是指各项财产物资、债权债务等账面余额与实有数额之间的核对

2．（　　）是追查会计记录正确与否的最终途径。

A．账实核对　　B．账表核对　　C．账账核对　　D．账证核对

3．下列属于账证核对内容的是（　　）。

A．会计账簿记录与记账凭证核对　　B．总分类账簿与所属明细分类账簿核对

C．原始凭证与记账凭证核对　　D．银行存款日记账与银行对账单核对

4．甲企业与乙企业存在购销关系，甲企业定期将“应收账款——乙企业”明细账与乙企业的“应付账款——甲企业”明细账进行核对。下列能够准确描述这种对账性质的是（　　）。

A．账证核对　　B．账账核对　　C．账实核对　　D．余额核对

5．各种应收、应付、应交款明细账的期末余额应与债务、债权单位的账目相符属于（　　）。

A．账证核对　　B．账账核对　　C．账实核对　　D．余额核对

二、多选题

1．下列关于对账工作的说法，正确的有（　　）。

A．对账就是核对账目，即对账簿、账户记录的正确与否所进行的核对工作

B．对账工作是为了保证账证相符、账账相符和账实相符的一项检查性工作，目的在于使期末用于编制会计报表的数据真实、可靠

C．对账工作应该每年至少进行一次

D．对账工作一般在月初进行

2．下列各项中，属于账证核对主要内容的是（　　）。

A．核对会计账簿与原始凭证、记账凭证的时间是否一致

B．核对会计账簿与原始凭证、记账凭证的凭证字号是否一致

C．核对会计账簿与原始凭证、记账凭证的内容是否一致

D．核对会计账簿与原始凭证、记账凭证的金额是否一致

3．账账核对包括（　　）的核对是否相等。

A．所有总账的借方发生额合计与贷方发生额合计

B．总账余额和所属明细账余额

C．现金日记账和银行存款日记账余额与总分类账的现金、银行存款期末余额核对相符

D．银行存款日记账和银行对账单

4．下列对账工作中，属于账实核对的有（　　）。

A．银行存款日记账和银行对账单的核对

B．债权债务明细账与对方单位债权债务明细账的核对

C．财产物资明细账与仓库保管部门财产明细账的核对

D．财产物资明细账与仓库保管部门财产实有数的核对

5．涉及现金日记账对账的内容属于（　　）。

A．账证核对　　B．账账核对　　C．账表核对　　D．账实核对

三、判断题

1．对账就是在会计期末（月末、季末、年末）将本期内所有发生的经济业务全部登记入账以后，计算出本期发生额和期末发生额。（　　）

2．总分类账簿之间的核对的依据是“资产=负债+所有者权益”。（　　）

3．期末对账时，也包括账证核对，即会计账簿记录与原始凭证、记账凭证的时间、凭证字号、内容、金额是否一致，记账方向是否相符。（　　）

4．会计部门各种财产物资明细分类账的期末余额与财产物资保管或使用部门有关明细账的期末余额核对属于账实核对。（　　）

任务 4.4.2　错账更正

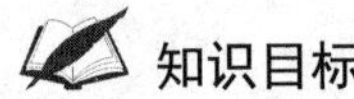

知识目标

1. 认知错账更正的意义。
2. 了解错账的不同种类及适用的更正方法。
3. 掌握 3 种错账更正方法的应用。

技能目标

1. 能够准确区分不同的错账种类。
2. 会选择合适的错账更正方法，进行错账更正。

任务情境

“刘会计，上次记账的错误找出来了，可以直接修改吗？”李伟对会计出现差错后的补救方法很感兴趣。刘会计说：“不可以随便修改账簿记录，必须采用专门的方法进行修改。”李伟一脸惊讶：“自己的错误不可以涂改？还要用专门方法改？”刘会计说：“是的，账簿是会计档案的重要一环，所记录的是企业的会计信息。如果谁都可以改，那数据的真实性和完整性又如何保障呢？”

知识准备

如果账簿记录发生错误，必须按照规定的方法予以更正，不准涂改、挖补、刮擦或者用药水消除字迹，不准重新抄录。错账更正方法通常有划线更正法、红字更正法、补充登记法。

1．划线更正法

划线更正法又称红线更正法，在结账前发现账簿记录有文字或数字错误，即纯属登账时文字或数字上的笔误，而记账凭证无误，可以采用划线更正法。

更正方法是在错误的文字或数字上划一条红线，在红线上方填写正确的文字或数字，并由记账及相关人员在更正处盖章。划线时，对于错误的数字，应全部划红线更正，不能只更改其中的错误数字。对于文字错误，可只划去错误的部分。

【例 4-2】3 月 31 日，发现 3 月 13 日，广州迪奥公司财务部收到公司仓库转来的入库单一张，注明前批 200 件的五金件已经验收入库。

会计原记账的处理为（记 8）：

借：原材料——五金件　　7 000

　　贷：在途物资——五金件　　7 000

该业务记8记账凭证没有错误，会计人员在登记原材料总账时将“7000”误写成“700”，应采用划线更正法进行更正。发现后更改时应将“700”用单红线全部划去，再在红线上用蓝笔书写“7 000”字样，并在旁边加盖私章。实际工作中的具体更正操作见二维码资源：划线更正法的操作。

划线更正法的操作

2．红字更正法

红字更正法又称红字冲账法，是指用红字冲销原有错误的账户记录或凭证记录，以更正或调整账簿记录的一种方法。红字更正法适用于对以下两种错误的更正。

（1）记账后发现记账凭证中所记的应借、应贷会计科目有错误所引起的记账错误（包括科目名称错误、科目记账方向错误）。

更正方法：先用红字填制一张内容与原错误记账凭证完全相同的记账凭证，以示注销原记账凭证（在“摘要”栏内写明“冲销×月×日×字第×号错误凭证”），然后用蓝字填制一张正确的记账凭证，并据以登记入账（在“摘要”栏内写明“更正×月×日×字第×号错误凭证”）。先用红字冲销错误分录，再用蓝字填制正确分录。

【例4-3】3月31日，迪奥公司财务部购买会计账簿，以银行存款支付费用200元。

会计原记账的处理为（记30）（该会计凭证已入账）：

借：财务费用——办公费　　200

　　贷：银行存款　　200

3月31日，发现记30记账凭证科目错误，应填制一张红字金额记账凭证（记33），在“摘要”栏内注明“冲销记第30号凭证并据以登记入账，冲销原错误记录”。

借：财务费用——办公费　　200

　　贷：银行存款　　200

实际工作中的登记与冲销具体操作见二维码资源：登记与冲销的操作。

同时，用蓝字金额填写一张正确的记账凭证（记34），在“摘要”栏内注明“更正记第30号凭证并据以登记入账”。

借：管理费用——办公费　　200

　　贷：银行存款　　200

实际工作中的更正具体操作见二维码资源：更正的操作。

登记与冲销的操作

更正的操作

（2）记账后发现记账凭证和账簿记录中应借、应贷会计科目无误（包括科目名称、记账方向无误），只是所记金额大于应记金额所引起的记账错误。

更正方法：按多记的金额用红字填制一张与原记账凭证应借、应贷科目完全相同的记账凭证，以冲销多记的金额，并据以记账（在“摘要”栏内注明“冲销×月×日第×号记账凭证多记金额”）。

【例 4-4】3 月 31 日，广州迪奥公司偿还以前借入的 3 个月期短期借款本金 15 000 元。

会计原记账的处理为（记 31）（该会计凭证已入账）：

借：短期借款　　18 000

　　贷：银行存款　　18 000

该业务编制记 31 记账凭证时金额错误，多记 3000 元（18 000-15 000），应采用红字更正法。

将多记金额用红字填写一张记账凭证记 35，在“摘要”栏内注明“冲销第 31 号凭证，并据以登记入账”。

借：短期借款　　3 000

　　贷：银行存款　　3 000

3．补充登记法

记账后发现记账凭证和账簿记录中应借、应贷会计科目无误（包括科目名称、记账方向无误），只是所记金额小于应记金额（记账凭证中金额少记了），致使账簿记录发生错误，采用补充登记法。

更正方法：按少记的金额用蓝字填制一张记账凭证，与原记账凭证应借、应贷科目完全相同的记账凭证，以补充少记的金额，并据以记账（在“摘要”栏内注明“补记×月×日×字第×号凭证少计金额”字样）。

【例 4-5】3 月 31 日，广州迪奥公司从花都大润发超市购买了行政部门使用的办公用品一批，中性笔 100 支，3 元/支；A4 复印纸 4 箱，50 元/箱。取得的增值税专用发票上注明货物金额为 500 元，增值税税额为 65 元，价税合计为 565 元，用现金支付。

会计原记账的处理为（记 32）（该会计凭证已入账）：

借：管理费用——办公费　　500

　　应交税费——应交增值税（进项税额）　　56

　　贷：库存现金　　556

该业务编制记 32 记账凭证时金额错误，少记 9 元（65-56），应采用补充更正法。

按少记金额用蓝字填写一张记账凭证记 36，在“摘要”栏内注明“补记第 32 号凭证少记金额并据以登记入账”。

借：应交税费——应交增值税（进项税额）　　9

　　贷：库存现金　　9

实际工作中登记与补充记录的具体操作见二维码资源：登记与补充的操作。

登记与补充的操作

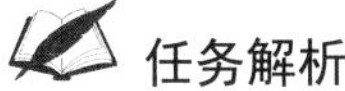 任务解析

发现当年会计账簿出现错误时应根据不同的方法进行更正，不得刮、擦、挖补或用褪色药水更改字迹，3 种更正方法一览表如表 4-10 所示。

表 4-10　错账更正方法一览表

时间	更正方法	适用范围
当年错账	划线更正法	记账凭证没有错误，只是账簿记录发生错误
	红字更正法	记账凭证错误导致账簿错误： ① 科目、方向等文字错误 ② 只是借贷方金额同时多记
	补充登记法	记账凭证错误导致账簿错误，只是借贷方金额同时少记

不论采用何种更正方法，在将错误的文字或者数字划红线注销时，都必须使账簿中原有字迹仍可辨认。

巩固与训练

一、单选题

1．更正错账时，划线更正法的适用范围是（　　）。

A．记账凭证上会计科目或记账方向错误，导致账簿记录错误

B．记账凭证正确，在记账时发生错误，导致账簿记录错误

C．记账凭证上会计科目或记账方向正确，所记金额大于应记金额，导致账簿记录错误

D．记账凭证上会计科目或记账方向正确，所记金额小于应记金额，导致账簿记录错误

2．红字更正法的适用范围是（　　）。

A．记账凭证上会计科目或记账方向错误，导致账簿记录错误

B．记账凭证正确，在记账时发生错误，导致账簿记录错误

C．原始凭证上的金额有错误

D．记账凭证上会计科目或记账方向正确，所记金额小于应记金额，导致账簿记录错误

3．记账后，发现记账凭证上应借、应贷的会计科目并无错误，但所填金额有错，致使账簿记录错误，正确的更正方法是（　　）。

A．若所填金额大于应填金额，则应采用红字更正法

B．若所填金额小于应填金额，则应采用红线更正法

C．若所填金额大于应填金额，则应采用补充登记法

D．若所填金额小于应填金额，则应采用划线更正法

4. 已经登记入账的记账凭证，在当年内发现有误，可以用红字填写一张与原内容相同的记账凭证，在“摘要”栏内注明“（　　）”字样，再用蓝字做一张正确的登记入账。

A. 注销×月×日×号凭证　　B. 订正×月×日×号的凭证

C. 经济业务内容　　D. 对方单位

5. 补充登记法主要适用于（　　）。

A. 记账文字或数字有误，所用科目无误

B. 记账后在年内发现所记金额无误，所用科目有误

C. 记账后在年内发现所记金额大于应记金额，所用科目无误

D. 记账后发现所记金额小于应记金额，所用科目无误

二、多选题

1. 错账更正的方法一般有（　　）。

A. 平行登记法　　B. 划线更正法　　C. 补充登记法　　D. 红字更正法

2. 下列关于划线更正法的表述，正确的有（　　）。

A. 更正时，可在错误的文字或只是错误的数字上划一条红线

B. 在红线上方填写正确的文字或数字，并由记账及相关人员在更正处盖章

C. 对于错误的数字，可只更正其中的错误数字

D. 对于文字错误，可只划去错误的部分

3. 企业内审人员在对企业当年会计账本审查中发现，金额为 1 000 元的购货发票在填制记账凭证时误填为 100 元，由于已登记入账，会计人员可以（　　）。

A. 用红字填写一张与原内容相同的记账凭证，同时再用蓝字发票重新填制一张正确的记账凭证

B. 重新填制一张正确的记账凭证更换原记账凭证，并对账簿信息进行修改

C. 用蓝字编写一张调增 900 元的调增记账凭证

D. 将记账凭证和账簿的错误金额用红字划去，用蓝笔填上正确金额，并加盖印章

4. 记账后，发现记账凭证中的金额有错误，导致账簿记录错误，不能采用的错账更正方法有（　　）。

A. 划线更正法　　B. 红字更正法　　C. 补充登记法　　D. 重新抄写法

5. 以下说法中，正确的有（　　）。

A. 已经登记入账的记账凭证，在当年内发现填写错误时，直接用蓝字重新填写一张正确的记账凭证即可

B. 已经登记入账的记账凭证，在当年内发现填写错误时，可以用红字填写一张与原内容相同的记账凭证，再用蓝字重新填写一张正确的记账凭证

C. 已经登记入账的记账凭证，如果会计科目没有错误只是金额错误，可以将正确数字与错误数字之间的差额，另填制一张调整的记账凭证，调增金额用蓝字，调减金额用红字

D. 发现以前年度记账凭证有错误的，应当用蓝字填制一张更正的记账凭证

三、判断题

1. 结账后，严禁采用划线更正法更正错误。（　　）

2．采用划线更正法时，最后由审核人员在更正处签名盖章，以明确责任。（　　）

3．记账后在当年内发现记账凭证金额有误，可以采用红字更正法更正。（　　）

4．补充登记法是在记账后发现记账凭证填写的会计科目无误，只是所记金额大于应记金额时，所采用的一种更正方法。（　　）

5．在审查当年的记账凭证时，发现某记账凭证应借应贷的科目正确，但所记的金额小于实际金额，尚未入账，应用补充登记法更正。（　　）

四、操作题

某企业会计人员在结账前进行对账，部分账务处理如下。

（1）车间一般耗用领用 A 原材料 800 元，编制的会计分录如下（已登记入账）：

借：制造费用　500

　　贷：原材料　500

（2）收到投资者投入资金 300 000 元，编制的会计分录如下（已登记入账）：

借：银行存款　300 000

　　贷：资本公积　300 000

（3）用现金支付职工生活困难补助 5 000 元，编制的会计分录如下：

借：管理费用　5 000

　　贷：库存现金　5 000

（4）计提车间生产用固定资产折旧 3 000 元，编制的会计分录如下：

借：制造费用　3 000

　　贷：累计折旧　3 000

登记入账时，误记为 30 000 元。

（5）以现金支付职工工资 85 000 元，编制的会计分录如下：

借．应付职工薪酬　8 500

　　贷：库存现金　8 500

（6）办公室张三预借差旅费 5 000 元，编制的会计分录如下（已登记入账）：

借：管理费用　500

　　贷：库存现金　500

（7）结转本期完工产品生产成本 238 000 元，编制的会计分录如下（已登记入账）：

借：库存商品　283 000

　　贷：生产成本　283 000

要求：指出上述账务处理是否正确；如果错误，指出应采用的更正方法，并编制错账更正的会计分录。

项目 5
财产清查

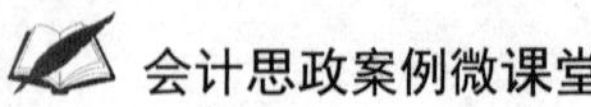

会计思政案例微课堂

毕马威自我检举案

毕马威成立于 1897 年，总部在荷兰阿姆斯特丹，是一家提供审计、税务和咨询等服务的专业机构。毕马威与普华永道、德勤和安永合称“国际四大会计师事务所”。2017 年 4 月，毕马威开除了 5 名合伙人和 1 名员工，其中包括毕马威美国公司副主席斯科特 · 马塞洛（Scott Marcello）。2018 年 1 月 22 日，美国检方在起诉书中称，美国上市公司会计检查委员会（The Public Company Accounting Oversight Board，PCAOB）的员工让毕马威高管提前看到了该委员会在年度检查中将如何评审毕马威审计工作，这些机密信息可以让毕马威为年度检查做更充分的准备。涉案几名会计师设法利用一次性预付费手机及 Instagram 代码隐藏沟通内容。令人意外的是，毕马威没有容忍这种不道德行为，聘请了外部律师进行调查。毕马威美国公司董事长兼首席执行官琳恩 · 多蒂（Lynne Doughtie）在一份声明中表示：“质量和诚信是我们所有方面的基石，其中包括最大限度地尊重和注重监管过程。毕马威致力于最高标准的专业性、诚信和品质，我们致力于我们所服务的资本市场。”

（资料来源：佚名，2017.毕马威五位合伙人因窃密被开除[EB/OL].(2017-04-12)[2020-11-12]. http://news.cqnews.net/html/2017-04/12/content_41257470.htm.）

感悟：毕马威自我检举揭发，坚持诚信为本、守正不移、坚持独立性的精神正是其百年屹立不倒的根本。毕马威以实际行动做到了“最大限度地尊重和注重监管过程”。同时，作为最接近公司机密的财务人员，对知悉的商业秘密，要自觉遵循会计工作保密性的纪律要求，严守秘密，不为任何利益驱动而改变。

任务 5.1　财产清查的认识

任务 5.1.1　财产清查概述

知识目标

1. 了解财产清查的定义、意义。
2. 熟悉财产清查的基本分类。
3. 掌握不同的财产清查的基本特征。

技能目标

1. 能够理解财产清查的概念和意义。
2. 能够准确分析判断不同的财产清查分类。
3. 能够掌握不同财产清查的各自特征。

任务情境

李伟最近和往来单位大华贸易公司达成一项销售协议，并按规定去大华贸易公司财务部门商谈结算手续事项，但突然发现该公司原出纳张某已调离工作岗位。

原来，张某投资股市被套牢，急于翻本又苦于没有多余资金，于是，他凭着财务主管对他的信任，拿了财务主管的财务专用章在自己保管的空白现金支票上任意盖章取款。月底银行对账单时，他到银行提取且自行核对，因此他的行为在很长一段时间未被发现。至案发时，该公司蒙受了巨大的经济损失。那么，出纳张某在上述情况中反映了什么问题？

知识准备

1. 财产清查的含义与意义

1）财产清查的含义

财产清查是指通过对货币资金、实物资产和往来款项等财产物资进行盘点或核对，确定其实存数，查明各项财产的账存数与实存数是否相符的一种专门方法。财产清查如图 5-1 所示。

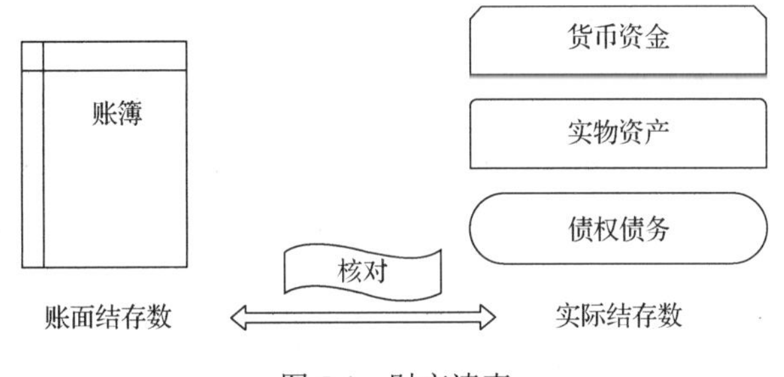

图 5-1 财产清查

根据会计法律制度的相关规定，企业各项财产的账面结存数与实际结存数应相符，但有时也不一致。账实不符的原因是多方面的，主要如下。

（1）保管过程中发生的自然损耗。例如，库存的农副产品，由于干耗、销蚀或自然升溢等可能造成账实不符。

（2）未达账项的存在。在资金结算过程中，可能会出现未达账项而发生暂时性的账实不符。

（3）财产物质收发计量差误。在财产物质的收发过程中，计量或检验不准造成的在数量、质量、品种上多收或少收的差错。

（4）管理不善、制度不严。财产物质在保管和资金结算过程中，因管理不善或工作人员失职造成财产损坏、变质、丢失、贪污盗窃、营私舞弊等行为而发生的财产损失。

（5）账簿记录中发生的失误行为。在财产物资的账簿记录过程中，记账人员可能会发生重记、漏记和错记行为。

（6）发生意外灾害等。发生的洪涝灾害、火灾、地震等意外灾害造成的财产物资毁损。

2）财产清查的意义

财产清查是会计工作的一个重要环节，在加强企业管理，确保会计资料的真实性和企业资产的完整性，维护会计规章制度，发挥会计监督作用等方面具有十分重要的意义。一般来讲，企业财产清查的意义如下。

（1）保证账实相符，提高会计资料的准确性。通过财产清查，可以查明各项财产的实存数，确定与账存数之间的差异及差异的原因和责任，以便采取措施及时调整账面记录，使账实相符，从而确保会计信息真实可靠。

（2）保护财产物资的安全与完整。各项财产是企业重要的经济资源，通过财产清查，可以查明各项财产的保管情况是否良好，有无因管理不善，造成霉烂、变质、损失浪费或者被非法挪用、贪污盗窃等情况，以便采取措施，堵塞漏洞，改善管理工作，建立健全财产物资保管的岗位责任制，切实确保各项财产的安全和完整。

（3）加速资金周转，提高资金使用效率。在财产清查中，对于财产物资储备不足的，应及时补充，确保生产需要；对于积压严重的，应及时出售，避免浪费和占用资金。因此，通过财产清查，可以促进财产物质的有效利用，加速资金周转，提高资金使用效率。

（4）有利于维护财经纪律的严肃性。在财产清查中，通过对债权债务等往来款项的核对，可以促使经办人员及时结算各种应收、应付款项，按照相关规定处理无法收回的应收款项和无法支付的应付款项，避免长期拖欠和挂账，共同维护财经结算纪律。

2. 财产清查的分类

按照清查范围、清查时间和执行系统等因素的不同，可将财产清查进行不同的分类。财产清查按清查范围，分为全面清查和局部清查；按清查时间，分为定期清查和不定期清查；按执行系统，分为内部清查和外部清查。财产清查的分类如图 5-2 所示。

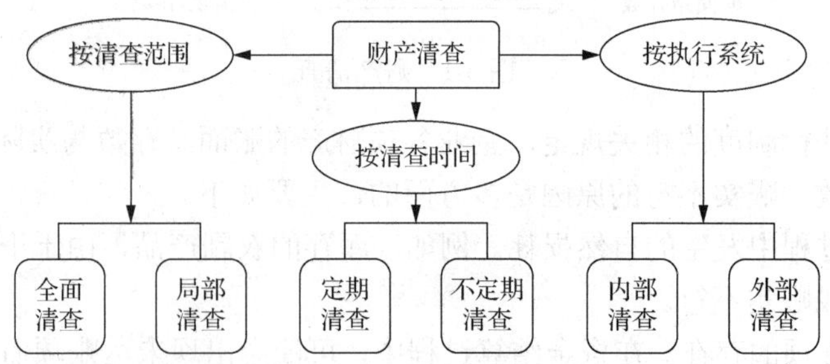

图 5-2　财产清查的分类

1）全面清查与局部清查

动画：财产清查的分类

（1）全面清查。

全面清查是指对本单位所有的财产物资进行全面的盘点和核对。清查对象包括货币资金、实物资产和各项债权债务等所有财产物资。

全面清查范围广、内容多、时间长、参与部门和人员多，清查工作量大，不宜经常进行。需要进行全面清查的情况通常如下。

① 年终决算之前。

② 单位合并、撤销或改变隶属关系前。

③ 中外合资、国内合资和企业股份制改革前。

④ 开展资产评估、资本验资、清产核资前。

⑤ 单位主要负责人调离工作前。

（2）局部清查。

局部清查是指根据管理的需要，只对某一部分财产物资进行盘点与核对。清查对象主要是流动性较强的资产，包括库存现金、银行存款、存货、债权债务等往来款项。

局部清查范围小、内容少、时间短，参与部门和人员较少，专业性较强，工作量相对较小，可灵活进行。需要进行局部清查的情况如下。

① 库存现金，出纳每日业务终了清点核对。

② 银行存款，出纳每月至少应同银行核对一次。

③ 原材料、包装物和库存商品，每月有计划、有重点地抽查或轮流盘点。

④ 贵重财产物资，每月进行清查盘点一次。

⑤ 各种往来款项，至少每年同债权人、债务人核对一至两次。

2）定期清查与不定期清查

（1）定期清查。

定期清查是指根据管理制度的规定或按计划安排的时间对各项财产物资进行的盘点和核对。

定期清查一般在期末进行，如年度末、季末、月末等，按照实际需要，它可以是全面清查，也可以是局部清查。

（2）不定期清查。

不定期清查是指事先未规定清查日期，而是根据特殊需要对财产物资进行临时性的盘点和核对。

不定期清查主要是局部清查，但也可以是全面清查。一般适用于以下特定事项。

① 更换财产物资、库存现金保管人员。

② 发生自然灾害或意外损失。

③ 会计主体隶属关系发生改变。

④ 有关部门的临时检查和审计等。

3）内部清查与外部清查

（1）内部清查。

内部清查是指企业内部自行组织清查工作小组进行的财产清查工作。大多数财产清查属于内部清查。

（2）外部清查。

外部清查是指由上级主管部门、财税机关、审计机关、司法部门、会计师事务所、保险公司等根据国家有关规定或情况需要对企业进行的财产清查。

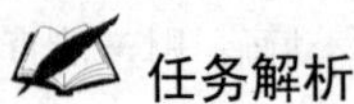

任务解析

张某的行为不仅违背廉洁自律的会计职业道德要求，也违反会计法律制度的规定，必将受到法律的严厉制裁。张某的违法行为很长一段时间未被发现，一方面说明该公司缺乏有效的内部控制制度，另一方面说明该公司在财产清查管理上存在诸多漏洞。现金管理没有做到日清月结，定期盘点；银行存款没有进行有效的对账，出纳一手包办，银行存款账簿记录没有与银行进行有效的定期对账，这些管理漏洞难于确保该公司财产的安全与完整。

巩固与训练

一、单选题

1．（　　）是根据实际需要对财产进行的临时性清查，一般适用于局部清查。

A．定期清查　　B．不定期清查　　C．内部清查　　D．外部清查

2．进行局部清查时，下列做法不正确的是（　　）。

A．现金每月清点一次　　B．银行存款每月至少同银行核对一次

C．贵重物品每月核对一次　　D．债权、债务每年至少核对一至两次

3．因更换出纳而对现金进行盘点和核对的是（　　）。

A．全面清查和不定期清查　　B．全面清查和定期清查

C．局部清查和不定期清查　　D．局部清查和定期清查

4．财产清查是通过实地盘点、查证核对来查明（　　）是否相符的一种方法。

A．账证　　B．账账　　C．账实　　D．账表

5．财产清查按（　　）可以分为全面清查和局部清查。

A．清查时间　　B．清查方法　　C．清查地点　　D．清查范围

二、多选题

1．下列各项中，企业必须进行财产全面清查的有（　　）。

A．股份制改造　　B．单位改变隶属关系

C．单位主要领导人离任交接前　　D．清产核资

2．需要进行全面财产清查的情况有（　　）。

A．年终决算之前　　B．企业股份制改制前

C．更换财产物资、库存现金保管人员时　　D．单位财务科长调离时

3．账实不符的原因有（　　）。

A．储存中发生的自然损耗　　B．财产物资收发计量错误

C．财产物资的毁损、被盗　　D．账簿的漏记、重记

4．不定期清查主要在（　　）进行。

A．变更财产物资和现金保管人员时　　B．发生非常灾害造成财产物资受损时

C．年终结算时　　D．有关部门对企业进行审计时

5．出纳每天工作结束前都要将库存现金日记账结清并与库存现金实存数进行核对，这属于（　　）。

A．定期清查　　B．不定期清查　　C．全面清查　　D．局部清查

三、判断题

1．账实不符是财产管理不善或会计人员水平不高的结果。（　　）

2．从财产清查的对象和范围看，全面清查不一定只在年终进行。（　　）

3．财产管理和会计核算工作较好的单位可以不进行财产清查。（　　）

4．某企业仓库被盗，为查明损失，决定立即进行盘点，按照财产清查的范围应属于局部清查，按照清查的时间应属于不定期清查。（　　）

5．财产清查是一项重要管理制度，但不是会计核算的一种专门方法。（　　）

任务 5.1.2　财产清查的工作程序

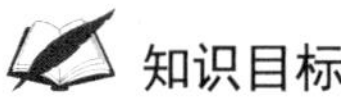

知识目标

1．掌握永续盘存制和实地盘存制的区别。

2．熟悉财产清查的工作程序步骤。

3．理解财产清查的结果处理。

技能目标

1．能够准确区分永续盘存制和实地盘存制各自的特点。

2．能够熟练描述财产清查的工作程序。

3．能够正确理解财产清查的结果处理。

任务情境

2020年3月下旬，广州迪奥公司为了加强企业财产物资的管理，掌握各项财产物资是否安全完整及结存和利用情况，保证财务报告的真实可靠，准备对公司进行一次全面清查，由主管业务的副总经理牵头负责，成立一个财产清查领导小组，成员有资产部门业务人员、财务部门人员、仓库保管员等，李伟也是清查领导小组成员。之后，财产清查领导小组开会制订财产清查计划，确定财产清查的范围和进度，布置和安排小组成员的工作任务，确定各类财产物资的清查方法。要求对清查过程中出现的问题提出处理意见，并出具财产清查报告。那么，有关部门人员在财产清查前应做好哪些准备工作呢？

知识准备

1. 财产物资的盘存制度

财产物资的盘存制度是确定财产物资账面结存的方法。在日常会计核算中，主要采用永续盘存制和实地盘存制两种方法来确定各项财产物资的期末账面余额。

1）永续盘存制

永续盘存制又称账面盘存制，是指平时对各项财产物资的增加数和减少数，根据会计凭证在有关账簿记录中进行连续登记，并随时结出账面余额的一种方法。永续盘存制下期末结存数的计算方法为

期末结存数=期初结存数+本期增加数-本期减少数

永续盘存制可以随时提供财产物资的收、发、存等动态信息，通过账存数与实存数比较，及时发现账实不符情况，有利于企业加强对财产物资的管理；缺点是需要财务人员逐日逐笔登记账簿，工作量较大，耗费较多的人力、物力。除特殊情况外，企业在财产物资核算中应尽量采用永续盘存制。

2）实地盘存制

实地盘存制也称定期盘存制，是指对于某项财产物资的增减变动，平时只依据会计凭证将财产物资的增加数量登记在相应账簿中，不登记减少数。不同于永续盘存制，采用这种方法，期末对各项财产物资进行盘点，倒挤出本期财产物资的减少数，计算公式为

本期减少数=期初结存数+本期增加数-期末结存数

实地盘存制可以简化日常工作，核算简单，工作量小；缺点是手续不够严密，不能随时反映库存物资的发出结存情况，不利于企业加强财产物资的管理。实地盘存制一般只用于核算那些价值低、品种杂、进出频繁、数量不稳定、损耗大的商品物资，如鲜活商品。

2. 财产清查的工作程序

财产清查是一项复杂而又细致的工作。它既是会计核算的一种专门方法，也是财产物资管理的一项重要制度。企业必须有计划、有组织地进行财产清查，一般工作程序如下。

1）成立清查组织

很多情况下，财产清查组织在企业主要负责人领导下，由财会部门牵头、其他部门参与，负责财产清查的组织和管理。财产清查组织的主要职责是：实施清查以前，合理安排清查工作；清查过程中，进行监督、检查和指导；清查结束后，提出处理意见和建议。

2）做好清查准备工作

财产清查组织应及时组织清查人员学习，提高清查工作的质量；确定清查对象、范围，明确清查任务；制订清查计划、方案，各部门协作完成，财务部门要提供完整、正确的会计记录；财产物资保管部门准备好财产物资账簿与财务部门账簿并进行核对，并

办好相关手续，将实物整理整齐；其他有关部门备好衡量器具和清查所需表格。

3）财产清查实施阶段

清查人员按清查组织的计划和方案，本着先清查数量后认定质量的要求进行清查。在清查财产物资时，应有财产物资的保管员在场，并登记填制盘存清单。对各项财产物资完成清查盘点核对后，检查账实是否相符，并将检查结果填制在清查结果报告表中。

3．财产清查结果的处理

财产清查的结果有以下 3 种情况。

（1）实存数大于账存数，即盘盈。

（2）实存数小于账存数，即盘亏。

（3）实存数等于账存数，表明账实相符。

财产清查结果的处理一般是指对账实不符——盘盈、盘亏情况的处理。但账实相符中财产物资发生的变质、霉烂及毁损，也是其处理的对象。

对于财产清查中发现的问题，如财产物资的盘盈、盘亏、毁损或其他各种损失，应核实情况，调查分析其产生的原因，根据清查结果报告表、盘点报告表等，填制记账凭证，记入有关账簿，使账簿记录与实际盘存数相符；同时根据管理权限，将处理建议报股东大会或董事会，或经理（厂长）会议或类似机构批准。

财产清查产生的损溢，企业应于期末前查明原因，并根据企业的管理权限，经股东大会或董事会，或经理（厂长）会议或类似机构批准后，在期末结账前处理完毕。在期末结账前尚未经批准，对外提供财务报表时，先按相关规定进行相应账务处理，并在附注中作出说明，其后如果批准处理的金额与已处理金额不一致，调整财务报表相关项目的期初数。

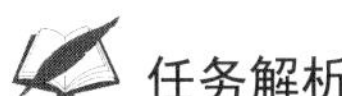

任务解析

公司财务部门要提供完整、正确的会计记录；财产物资保管部门准备好财产物资账簿与财务部门账簿进行核对，并办好相关手续，将实物整理整齐；其他有关部门备好衡量器具和清查所需表格。

巩固与训练

一、单选题

1．在实际工作中，企业一般将（　　）作为财产物资的盘存制度。

A．永续盘存制　　B．实地盘存制　　C．权责发生制　　D．收付实现制

2．企业通过实地盘点法先确定期末存货的数量，然后倒挤出本期发出存货的数量，这种处理制度称为（　　）。

A．权责发生制　　B．收付实现制　　C．账面盘存制　　D．实地盘存制

3．采用实地盘存制时，平时账簿记录中不能反映（　　）。

A．财产物资的增加数　　B．财产物资的减少数

C．财产物资的增加和减少数　　D．财产物资的盘盈数

4．盘点实物时，发现账面数大于实存数，即（　　）。

A．盘盈　　B．盘亏　　C．账实相符　　D．财产物资变质

5．以下不是财产清查一般工作程序的是（　　）。

A．成立清查组织　　B．确定清查对象　　C．制定清查方案　　D．编制汇总表

6．某公司 6 月底对该公司产品进行实地盘存，清查结果为甲产品实地盘点数为 180 件，该产品月初结存数为 70 件，本月购进数为 195 件，则该产品本月减少数是（　　）件。

A．125　　B．85　　C．55　　D．445

二、多选题

1．下列关于永续盘存制的表述，正确的是（　　）。

A．账面随时反映财产物资的收入、发出和结余数额

B．对各项财产物资的增加数和减少数，平时要根据会计凭证登记账簿

C．平时在账簿中只登记财产物资的增加数，不登记减少数

D．财产物资品种繁杂的企业，其明细分类核算工作量较大

2．开展财产清查工作前，财会部门应做好的准备工作有（　　）。

A．整理各种物资　　B．将所有的经济业务登记入账

C．核对总账、明细账　　D．准备计量器具及登记表

3．在财产清查中，需要进行账务处理的有（　　）。

A．盘盈　　B．盘亏　　C．账实相符　　D．财产物资变质

4．财产清查的一般程序包括（　　）。

A．建立财产清查组织　　B．核对有关账簿记录

C．登记填制盘存清单　　D．进行财产清点

5．在财产清查方法中，永续盘存制与实地盘存制相比，其优点有（　　）。

A．便于随时掌握财产的占用情况　　B．核算简单且工作量小

C．有利于加强对财产物资的动态管理　　D．有利于实施会计监督

三、判断题

1．采用永续盘存制，可以随时掌握和了解各项财产物资的增减变动和结存情况，保证账实相符。（　　）

2．在永续盘存制下不可能出现财产的盘盈、盘亏现象。（　　）

3．采用永续盘存制能在账面上及时反映各种财产物资的结存数，同时也需要对各项财产物资进行定期或不定期的清查盘点。（　　）

4．实地盘存制下，期初存货成本和本期购货成本从账上取得，实地盘存确定期末存货成本，从而计算出本期销货成本。（　　）

5．清查财产物资时，物资保管员可不在现场，由清查人员填制盘存清单。（　　）

6．财产清查损溢，清查人员查明原因后，即可告知财务部门进行账务处理。（　　）

任务 5.2 货币资金的清查

任务 5.2.1 库存现金的清查

知识目标

1. 熟悉库存现金的清查方法。
2. 了解库存现金的清查程序。
3. 掌握库存现金清查结果的账务处理。

技能目标

1. 能够分析判断库存现金清查方法和程序步骤。
2. 能够准确区分和掌握现金长款和短款的账务处理。

任务情境

广州迪奥公司出纳员董某由于刚参加工作不久，对货币资金业务管理和核算的相关规定不甚了解，在工作中也曾出现一些失误。她在 2020 年 2 月 18 日和 29 日两天现金业务结束后的例行库存现金清查中，分别发现现金短缺 60 元和现金溢余 20 元的情况。为了保全自己的面子和息事宁人，同时考虑到两次账实不符的金额很小，她决定采取下列方法进行处理：现金短缺 60 元，自掏腰包补齐；现金溢余 20 元，暂时收起放入自己口袋。那么，董某的做法有何不妥之处？

知识准备

1. 库存现金的清查方法

库存现金的清查方法采用实地盘点法，即通过实地盘点库存现金的实存数，然后与库存现金日记账的账面余额相核对，确定账实是否相符及现金盈亏情况。

库存现金清查一般由主管会计或财务负责人和出纳人员共同清点出各种纸币的张数和硬币的个数，并填制库存现金盘点报告表，如表 5-1 所示。

表 5-1 库存现金盘点报告表

单位名称：　　　　　　　　　　　　年　月　日

实存金额	账存金额	对比结果		备注
		盘盈	盘亏	

盘点员签章：　　　　　　　　　　　　　　　　出纳员签章：

2．库存现金的清查程序

动画：库存现金的清查

对库存现金进行盘点时，出纳人员必须在场，有关业务必须在库存现金日记账中全部登记完毕。盘点时，一方面要注意账实是否相符；另一方面要检查现金管理制度的遵守情况，如库存现金金额有无超过其限额，有无白条抵库、挪用舞弊等情况。盘点结束后，根据盘点的结果及与现金日记账核对情况编制库存现金盘点报告表，并由盘点人员和出纳员共同签字或盖章。

库存现金盘点报告表应作为重要原始凭证，它既是反映库存现金的实存额，也是用于调整账簿记录的原始凭证，如表 5-2 所示。

表 5-2　库存现金盘点报告表

单位名称：　　　　　　　　　　　　　　年　月　日

实存金额	账存金额	对比结果		备注
		盘盈	盘亏	
盘点后得到的实存数	现金日记账的金额	实存金额多于账存金额	实存金额小于账存金额	

盘点员签章：　　　　　　　　　　　　　　出纳员签章：

3．库存现金清查结果的账务处理

为了保证现金的安全完整，企业应当按规定对库存现金进行定期和不定期的清查。库存现金的清查结果有两种情况：一是账实相符，不进行账务处理；二是账实不符，要进行账务处理，需调整账存数，使账存数与实存数相一致。

1）账户设置

如果账款不符，发现有待查明原因的现金短缺或溢余，应先通过“待处理财产损溢”账户核算。

“待处理财产损溢”账户属于资产类账户，具有双重性质，借方登记发生的盘亏或毁损金额及转销的盘盈金额，贷方登记发生的盘盈金额及转销的盘亏或毁损金额。“待处理财产损溢”账户下设“待处理流动资产损溢”“待处理固定资产损溢”两个明细账户。“待处理财产损溢”账户基本结构如图 5-3 所示。

借方	待处理财产损溢　贷方
盘亏或毁损金额	盘盈金额
转销的盘盈金额	转销的盘亏或毁损金额
转销后无余额	

图 5-3　“待处理财产损溢”T 形账户

2）现金长款的账务处理

长款是指库存现金的盘盈，即库存现金实存数大于账存数，属于库存现金的溢余。在报经批准前，按长款金额记入“库存现金”账户的借方和“待处理财产损溢”账户的贷方。查明原因按管理权限报经批准后分情况处理：属于应支付给有关人员或单位的，记入“其他应付款”账户；属于无法查明原因的，记入“营业外收入”账户。

3）现金短款的账务处理

短款是指库存现金的盘亏，即库存现金实存数小于账存数，属于库存现金的短缺。在报经批准前，按短款金额记入“库存现金”账户的贷方和“待处理财产损溢”账户的借方。查明原因按管理权限报经批准后分情况处理：属于应由责任方赔偿的部分，记入“其他应收款”账户；属于无法查明原因的，记入“管理费用”账户。

库存现金长款、短款的账务处理分两个步骤，即财产清查结果批准前和批准后，相关账务处理如表5-3所示。

表5-3 库存现金清查结果账务处理表

项目	批准前	批准后
长款	借：库存现金 　　贷：待处理财产损溢——待处理流动资产损溢	借：待处理财产损溢——待处理流动资产损溢 　　贷：其他应付款 　　　　营业外收入
短款	借：待处理财产损溢——待处理流动资产损溢 　　贷：库存现金	借：其他应收款 　　管理费用 　　贷：待处理财产损溢——待处理流动资产损溢

【例5-1】 3月31日，广州迪奥公司在财产清查中进行现金盘点，发现短款80元。

借：待处理财产损溢——待处理流动资产损溢　　80

　　贷：库存现金　　80

【例5-2】 同日，经核查，30元属于出纳员疏忽所致并由其赔偿，另外50元无法查明原因。

借：管理费用　　50

　　其他应收款　　30

　　贷：待处理财产损溢——待处理流动资产损溢　　80

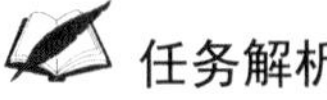

任务解析

广州迪奥公司出纳员对库存现金日常清查结果的处理不妥当，她的处理办法掩盖了企业在现金资产管理中的问题。对现金的清查及正确的账务处理是保证货币资金安全及账实相符的有效途径。

巩固与训练

一、单选题

1．库存现金的清查方法是（　　）。

A．实地盘点法　B．技术推算法　C．账目核对法　D．发函询证法

2．对于库存现金的清查，应将清查结果及时填列（　　）。

A．盘存单　B．现金盘点报告表

C．对账单　D．实存账存对比表

3．“待处理财产损溢”账户期末余额（　　）。

A．在借方　B．在贷方

C．一般无余额　D．可能在借方，也可能在贷方

4．现金清查中无法查明原因的短款，经批准后记入（　　）账户。

A．“营业外支出”　B．“营业外收入”　C．“其他应收款”　D．“管理费用”

5．在对库存现金清查时，下列表述错误的是（　　）。

A．库存现金盘点报告表应由盘点人员签章

B．合法借条可以充抵库存现金

C．库存现金盘点报告表属于原始凭证

D．库存现金盘点时出纳人员必须在场

二、多选题

1．下列各项中，不属于货币资金清查的有（　　）。

A．库存现金的清查　B．银行存款的清查

C．固定资产的清查　D．往来款项的清查

2．“待处理财产损溢”账户的贷方记录是（　　）。

A．发生的现金盘盈　B．发生的现金盘亏

C．转销的现金盘盈　D．转销的现金盘亏

3．现金清查中如发现短款，及时查明原因并按管理权限报经批准后，分别记入（　　）账户。

A．“其他应收款”　B．“其他应付款”　C．“营业外收入”　D．“管理费用”

4．库存现金清查中，无论是长款还是短款，按管理权限报经批准后，账务处理可能涉及（　　）科目。

A．“其他应收款”　B．“其他应付款”

C．“营业外收入”　D．“管理费用”

5．库存现金清查的内容包括（　　）。

A．是否挪用现金　B．是否白条顶库

C．是否超限额留存现金　D．账实是否相符

三、判断题

1. 清查盘点现金时，出纳员必须回避。 ( )
2. 现金清查结束后，应填写现金盘点报告表，并由盘点人和出纳人员签名或盖章。 ( )
3. 现金和银行存款同属于货币资金，因此清查方法是相同的。 ( )
4. 库存现金的清查应采用实地盘点法。 ( )
5. 待处理财产损溢属于资产类账户，贷方登记发生的盘亏或毁损金额及转销的盘盈金额。 ( )
6. 库存现金的盘盈，属于无法查明原因的，记入“营业外收入”账户。 ( )

任务 5.2.2 银行存款的清查

知识目标

1. 了解银行存款的清查方法和清查程序。
2. 熟悉未达账项的基本概念及分类。
3. 掌握银行存款余额调节表的编制。

技能目标

1. 能够准确区分和确认各种未达账项。
2. 能够熟练编制银行存款余额调节表。

任务情境

广州迪奥公司清查小组对公司银行存款进行清查，发现在与银行对账时，银行对账单中有一笔款项已收但企业尚未收到的银行相关结算凭证，金额为 3 000 元。清查小组成员李伟认为，应于 2020 年 3 月 31 日根据银行对账单记录将该笔款项记入公司银行存款日记账中。那么，李伟认为将该笔金额记录在银行存款日记账中的观点是否正确？

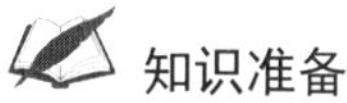

知识准备

微课：银行存款的清查

1. 银行存款的清查方法

1）账目核对法

银行存款的清查方法是账目核对法，即将本单位银行存款日记账的账簿记录与开户银行转来的对账单逐笔进行核对，查明银行存款的实有数额。银行存款的清查一般在月末进行。将截至清查日所有银行存款的收付业务都登记入账后，对发生的错账、漏账应及时查清更正，再与银行的对账单逐笔核对。如果二者余额相符，通常说明没有错误；如果二者余额不相符，账实不符的原因有以下两个。

（1）一方或双方记账出现了差错。

（2）双方的记账均无差错的情况下，通常表明存在未达账项。

2）未达账项

（1）未达账项的定义。

所谓未达账项，是指企业和银行之间，由于记账时间不一致而发生的一方收到凭证已经入账，而另一方尚未收到凭证而未入账的事项。

（2）未达账项的种类。

未达账项一般分为以下 4 种情况。

① 企业已收款记账、银行未收款未记账的款项。例如，企业已将收到的购货单位开出的转账支票送存银行并且入账，但是银行尚未办妥转账收款手续而没有入账。

② 企业已付款记账、银行未付款未记账的款项。例如，企业开出的转账支票已经入账，但是收款单位尚未到银行办理转账手续或银行尚未办妥转账付款手续而没有入账。

③ 银行已收款记账、企业未收款未记账的款项。例如，企业委托银行代收的款项，银行已经办妥收款手续并且入账，但是收款通知尚未到达企业而使企业没有入账。

④ 银行已付款记账、企业未付款未记账的款项。例如，企业应付给银行的借款利息，银行已经办妥付款手续并且入账，但是付款通知尚未到达企业而使企业没有入账。

上述任何一种未达账项情况的存在，都会使企业银行存款日记账的余额与银行开出的对账单的余额不符。所以，在与银行对账时应首先查明是否存在未达账项。如果存在未达账项，就应当编制银行存款余额调节表，据以确定企业银行存款实有金额。

2. 银行存款的清查步骤

（1）根据经济业务、结算凭证的种类、号码和金额，将本单位银行存款日记账与银行对账单，逐日逐笔核对。凡双方都有记录的，用铅笔在金额旁打上“√”。

（2）找出未达账项（即银行存款日记账和银行对账单中没有打“√”的款项）。

（3）将日记账和对账单的月末余额及找出的未达账项填入银行存款余额调节表中，并计算出调整后的余额。

（4）将调整平衡的银行存款余额调节表，经主管会计签章后，送达开户银行。

3. 银行存款余额调节表

1）银行存款余额调节表的编制

银行存款余额调节表的编制，以企业银行存款日记账余额和银行对账单余额为基础，各自分别加上对方已收款入账而己方尚未入账的数额，减去对方已付款入账而己方尚未入账的数额。银行存款余额调节表如表 5-4 所示，表中调节后的存款余额的计算公式为

调节后的存款余额
=企业银行存款日记账余额+银行已收企业未收款−银行已付企业未付款
=银行对账单存款余额+企业已收银行未收款−企业已付银行未付款

表 5-4 银行存款余额调节表

单位名称： 年 月 日 单位：元

项目	金额	项目	金额
企业银行存款日记账余额		银行对账单余额	
加：银行已收，企业未收		加：企业已收，银行未收	
减：银行已付，企业未付		减：企业已付，银行未付	
调节后的存款余额		调节后的存款余额	

2）银行存款余额调节表的作用

银行存款日记账应定期与银行对账单核对，至少每月核对一次。企业银行存款账面余额与银行对账单余额之间，如有差额，应编制银行存款余额调节表予以调节；如没有记账错误，调节后的双方余额应相等，但是编平不是目的。

银行存款余额调节表是一种对账记录或对账工具，只是为了核对账目，不能作为调整账面记录的依据，即不能根据银行存款余额调节表中的未达账项来调整银行存款账面记录，因而银行存款余额调节表不属于原始凭证。

调节后的余额如果相等，通常说明企业和银行的账面记录一般没有错误，该余额为企业在与银行对账时实际可以动用的银行存款金额。

调节后余额仍未相符，必须查明原因。通常说明一方或双方记账有误，需进一步追查，查明原因后予以更正和处理。

【例 5-3】 2020 年 6 月 30 日，甲公司银行存款日记账的余额为 540 000 元，银行转来对账单的余额为 830 000 元。经逐笔核对，发现以下未达账项。

（1）企业委托银行代收某公司购货款 480 000 元，银行已收妥并登记入账，但企业未收到收款通知，尚未记账。

（2）银行代企业支付电话费 40 000 元，银行已登记减少企业银行存款，但企业未收到银行付款通知，尚未记账。

（3）企业送存转账支票 600 000 元，并已登记银行存款增加，但银行尚未记账。

（4）企业开出转账支票 450 000 元，并已登记银行存款减少，但持票单位尚未到银行办理转账，银行尚未记账。

编制的银行存款余额调节表如表 5-5 所示。

表 5-5 银行存款余额调节表

单位名称：甲公司 2020 年 06 月 30 日 单位：元

项目	金额	项目	金额
企业银行存款日记账余额	540 000	银行对账单余额	830 000
加：银行已收，企业未收	480 000	加：企业已收，银行未收	600 000
减：银行已付，企业未付	40 000	减：企业已付，银行未付	450 000
调节后的存款余额	980 000	调节后的存款余额	980 000

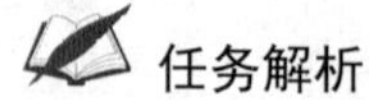

任务解析

李伟认为该笔金额应记录在银行存款日记账中是不正确的，此笔款项属于未达账项，应该编制银行存款余额调节表使企业与银行的记录平衡，待以后获得该业务结算凭证后再行入账。

巩固与训练

一、单选题

1. 未达账项是指企业与银行双方，由于凭证传递和入账时间不一致而发生的（　　）。

A. 一方已入账、另一方未入账的款项　　B. 双方登账出现的款项

C. 一方重复入账的款项　　D. 双方均未入账的款项

2. 经银行存款余额调节表调整后的银行存款余额是（　　）。

A. 企业账上的银行存款额　　B. 银行对账单上的银行存款额

C. 资产负债表中反映的银行存款余额　　D. 银行存款的实有数

3. 在记账无误的情况下，银行对账单与银行存款日记账账面余额不一致的原因是（　　）。

A. 暂收和暂付款　　B. 应收账款　　C. 应付账款　　D. 未达账项

4. 银行存款的清查是将银行存款日记账记录与（　　）核对。

A. 银行存款收款、付款凭证　　B. 总账银行存款科目

C. 银行对账单　　D. 开户银行的会计记录

5. 某公司银行对账单余额为 60 000 元，通过银行存款日记账与银行对账单核对，发现如下未达账项：银行已收、企业未收的款项为 2 000 元，企业已收、银行未收款项为 1 000 元，银行已付、企业未付的款项为 4 000 元。则企业编制的银行存款余额调节表中调整后的余额为（　　）元。

A. 58 000　　B. 61 000　　C. 59 000　　D. 63 000

6. 某公司期末银行存款日记账余额为 80 000 元，银行送来的对账单余额为 82 425 元，经对未达账项调节后的余额为 83 925 元，则该公司在银行的实有存款是（　　）元。

A. 82 425　　B. 80 000　　C. 83 925　　D. 24 250

二、多选题

1. 银行存款日记账余额与对账单余额不一致的原因有（　　）。

A. 银行记账错误　　B. 企业记账错误

C. 双方记账有错误　　D. 存在未达账项

2. 编制银行存款余额调节表时，会导致企业银行存款日记账账面余额小于银行对账单余额的有（　　）。

A. 企业开出支票，银行尚未支付　　B. 企业送存支票，银行尚未入账

C. 银行代收款项，企业尚未接到收款通知　　D. 银行代付款项，企业尚未接到付款通知

3. 银行存款的清查方法一般不采用（　　）。

A. 实地盘点法　　B. 技术推算法　　C. 账目核对法　　D. 抽查盘点法

4．未达账项包括（　　）。

A．企业已收、银行未收的款项　　B．企业已付、银行未付的款项

C．银行已收、企业未收的款项　　D．银行已付、企业未付的款项

5．下列关于银行存款余额调节表的说法，正确的有（　　）。

A．该表能起到对账作用　　B．该表是调整账目的原始凭证

C．该表是银行存款的清查方法　　D．该表是盘存表的表现形式

6．下列关于银行存款余额调节表的说法，正确的有（　　）。

A．该表调节后的余额表示公司可以实际动用的银行存款数额

B．该表是通知银行更正错误的依据

C．该表是更正本单位银行存款日记账记录的依据

D．该表不能作为调整本单位银行存款日记账记录的原始凭证

三、判断题

1．企业的银行存款日记账与银行对账单所记的内容是相同的，都反映企业的银行存款的增减变动情况。（　　）

2．银行存款余额调节表只是为了核对账目，并不能作为调整银行存款账面余额的原始凭证。（　　）

3．银行存款账实不符肯定是因为存在未达账项。（　　）

4．未达账项是企业单位的财会人员不及时登账所造成的。（　　）

5．调整无误的银行存款余额调节表的余额是企业银行存款的真正数。（　　）

6．对于未达账项，应编制银行存款余额调节表，以检查企业与银行双方账面余额是否一致，并据以调整有关账簿的记录。（　　）

四、业务题

1．中远公司2020年4月30日银行存款日记账余额为150 000元，收到的银行对账单的存款余额为339 000元。经核对，公司与银行均无记账错误，但是发现有下列未达账款。

（1）4月28日，中远公司开出一张金额为80 000元的转账支票用以支付供货方货款，但供货方尚未持该支票到银行兑现。

（2）4月29日，中远公司送存银行的某客户转账支票20 000元，因对方存款不足而被退票，而公司未接到通知。

（3）4月30日，中远公司当月的水电费用1 500元银行已代为支付，但公司未接到付款通知而尚未入账。

（4）4月30日，银行计算应付给中远公司的利息500元，银行已入账，而公司尚未收到收款通知。

（5）4月30日，中远公司委托银行代收的款项150 000元，银行已转入公司的存款户，但公司尚未收到通知入账。

（6）4月30日，中远公司收到购货方转账支票一张，金额为20 000元，已经送存银行，但银行尚未入账。

假定中远公司与银行的存款余额调整后核对相符。

要求：请代中远公司完成以下银行存款余额调节表（表 5-6）的编制。

表 5-6 银行存款余额调节表

单位名称：　　　　　　　　　　　　年　月　日　　　　　　　　　　　　单位：元

项目	金额	项目	金额
银行存款日记账余额	(1)（　　）	银行对账单余额	(5)（　　）
加：银行已收，企业未收	(2)（　　）	加：企业已收，银行未收	(6)（　　）
减：银行已付，企业未付	(3)（　　）	减：企业已付，银行未付	(7)（　　）
调节后的存款余额	(4)（　　）	调节后的存款余额	(8)（　　）

2. 丁公司 2020 年 6 月 30 日银行存款日记账的记录与开户银行送来的对账单核对时，双方本月下旬的相关记录如下。

（1）了公司银行存款日记账账面记录如下。

① 6 月 21 日开出转账支票#1246，支付购料款 37 670 元。

② 6 月 23 日开出转账支票#621，提取现金 300 元。

③ 6 月 25 日开出转账支票#1247，支付光明工厂账款 22 786 元。

④ 6 月 26 日收到东方工厂货款 24 600 元。

⑤ 6 月 29 日收到转账支票#74677，存入货款 10 800 元。

⑥ 6 月 30 日开出转账支票#1248，支付材料运费 845 元。

⑦ 6 月 30 日银行存款日记账结存余额 117 830 元。

（2）开户银行对账单记录如下。

① 6 月 22 日代收东方工厂货款 24 600 元。

② 6 月 23 日付现金支票#621，计 300 元。

③ 6 月 23 日付转账支票#1246，购料款 37 670 元。

④ 6 月 25 日代交自来水公司水费 2 085 元。

⑤ 6 月 28 日代收浙江东湖工厂货款 33 600 元。

⑥ 6 月 30 日付转账支票#1247，支付购料款 22 786 元。

⑦ 6 月 30 日银行对账单结存余额 139 390 元。

要求：将丁公司账面记录与银行对账单逐笔核对，查明未达账项，编制银行存款余额调节表（表 5-7）。

表 5-7 银行存款余额调节表

单位名称：　　　　　　　　　　　　年　月　日　　　　　　　　　　　　单位：元

项目	金额	项目	金额
银行存款日记账余额		银行对账单余额	
加：		加：	
减：		减：	
调节后的存款余额		调节后的存款余额	

任务5.3　实物资产的清查

知识目标

1. 正确理解实物资产的清查方法。
2. 熟悉实物资产的清查程序。
3. 掌握存货清查结果的账务处理。
4. 掌握固定资产清查结果的账务处理。

技能目标

1. 能够准确区分和确认实地盘点法和技术推算法。
2. 能够熟练分析存货盘盈、盘亏的账务处理。
3. 能够熟练分析固定资产盘盈、盘亏的账务处理。

任务情境

广州迪奥公司清查小组于2020年3月30日对存货进行盘点，发现2020年3月30日收到一批价值为30 000元的采购材料，并在仓库实物账中进行了数量登记。因尚未收到采购发票及相关单据，故未记入2020年3月30日的原材料明细账及总账中。该公司对该批存货进行清查的处理是否正确？为什么？

知识准备

1．实物资产的清查方法

实物资产主要包括存货、固定资产等财产物资。实物资产的清查就是对实物资产数量和质量进行的清查。通常采用以下两种清查方法。

1）实地盘点法

实地盘点法是指在财产物资存放现场，通过点数、过磅、量尺等方法逐一清点或用计量仪器来确定实物资产的实存数量的一种方法。实地盘点法适用范围较广，在大多数财产物资清查中可以采用。

微课：实物资产的清查

2）技术推算法

技术推算法是对那些大量成堆、难以逐一点清的物品，按照一定的标准或数学方法推算出实物资产实存数量的一种方法。利用一定的技术方法对财产物资的实存数进行推算，故又称估推法。采用这种方法，对于财产物资不是逐一清点计数，而是通过量方、计尺等技术手段推算财产物资的结存数量。技术推算法适用于成堆量大而价值不高，逐一清点工作量和难度都较大的财产物资的清查，如露天或仓库堆放的大批量煤炭、矿石、化肥、饲料、粮食等。

对于实物的质量，应根据不同实物的性质或特征，采用物理或化学方法来检查实物的质量。

2．实物资产清查的程序

由于实物资产，尤其是存货种类繁多、收发频繁，在日常收发过程中可能发生计量错误、计算错误、自然损耗，还可能发生损坏变质等情况，造成账实不符，形成存货的盘盈、盘亏。对于实物资产的盘盈、盘亏情况，应填写盘点报告，及时查明原因，按照规定程序报批处理。

在实物资产清查过程中，实物保管人员和盘点人员必须同时在场。对于盘点结果，应如实登记盘存单，并由盘点人和实物保管人签字或盖章，以明确经济责任。盘存单是记录实物盘点后财产物资实存数，是反映盘点结果的书面证明文件，它不是调整账簿记录的原始凭证。盘存单的一般格式如表 5-8 所示。

表 5-8　盘存单

单位名称：　　盘点时间：　　编号：
财产类别：　　存放地点：　　金额单位：元

序号	名称	规格型号	计量单位	实存数量	单价	金额	备注

盘点人签章：　　保管人员签章：

选择适宜的盘点方法，进行盘点，登记盘存单。为了查明实存数与账存数是否一致，确定盘盈或盘亏情况，应根据盘存单和有关账簿记录，编制实存账存对比表。实存账存对比表是用以调整账簿记录的重要原始凭证，也是分析实物资产产生差异的原因、明确经济责任的依据。实存账存对比表的一般格式如表 5-9 所示。

表 5-9　实存账存对比表

单位名称：　　年　月　日　　金额单位：元

<table>
<tr><th rowspan="3">序号</th><th rowspan="3">名称</th><th rowspan="3">计量单位</th><th rowspan="3">单价</th><th colspan="2">实存</th><th colspan="2">账存</th><th colspan="4">对比结果</th><th rowspan="3">备注</th></tr>
<tr><th rowspan="2">数量</th><th rowspan="2">金额</th><th rowspan="2">数量</th><th rowspan="2">金额</th><th colspan="2">盘盈</th><th colspan="2">盘亏</th></tr>
<tr><th>数量</th><th>金额</th><th>数量</th><th>金额</th></tr>
<tr><td></td><td></td><td></td><td></td><td></td><td></td><td></td><td></td><td></td><td></td><td></td><td></td><td></td></tr>
<tr><td></td><td></td><td></td><td></td><td></td><td></td><td></td><td></td><td></td><td></td><td></td><td></td><td></td></tr>
<tr><td></td><td></td><td></td><td></td><td></td><td></td><td></td><td></td><td></td><td></td><td></td><td></td><td></td></tr>
<tr><td></td><td></td><td></td><td></td><td></td><td></td><td></td><td></td><td></td><td></td><td></td><td></td><td></td></tr>
</table>

主管负责人：　　复核：　　制表：

3．存货清查结果的账务处理

为了反映和监督企业在财产清查中查明的各种存货的盘盈、盘亏和毁损情况，企业应当设置“待处理财产损溢”账户，借方登记存货的盘亏、毁损金额及盘盈的转销金额，贷方登记存货的盘盈金额及盘亏的转销金额。企业清查的各种存货损溢，应在期末结账前处理完毕，期末处理后，“待处理财产损溢”账户应无余额。

1）存货盘盈的账务处理

对于存货资产的盘盈，一般作为当期管理费用的冲减。当企业发生存货盘盈时，按照该资产的重置成本借记“原材料”“周转材料”“库存商品”等存货科目，贷记“待处理财产损溢”科目；按管理权限报经批准后，借记“待处理财产损溢”科目，贷记“管理费用”科目。

【例 5-4】 3 月 31 日，广州迪奥公司在存货清查中盘盈女式手提包 10 个，单位成本 300 元。

借：库存商品——女式手提包 3 000

　　贷：待处理财产损溢——待处理流动资产损溢 3 000

【例 5-5】 经查明，该批女式手提包是收发计量方面的错误造成的。

借：待处理财产损溢——待处理流动资产损溢 3 000

　　贷：管理费用 3 000

2）存货盘亏及毁损的账务处理

对于存货财产物资发生的盘亏、毁损的金额，应根据不同原因进行会计处理。

企业发生存货盘亏及毁损时，借记“待处理财产损溢”科目，贷记“原材料”“库存商品”等科目。按管理权限报经批准后，根据造成亏损的原因作如下账务处理：属于自然损耗产生的定额内合理亏损，记入“管理费用”账户；对于入库的残料价值，记入“原材料”等账户；对于应由保险公司和过失人的赔款，记入“其他应收款”账户；扣除残料价值和应由保险公司、过失人赔款后的净损失，属于一般经营损失的部分，记入“管理费用”账户，属于自然灾害或意外事故造成非常损失的部分，记入“营业外支出”账户。

存货盘盈、盘亏的账务处理分两个步骤，即财产清查结果批准前和批准后，相关账务处理如表 5-10 所示。

表 5-10　存货清查结果账务处理表

项目	批准前	批准后
盘盈	借：原材料 　　周转材料 　　库存商品 　　贷：待处理财产损溢——待处理流动资产损溢	借：待处理财产损溢——待处理流动资产损溢 　　贷：管理费用
盘亏	借：待处理财产损溢——待处理流动资产损溢 　　贷：原材料 　　　　周转材料 　　　　库存商品	借：原材料 　　其他应收款 　　管理费用 　　营业外支出 　　贷：待处理财产损溢——待处理流动资产损溢

此外，如果是购进存货发生的盘亏毁损，在不同原因情况下，其购进时对应的增值税进项税额的账务处理也有所不同。具体账务处理见二维码资源：购进存货盘亏毁损进项税额账务处理。

购进存货盘亏毁损进项税额账务处理

【例 5-6】3 月 31 日，广州迪奥公司在财产清查中发现毁损五金件 20 套，实际单位成本 35 元，相关增值税专用发票上注明的增值税款为 91 元。

借：待处理财产损溢——待处理流动资产损溢　　791
　　贷：原材料——五金件　　700
　　　　应交税费——应交增值税（进项税额转出）　　91

【例 5-7】经查明，该批五金件由仓库保管员的过失造成损坏，按规定由其个人赔偿 500 元。

借：其他应收款　　500
　　管理费用　　291
　　贷：待处理财产损溢——待处理流动资产损溢　　791

4. 固定资产清查结果的账务处理

为保证固定资产核算的真实性，充分挖掘企业现有固定资产的潜力，企业应当定期或者至少于每年年末对固定资产进行清查盘点。在固定资产清查过程中，如果发现盘盈、盘亏的固定资产，应当填制固定资产盘盈盘亏报告表。清查固定资产的损溢，应当及时查明原因，并按照规定程序报批处理。

1）固定资产的盘盈

企业在财产清查中盘盈的固定资产，根据《企业会计准则第 28 号——会计政策、会计估计变更和差错更正》的规定，应当作为重要的前期差错进行会计处理。企业在财产清查中盘盈的固定资产，经查明确属企业所有，按管理权限报经批准处理，应根据盘存凭证填制固定资产交接凭证，经有关人员签字后送交企业会计部门，填写固定资产卡片，并作为前期差错处理，通过以前年度损益调整科目核算。以前年度损益调整科目相关知识见二维码资源：“以前年度损益调整”科目简介。

“以前年度损益调整”科目简介

盘盈的固定资产，应按重置成本确定其入账价值，借记“固定资产”科目，贷记“以前年度损益调整”科目；由于以前年度损益调整而增加的所得税费用，借记“以前年度损益调整”科目，贷记“应交税费——应交所得税”科目；将“以前年度损益调整”科目余额转入留存收益时，借记“以前年度损益调整”科目，贷记“盈余公积”“利润分配——未分配利润”科目。固定资产盘盈具体账务处理见二维码资源：固定资产盘盈的账务处理。

固定资产盘盈的账务处理

2）固定资产的盘亏

企业在财产清查中盘亏的固定资产，按照盘亏固定资产的账面价值，借记“待处理财产损溢”科目；按照已计提的累计折旧，借记“累计折旧”科目；

按照已计提的减值准备，借记“固定资产减值准备”科目；按照固定资产的原价，贷记“固定资产”科目。

企业按照管理权限报经批准后处理时，按照可收回的保险赔偿或过失人赔偿，借记“其他应收款”科目；按照应计入营业外支出的金额，借记“营业外支出——盘亏损失”科目，贷记“待处理财产损溢”科目。

固定资产盘盈、盘亏的账务处理分两个步骤，即财产清查结果批准前和批准后，相关账务处理如表5-11所示。

表5-11 固定资产清查结果账务处理表

项目	批准前	批准后
盘盈	借：固定资产 　贷：以前年度损益调整	借：以前年度损益调整 　贷：应交税费——应交所得税 借：以前年度损益调整 　贷：盈余公积 　　利润分配——未分配利润
盘亏	借：待处理财产损溢——待处理固定资产损溢 　累计折旧 　固定资产减值准备 　贷：固定资产	借：其他应收款 　营业外支出 　贷：待处理财产损溢——待处理固定资产损溢

【例5-8】3月31日，广州迪奥公司进行财产清查时，发现盘亏一台笔记本电脑，原价5 000元，已计提折旧4 000元，无计提减值准备。

借：待处理财产损溢——待处理固定资产损溢　1 000
　累计折旧　4 000
　贷：固定资产　5 000

【例5-9】经查明，该电脑由于工作人员过失造成丢失，按公司规定应赔偿一半损失。

借：营业外支出　500
　其他应收款　500
　贷：待处理财产损溢——待处理固定资产损溢　1 000

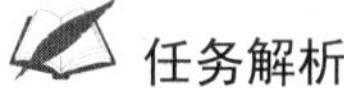

任务解析

广州迪奥公司对该批存货的处理不正确。因为在2020年3月30日月结前，收到存货并纳入当日盘点范围内，应作为本公司的存货进行管理。在2020年3月30日的会计账簿中，应按暂估入账的方法进行原材料记录，做到账实相符，否则，就会出现“实”有“账”无的情况。

巩固与训练

一、单选题

1. 对原材料、库存商品盘点后应该首先编制（　　）。

A．盘存单　　B．实存账存表　　C．余额调节表　　D．对账单

2. 实存账存表是调整账目的（　　）。

A. 原始凭证　　B. 记账凭证　　C. 转账凭证　　D. 累计凭证

3. 非正常损失导致存货的盘亏一般应作为（　　）处理。

A. 营业外支出　　B. 财务费用　　C. 管理费用　　D. 坏账损失

4. 某企业原材料盘亏，现查明原因，属于定额内损耗，按照规定予以转销时，应编制的会计分录是（　　）。

A. 借：待处理财产损溢
　　贷：原材料

B. 借：待处理财产损溢
　　贷：管理费用

C. 借：管理费用
　　贷：待处理财产损溢

D. 借：营业外支出
　　贷：待处理财产损溢

5. 对于盘亏的固定资产，在按照规定程序批准后，应按盘亏固定资产的净值借记（　　）科目。

A. “待处理财产损溢”　　B. “营业外收入”

C. “固定资产清理”　　D. “营业外支出”

6. 对于盘盈的固定资产，应贷记（　　）科目。

A. “管理费用”　　B. “营业外收入”

C. “以前年度损益调整”　　D. “待处理财产损溢”

二、多选题

1. 实物资产的清查内容包括（　　）。

A. 原材料　　B. 包装物　　C. 固定资产　　D. 应收账款

2. 存货盘盈，经批准后不应作为（　　）处理。

A. 营业外收入　　B. 资本公积　　C. 冲减管理费用　　D. 投资收益

3. 对于盘亏的固定资产，经批准后的会计处理，可能涉及的账户有（　　）。

A. “营业外支出”　　B. “管理费用”　　C. “其他应收款”　　D. “待处理财产损溢”

4. 某企业在财产清查中，发现短缺设备一台，账面原值 30 000 元，已计提折旧 10 000 元，在报经批准前企业应作会计分录的借方为（　　）。

A. 待处理财产损溢 30 000 元　　B. 营业外支出 20 000 元

C. 累计折旧 10 000 元　　D. 待处理财产损溢 20 000 元

5. 固定资产清查如为盘盈，在按照规定程序批准后，进行账务处理时贷方可能涉及的账户有（　　）。

A. “待处理财产损溢”　　B. “应交税费”

C. “盈余公积”　　D. “未分配利润”

6. 下列业务中，需要通过“待处理财产损溢”账户核算的有（　　）。

A. 库存现金的盘盈　　B. 存货的盘亏

C. 固定资产的盘盈　　D. 固定资产的盘亏

三、判断题

1. 财产清查时应本着先认定质量，后清查数量、核对有关账簿记录等的原则进行。（　　）

2. 露天或仓库堆放的煤炭、矿石、粮食等财产物资适合用实地盘点法来清查。（　　）

3. 盘存单是记录实物盘点后财产物资实存数，它是调整账簿记录的原始凭证。 （ ）

4. 对于存货资产的盘盈，账务处理时一般计入当期营业外收入。 （ ）

5. 企业在财产清查中盘盈的固定资产，应当作为重要的前期差错进行会计处理。 （ ）

四、业务题

某公司年终进行财产清查，在清查中发现下列事项。

（1）发现账外汽车一辆，估计重置价值为150 000元，六成新。

（2）A材料账面余额为500千克，价值20 000元，盘存实际存量为490千克，经查明，缺少数量为保管人员失职造成，并由其赔偿损失。

（3）B产品账面余额为2 000件，价值40 000元，盘存实际存量为1 997件，经查，短缺数量属于合理定额损耗。

（4）C包装物盘盈5只，单价40元，经查明，属于日常收发计量差错。

（5）盘亏机器设备一台，原价80 000，账面已提折旧48 000元。

要求：根据上述资料编制相关会计分录。

任务5.4 往来款项的清查

知识目标

1. 了解往来款项的清查内容和清查方法。
2. 熟悉往来款项清查的一般程序。
3. 掌握往来款项清查结果的账务处理。

技能目标

1. 能够分析判断往来款项的清查内容和清查方法。
2. 能够准确掌握往来款项清查结果的账务处理。

任务情境

广州迪奥公司清查小组为认真开展对应收账款、应付账款等往来款项的清查清理工作，制订详细的工作实施方案和计划，并制定往来款项清理制度，对账面往来款项进行分析和评价，查明形成原因、挂账时间、风险程度等，加大债权债务的清理回收力度，建立债权债务定期核对制度，确保往来款项核算真实、准确、完整，实现往来款项的闭环管理。那么，广州迪奥公司为什么要对往来款项进行清查清理工作呢？

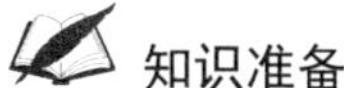

知识准备

1. 往来款项的清查方法

1）往来款项清查的内容

往来款项的清查，是指对企业发生的各种债权、债务等结算业务进行的清查，主要包括应收、应付款项和预收、预付款项等，具体是对应收账款、应付账款、预收账款、预付账款、其他应收款和其他应付款等往来款项的清查。

2）发函询证法

往来款项的清查一般采用发函询证的方法进行核对。例如，采用信函查询、电话查询方式与对方进行账目核对，除往来款项外，委托加工物资、在途物资也采取发函询证的方法。

2．往来款项的清查程序

将本单位的往来款项核对清楚，确认总分类账与明细分类账的余额相等，各明细分类账的余额相符。

清查单位应在各种往来款项记录准确的基础上，按每一个经济往来单位编制往来款项对账单，该对账单一式两联，其中一联送交对方单位核对账目，另一联作为回单联。对方单位经过核对相符后，在回单联上加盖公章退回，表示已核对。如有数字不符，对方单位应在对账单中注明情况退回本单位，本单位进一步查明原因，再行核对。往来函询证的格式如图 5-4 所示。

函证信

____________单位：

本公司与贵单位的业务往来款项有下列各项目，为了核对账目，特函请查证，是否相符，核对后请在回联中注明后盖章寄回。

核查单位：（盖章）

2020 年　月　日

沿此虚线剪开，将以下回单联寄回！

往来款项对账单

单位：	地址：		编号：
会计科目名称	截至日期	摘要	账面余额

你单位寄来的往来款项对账单已经收到，经核对相符无误（或不符，应注明具体内容）。

核查单位：（盖章）

年　月　日

图 5-4　往来函询证的格式

往来款项清查以后，将清查结果编制往来款项清查表，填列各项债权、债务的余额。

对于未达账项、有争议的款项和无法收回的款项等，应在往来款项清查表上详细列明情况，并及时采取措施，避免长期挂账或减少坏账损失。往来款项清查表如表5-12所示。

表5-12 往来款项清查表

单位名称： 年 月 日 金额单位：元

总账户		明细账户		发生日期	对方结存金额	对比结果及差异额	差异			备注
名称	金额	名称	金额				未达账项	有争议账项	其他	

清查人员： 经管人员： 会计人员：

3．往来款项清查结果的账务处理

1）应收款项

在财产清查中，确认已经无法收回的应收款项应在上报有关部门批准后予以核销。企业无法收回或收回的可能性极小的应收款项就是坏账。由于发生坏账而产生的损失，称为坏账损失。企业通常应将符合下列条件之一的应收款项确认为坏账：

（1）债务人死亡，以其遗产清偿后仍然无法收回。

（2）债务人破产，以其破产财产清偿后仍然无法收回。

（3）债务人较长时间内未履行其偿债义务，并有足够的证据表明无法收回或者收回的可能性极小。

对坏账损失的处理有两种方法：一是直接转销法，即确认应收款项无法收回时直接计入资产减值损失；二是备抵法，即平时按一定方法计提坏账准备，计入资产减值损失，待坏账发生时，冲减坏账准备。

2）应付款项

对于经查明确实无法支付的应付款项可按规定程序报经批准后予以转销，转作营业外收入，避免长期挂账。进行账务处理时，借记"应付账款"科目，贷记"营业外收入"科目。

往来款项清查结果的相关账务处理如表5-13。

表5-13 往来款项清查结果的相关账务处理

项目	清查情况	批准后
应收款项	无法收回	借：坏账准备 　　贷：应收账款
应付款项	无法支付	借：应付账款 　　贷：营业外收入

【例5-10】3月31日，广州迪奥公司在财产清查中，查明应付给杨三明的货款1 000元，因其失联很久，确实无法支付，经批准转作营业外收入处理。

借：应付账款——杨三明 1 000

贷：营业外收入　　1 000

任务解析

广州迪奥公司通过对往来款项进行清理工作，进一步加强了公司的资产管理，规范了财务管理制度，提升了财务管理水平，解决了往来款项长期挂账的问题，有力地提高了资金的安全性和使用效率，规避了风险。

巩固与训练

一、单选题

1．下列不属于企业往来款项的是（　　）。

A．应收账款　　B．应付账款　　C．预收账款　　D．短期借款

2．往来款项的清查方法是（　　）。

A．实地盘点法　　B．发函询证法　　C．账目核对法　　D．技术推算法

3．对于确实无法支付的应付款项可按规定程序报经批准后予以转销，转作（　　）。

A．投资收益　　B．其他业务收入　　C．营业外收入　　D．留存收益

4．针对往来款项清查，应将清查结果编制（　　）。

A．往来款项清查表　　B．往来款项对账单

C．余额调节表　　D．实存账存对比表

5．下列项目的清查应采用发函询证法的是（　　）。

A．原材料　　B．预付账款　　C．实收资本　　D．库存现金

二、多选题

1．下列关于财产清查的表述，正确的有（　　）。

A．往来款项清查一般采用发函询证方法

B．库存现金清查采用实地盘点法

C．银行存款清查采用与开户行核对账目的方法

D．实物资产清查可采用实地盘点法

2．（　　）的清查可以采用发函询证法进行核对。

A．往来款项　　B．委托加工物资　　C．存货　　D．在途物资

3．企业通常应将（　　）的应收款项确认为坏账。

A．债务人死亡，以其遗产清偿后仍然无法收回

B．债务人破产，以其破产财产清偿后仍然无法收回

C．债务人超过还款期限仍未偿还

D．债务人较长时间内未履行其偿债义务，并有足够的证据表明无法收回

4．下列关于往来款项清查的描述，错误的是（　　）。

A．会计核算健全的单位可以不用进行往来款项的清查

B．往来款项的清查方法采用实地盘点法

C．无法收回的应收款项经批准可转作营业外支出

D．无法支付的应付款项经批准可转作营业外收入

5．下列关于对库存现金和应收账款进行清查时应采用的方法的表述，正确的是（　　）。

A．对库存现金的清查应采用倒挤法　　B．对库存现金的清查应采用实地盘点法

C．对应收账款的清查应采用发函询证法　　D．对应收账款的清查应采用技术推算法

三、判断题

1．对应付账款应采用发函询证法进行清查。（　　）

2．如果对方单位经过核对相符后，往来款项对账单回单联可以不用寄回。（　　）

3．企业无法收回或收回的可能性极小的应收款项就是坏账。（　　）

4．我国《企业会计准则》规定，一般企业应收款项确认减值损失采用直接转销法。（　　）

5．确实无法支付的应付款项报经批准后予以转销，转作营业外支出，避免长期挂账。（　　）

项目 6

期 末 记 账

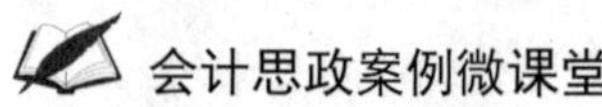

会计思政案例微课堂

海尔“人单合一”模式

海尔集团于 1984 年创立于青岛，用户遍布全球。公开数据显示，2018 年，海尔集团实现全球营业额 2 661 亿元。“互联网+”时代背景下，海尔提出“人单合一”新模式，解决物联网时代非线性的管理问题。海尔通过财务共享中心实现单据的电子化、数据的标准化及流程的集中化，使大量财务人员从核算角色转为财务管控。海尔改变了传统的企业核算体系，通过输出标准的会计报告及结构化数据，实现企业经营核算段和管理节点的数据并联。“人单合一”模式下的“海尔云”极具特色，包括“云抢单”“云单证”“云清算”“云往来”，将税务、资金管理、电子发票、会计电子档案全部纳入“云平台”，自动清算收入费用等。“云抢单”将会计交易处理业务变成一个个在线可抢的订单，每位员工所抢订单直接与绩效考核收入挂钩，有效提升资金结算效率和财务业务的处理效率。

（资料来源：佚名，2019. 海尔 2018 年全球营业额达 2 600 多亿，张瑞敏“人单合一”模式见效[EB/OL].（2019-04-22）[2020-11-27]. https://www.sohu.com/a/309600038_548823，有改动.）

感悟：海尔的“人单合一”模式对财务角色进行重新定位。财务不只是核算，而是服务于决策与战略，帮助海尔财务风险得到最优控制。这必然要求财务人员不断提高核心竞争力，不仅要拥有完善的财务知识体系，也要具备财政、金融、国际贸易、审计等知识，还要有处理业务的创新能力、信息的整理分析能力，成为积极“抢单人”，为企业战略发展提供支持。

任务 6.1　期末记账的认识

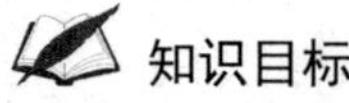

知识目标

1. 认识期末记账的内容。
2. 掌握期末账务结账顺序。

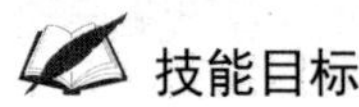

技能目标

能够掌握期末记账应进行的处理及期末账务结账顺序。

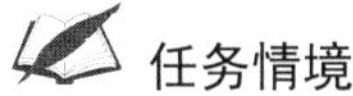

任务情境

李伟看到刘会计记录的账簿中有一些账户余额为零，便问刘会计：“我们有收入，为什么这里反映的收入余额是零呢？”刘会计告诉李伟：“现在是期末，一个会计期间结束时要统计出当期的利润，同时也区分当期和以前各期的经营成果。”那么，期末要做哪些工作呢？

知识准备

期末记账就是在结账之前，按企业财务管理和成本核算的要求，会计人员将本月所发生的日常经济业务全部登记入账后，在每个会计期末都需要完成的一些特定的会计工作，主要期末处理包括期末结转业务和结账。结转业务包括制造费用、产品生产成本的结转、期末调汇及损益结转等工作。若为年底结转，还必须结转本年利润和利润分配明细账账户。除了期末结账，其他业务都不是每期必须做的，而是根据业务的需要进行相关操作。

结转是会计处理的一个重要内容。首先要知道会计中结转的含义。所谓结转，就是要进行会计处理，会计结转通过编制记账凭证、汇总、平行登记总账和明细账等具体的会计业务来完成。期末结转是指期末结账时将某一账户的余额或差额转入另一账户。这里涉及两个账户，前者是转出账户，后者是转入账户，一般而言，结转后，转出账户将没有余额。

期末账务结账顺序如下：结转损益类科目→结转本年利润→（如果是年结且无亏损）计提所得税费用→将所得税费用结转到本年利润→计提盈余公积等→结转利润分配。

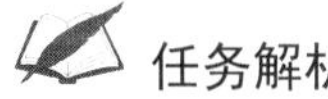

任务解析

期末记账主要通过结转处理结束一个会计周期的会计工作，按一定的顺序结转损益类账户信息，最终实现计算出未分配利润的目的。

巩固与训练

一、单选题

1．期末账务结账的顺序为（　　）。

A．结转损益类科目→结转本年利润→（如果是年结且无亏损）计提所得税费用→将所得税费用结转到本年利润→计提盈余公积等→结转利润分配

B．结转损益类科目→结转本年利润→（如果是年结且无亏损）计提所得税费用→计提盈余公积等→将所得税费用结转到本年利润→结转利润分配

C．结转损益类科目→（如果是年结且无亏损）计提所得税费用→将所得税费用结转到本年利润→结转本年利润→计提盈余公积等→结转利润分配

D．结转损益类科目→结转本年利润→（如果是年结且无亏损）计提所得税费用→将所得税费用结转到本年利润→结转利润分配→计提盈余公积等

2. 结转后，（　　）账户仍可能有余额。

A. “制造费用”　　B. “生产成本”　　C. “本年利润”　　D. “财务费用”

二、多选题

期末结转业务包括（　　）。

A. 制造费用的结转　　B. 产品生产成本的结转

C. 损益结转　　D. 结转“本年利润”和“利润分配”明细账

三、判断题

1. 划线更正法，对于文字错误，可以只划去错误的部分。期末记账就是在结账之前，按企业财务管理和成本核算的要求，会计人员将本月所发生的日常经济业务全部登记入账后，在每个会计期末都需要完成的一些特定的会计工作。（　　）

2. 期末处理中除了期末结账，其他业务都不是每期必须做的，而是根据业务的需要进行相关操作。（　　）

3. 期末结转，是指期末结账时将某一账户的余额或差额转入另一账户。一般而言，结转后，转出账户将没有余额。（　　）

4. 期末结转产品生产成本后生产成本账户余额为零。（　　）

任务 6.2　结转损益及利润分配

任务 6.2.1　利润的计算

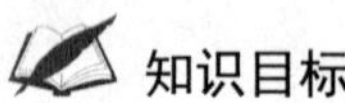

知识目标

1. 了解利润的构成。
2. 掌握利润的计算方法和账务处理。
3. 了解所得税的计算方法及结转的账务处理。

技能目标

1. 熟练计算利润和应交的所得税。
2. 对利润和所得税的相关业务能进行准确的账务处理。

任务情境

又到年终了，李伟想了解今年的利润情况，但他看完所有的凭证也没有看见利润的计算过程，就问刘会计：“会计是怎么计算利润的？我怎么没有看到计算过程？”刘会计告诉他，会计是通过会计分录的处理来实现利润的计算的。那么，到底是怎么做到的呢？

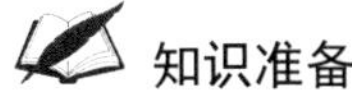

知识准备

1．利润的形成

利润是指企业在一定会计期间的经营成果，包括收入减去费用后的净额、直接计入当期损益的利得和损失等。利润由营业利润、利润总额和净利润3个指标构成。

1）营业利润

营业利润指标能够比较恰当地反映企业管理者的经营业绩，其计算公式为

营业利润=营业收入-营业成本-税金及附加-销售费用
-管理费用-财务费用-研发费用-信用减值损失
-资产减值损失+公允价值变动收益（-公允价值变动损失）
+投资收益（-投资损失）+资产处置损益（-资产处置损益）

其中，

营业收入=主营业务收入+其他业务收入

营业成本=主营业务成本+其他业务成本

2）利润总额

利润总额又称税前利润，是营业利润加上营业外收入减去营业外支出后的金额，其计算公式为

利润总额＝营业利润＋营业外收入－营业外支出

3）净利润

净利润又称税后利润，是利润总额扣除所得税费用后的净额，其计算公式为

净利润＝利润总额－所得税费用

2．账务处理

动画：利润的计算及分配

1）计算当期利润

期末应将损益类账户结转“本年利润”账户，用来核算企业当期实现的净利润（或发生的净亏损）。

（1）结转收入、利得类账户：将全部收入、利得类账户结束后，转入“本年利润”账户。结转后，转出的收入、利得类账户金额减少，没有余额，“本年利润”账户利润金额增加。

借：主营业务收入
　　其他业务收入
　　营业外收入
　　投资收益
　　贷：本年利润

【例 6-1】 3月31日，广州迪奥公司结转损益类账户，所有损益类账户本期发生额如表6-1所示。

表 6-1 损益类账户本期发生额

单位：元

会计账户	借方发生额	贷方发生额
主营业务收入	0	488 000
其他业务收入	0	12 000
主营业务成本	320 000	0
其他业务成本	10 000	0
税金及附加	4 889.5	0
销售费用	13 000	0
管理费用	29 310	3 000
财务费用	750	0
营业外收入	0	1 000
营业外支出	791	0

结转收入类账户：

（记 46）借：主营业务收入　　488 000
　　其他业务收入　　12 000
　　营业外收入　　1 000
　　贷：本年利润　　501 000

（2）结转各项费用、损失类账户：将全部费用、损失类账户结束后，转入“本年利润”账户。结转后，转出的费用、损失类账户金额减少，没有余额，“本年利润”账户利润金额减少。

借：本年利润
　贷：主营业务成本
　　其他业务成本
　　税金及附加
　　销售费用
　　管理费用
　　财务费用
　　营业外支出
　　信用减值损失
　　资产减值损失
　　资产处置损益

仍以例 6-1 为例，结转费用类账户：

（记 47）借：本年利润　　375 740.5
　贷：主营业务成本　　320 000
　　其他业务成本　　10 000
　　税金及附加　　4 889.5
　　管理费用　　26 310
　　销售费用　　13 000

财务费用 750

营业外支出 791

当期利润=本年利润贷方-本年利润借方

=501 000-375 740.5

=125 259.50（元）

2）所得税的账务处理

（1）应交所得税的计算。

应纳税所得额是在企业税前会计利润（利润总额）的基础上调整确定的，企业当期应交所得税的计算公式为

应交所得税=应纳税所得额×所得税税率

应纳税所得额=税前会计利润（利润总额）+纳税调整增加额-纳税调整减少额

在不存在纳税调整事项的情况下，应纳税所得额等于税前会计利润。此时

应交所得税=应纳税所得额×适用税率（一般为25%）

（2）所得税的账务处理。

① 计算所得税。当应纳税所得额大于零时，表示企业获有利润，应缴纳企业所得税。

借：所得税费用

　　贷：应交税费——应交所得税

【例6-2】 3月31日，计算广州迪奥公司本月应交所得税（假设本月企业不存在纳税调整项目，所得税税率为25%）。

应交所得税=利润总额×所得税税率=125 259.50×25%≈31 314.88（元）

（记48）借：所得税费用 31 314.88

　　贷：应交税费——应交所得税 31 314.88

② 结转"所得税费用"账户。将"所得税费用"账户结束后，转入"本年利润"账户。结转后，转出的"所得税费用"账户金额减少，没有余额，"本年利润"账户利润金额也减少，此时"本年利润"账户的余额为净利润。

借：本年利润

　　贷：所得税费用

【例6-3】 3月31日，结转所得税费用账户（计算广州迪奥公司本月净利润）。

（记49）借：本年利润 31 314.88

　　贷：所得税费用 31 314.88

本月净利润=利润总额-所得税费用

=125 259.50-31 314.88

=93 944.62（元）

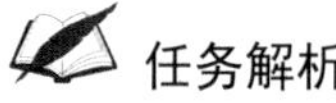

任务解析

会计通过会计业务处理来实现利润的计算目的，主要包括：结转所有损益类账户，

计算出利润总额。当应纳税所得额大于零时，表示企业获有利润，应计算缴纳企业所得税。当应税所得额大于零时，表示企业获有利润，应计算缴纳企业所得税。结转“所得税费用”账户，计算出净利润。

巩固与训练

一、单选题

1．借记“利润分配——未分配利润”账户，贷记“本年利润”账户，表示（　　）。

A．将本年净利润转入未分配利润　　B．将本年利润总额转入未分配利润

C．将本年净亏损转入未分配利润　　D．将未分配利润转入本年利润

2．2019 年 10 月，甲公司损益类账户结账前的余额如下：营业收入为 50 000 元，营业外收入为 5 000 元，营业外支出为 1 000 元，投资收益为 10 000 元，管理费用为 2 000 元，营业成本为 8 000 元，则该公司 10 月的营业利润为（　　）元。

A．55 000　　B．54 000　　C．50 000　　D．49 000

3．下列各项中，影响企业当期营业利润的是（　　）。

A．经营出租设备的折旧费　　B．向灾区捐赠支出

C．火灾导致原材料盘亏的净损失　　D．报废房屋的净损失

4．期末结转支出时，登记在贷方的是（　　）。

A．营业外收入　　B．本年利润　　C．短期借款　　D．营业外支出

5．企业期末结转利润时，应将各损益类账户的金额转入（　　）账户，结平各损益类账户。

A．“利润分配”　　B．“未分配利润”　　C．“投资收益”　　D．“本年利润”

二、多选题

1．下列各项中，应计入营业收入的有（　　）。

A．商品销售收入　　B．原材料销售收入

C．固定资产租金收入　　D．无形资产使用费收入

2．以下关于营业成本的表述，错误的有（　　）。

A．营业成本是非日常活动形成的

B．营业成本是由主营业务成本和其他业务成本组成的

C．营业成本会导致利润总额减少

D．企业在确认销售商品收入时，应将已销售的商品的成本计入营业外支出

3．下列表述或公式正确的有（　　）。

A．营业收入包括主营业务收入和其他业务收入，营业成本包括主营业务成本和其他业务成本

B．营业利润=营业收入-营业成本-税金及附加-销售费用-管理费用-财务费用-资产减值损失+公允价值变动收益（减损失）+投资收益（减损失）

C．利润总额=营业利润+营业外收入-营业外支出

D．净利润=利润总额-所得税费用

4．以下对“本年利润”账户的描述，正确的有（ ）。

A．年终，将“本年利润”账户余额转入“利润分配”账户

B．企业当期实现的净利润应通过“本年利润”账户核算

C．“本年利润”账户的贷方余额为当期实现的净利润

D．“本年利润”账户的借方余额为当期发生的净亏损

5．下列关于“所得税费用”账户的表述，正确的有（ ）。

A．该账户属于损益类账户

B．该账户期末结账时应转入“本年利润”账户

C．该账户属于负债类账户

D．该账户的余额一般在贷方

三、判断题

1．营业利润按照构成，可分为主营业务利润、其他业务利润和营业外收支净额。（ ）

2．利润总额指标能够比较恰当地反映企业管理者的经营业绩。（ ）

3．无论是以税前利润还是以税后利润弥补亏损，在会计上都无须作专门的会计分录，所不同的只是两者计算交纳所得税时的处理不同而已。（ ）

4．月末结转利润后，“本年利润”账户如为借方余额，表示自年初至本月末累计发生的亏损。（ ）

5．企业当期实现的净利润通过“本年利润”科目核算，当期发生的净亏损不通过“本年利润”科目核算。（ ）

四、业务题

1．20×1 年 12 月 31 日，假定 ABC 公司 12 月各收入、利得类账户结转前账户余额如表 6-2 所示。

表 6-2 ABC 公司 12 月各收入、利得类账户结转前账户余额

账户名称	贷方余额/元
主营业务收入	2 000 000
其他业务收入	75 000
投资收益	30 000
营业外收入	250 000
合计	2 355 000

根据以上资料编制会计分录。

2．20×1 年 12 月 31 日，假定红星公司 12 月除“所得税费用”账户外各费用、损失类账户结转前账户如表 6-3 所示。

表 6-3 红星公司 12 月账户余额

账户名称	借方余额/元
主营业务成本	1 100 000
税金及附加	275 000
其他业务成本	40 000
销售费用	100 000

续表

账户名称	借方余额/元
管理费用	150 000
财务费用	25 000
营业外支出	75 000
合计	1 765 000

根据以上资料编制费用类账户期末结转分录。

3．20×1 年 12 月 31 日，根据第 1 题的资料，计算 ABC 公司 12 月的营业利润和利润总额、净利润；假定利润总额与应纳税所得额一致，请计算和结转本月的所得税费用，并进行相关会计处理（ABC 公司适用的企业所得税税率为 25%）。

任务 6.2.2　利润的分配

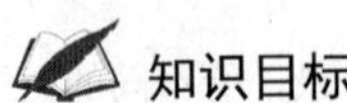

知识目标

1．了解利润的分配。
2．熟悉利润分配的顺序。
3．掌握利润分配业务的账务处理。

技能目标

了解利润分配顺序，并能熟练对利润分配业务进行账务处理。

任务情境

李伟了解了利润的计算方法后，也估算了一下，发现利润不错，看来今年的分红也不错。李伟开心地对会计主管说："今年赚了不少利润，都会拿出来分配给股东，对吧？"王主管笑着说："不是的，我们需要先交税，交完税还要留一部分在公司，剩下的也只拿一部分出来分配。"李伟有些懵了，这到底是怎么回事呢？

知识准备

利润分配是指企业根据国家有关规定和企业章程、投资者协议等，对企业当年可供分配利润指定其特定用途和分配给投资者的行为。利润分配的过程和结果不仅关系到每个股东的合法权益是否得到保障，还关系到企业的未来发展。

1．利润分配的顺序

企业向投资者分配利润，应按一定的顺序进行。按照《公司法》的有关规定，利润分配应按下列顺序进行。

1）计算可供分配的利润

对于未弥补亏损，可以用以后年度实现的税前利润进行弥补，但弥补期限不得超过 5 年，超过 5 年以后可以用税后利润弥补，也可以用盈余公积补亏。

盈余公积是指企业从净利润中提取的有指定用途的留存收益。具体用途包括：①弥补亏损。企业发生亏损时，应由企业自行弥补。②转增资本或股本。当企业提取的盈余公积累计较多时，可以将盈余公积转增资本或股本，但是必须经过股东大会或类似机构的批准。在实际将盈余公积转增资本时，要按股东原有持股比例结转。盈余公积转增资本时，转增后留存的盈余公积的数额不得少于企业注册资本的25%。法定公积金转为资本时，所留存的该项公积金不得少于转增前企业注册资本的25%。③发放现金股利或利润。

企业在利润分配前，应根据本年净利润（或亏损）与年初未分配利润（或亏损）、其他转入的金额（如盈余公积弥补的亏损）等项目，计算可供分配的利润公式为

可供分配的利润=净利润（或亏损）+年初未分配利润-弥补以前年度的亏损
+其他转入的金额

如果可供分配的利润为负数（累计亏损），则不能进行后续分配；如果可供分配利润为正数（累计盈利），则可进行后续分配。

2）提取法定盈余公积

按照《公司法》的有关规定，企业应当按照当年净利润（抵减年初累计亏损后）的10%提取法定盈余公积，提取的法定盈余公积累计额超过注册资本50%以上的，可以不再提取。

3）提取任意盈余公积

企业提取法定盈余公积后，经股东会或者股东大会决议，还可以从净利润中提取任意盈余公积。

4）向投资者分配利润

企业可供分配的利润（或股利）扣除提取的盈余公积后，形成可供投资者分配的利润，即

可供投资者分配的利润＝可供分配的利润－提取的盈余公积

企业可采用现金股利、股票股利和财产股利等形式向投资者分配利润（或股利）。

2．利润分配的账务处理

1）净利润转入利润分配（结转本年利润）

会计期末，企业应将当年实现的净利润转入“利润分配——未分配利润”账户，即借记“本年利润”账户，贷记“利润分配——未分配利润”账户，如为净亏损，则作相反会计分录。

结转前，如果“利润分配——未分配利润”明细账户的余额在借方，上述结转当年所实现净利润的分录同时反映了当年实现的净利润自动弥补以前年度亏损的情况。因此，在用当年实现的净利润弥补以前年度亏损时，不需另行编制会计分录。

（1）结转净利润：将当期实现有净利润转入“利润分配”账户，使可供分配利润金额增加。

借：本年利润

　　贷：利润分配——未分配利润

【例6-4】3月31日，结转广州迪奥公司本期净利润。

（记 50）借：本年利润 93 944.62

贷：利润分配——未分配利润 93 944.62

（2）结转亏损即将当期出现的亏损转入“利润分配”账户，使可供分配利润金额减少，反映了当年出现的亏损用以前各项留存的利润进行自动补亏的情况。

借：利润分配——未分配利润

贷：本年利润

2）提取盈余公积

企业提取的法定盈余公积（税后利润的 10%）和任意盈余公积（根据公司章程规定的比例计算）。

借：利润分配——提取法定盈余公积

利润分配——提取任意盈余公积

贷：盈余公积——法定盈余公积

盈余公积——任意盈余公积

如有优先股，应在“任意盈余公积”账户核算前分配股利。

【例 6-5】 3 月 31 日，按规定从税后利润提取盈余公积金，其中按净利润的 10%提取法定盈余公积金，按净利润的 5%提取任意盈余公积金。

法定盈余公积金=93 944.62×10%≈9 394.46（元）

任意盈余公积金=93 944.62×5%≈4 697.23（元）

（记 51）借：利润分配——提取法定盈余公积 9 394.46

利润分配——提取任意盈余公积 4 697.23

贷：盈余公积——法定盈余公积 9 394.46

盈余公积——任意盈余公积 4 697.23

3）向投资者分配利润或股利

企业根据股东大会或类似机构审议批准的利润分配方案，按应支付的现金股利或利润进行分配，使“利润分配”账户金额减少。

借：利润分配——应付现金股利

贷：应付股利

【例 6-6】 3 月 31 日，从经股东大会决议利润分配方案为向投资者分配现金股利 20 000 元。

（记 52）借：利润分配——应付股利 20 000

贷：应付股利 20 000

董事会或类似机构决议的利润分配方案中，拟分配的现金股利或利润，不作账务处理，但应在附注中披露。

4）盈余公积补亏

企业发生的亏损，除用当年实现的净利润弥补外，还可使用累积的盈余公积弥补。以盈余公积弥补亏损时，将盈余公积转入“利润分配”账户。

借：盈余公积

贷：利润分配——盈余公积转入

5）企业未分配利润的形成

年度终了，企业应将“利润分配”账户所属其他明细账户的余额转入该账户“未分配利润”明细账户。

借：利润分配——未分配利润
　　利润分配——盈余公积转入
　　贷：利润分配——提取法定盈余公积
　　　　利润分配——提取任意盈余公积
　　　　利润分配——应付现金股利

【例6-7】 3月31日，结转“利润分配”明细账。

		借方	贷方
（记53）借：利润分配——未分配利润		34 091.69	
	贷：利润分配——提取法定盈余公积金		9 394.46
	利润分配——提取任意盈余公积金		4 697.23
	利润分配——应付现金股利		20 000

结转后，“利润分配”账户中除“未分配利润”明细账户外，所属其他明细账户无余额。“未分配利润”明细账户的贷方余额表示累积未分配的利润，如果该账户出现借方余额，则表示累积未弥补的亏损（未分配利润的贷方余额就是资产负债表上的“未分配利润”）。

以上就是结转本年利润及未分配利润的流程。若年末缴税，再作下一笔分录。

6）年末，缴纳所得税费用时

借：应交税费——应交所得税
　　贷：银行存款

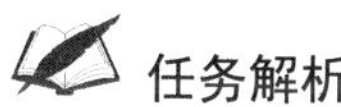

任务解析

利润分配是对企业当年可供分配利润指定其特定用途和分配给投资者的行为，必须按一定的规则与顺序通过“利润分配”账户进行核算。

（1）计算可供分配的利润。

（2）提取法定盈余公积。

（3）提取任意盈余公积。

（4）向投资者分配利润。

分配完毕后，“利润分配”账户的贷方余额表示累积未分配的利润，该账户如果出现借方余额，则表示累积未弥补的亏损。

巩固与训练

一、单选题

1．“利润分配”账户的年末贷方余额表示（　　）。

A．本期发生的净亏损　　B．累计尚未分配的利润

C．本期实现的净利润　　D．累计尚未弥补的亏损

2. 利润分配结束后，利润分配总账所属的明细账中只有（　　）账户可能存在余额。

A. “提取盈余公积”　　B. “其他转入”

C. “未分配利润”　　D. “应付利润”

3. 企业提取的法定盈余公积不得用于（　　）。

A. 弥补亏损　　B. 发放现金股利或利润

C. 转增资本　　D. 职工集体福利设施

4. “利润分配”账户的对应账户可能是（　　）。

A. “实收资本”　B. “资本公积”　C. “应付股利”　D. “投资利润”

5. 会计期末，企业将净亏损额转入“利润分配”账户时，应借记的科目是（　　）。

A. “所得税费用”　B. “利润分配”　C. “本年利润”　D. “营业外支出”

二、多选题

1. 为了核算企业利润分配的过程、去向和结果，企业应设置的账户有（　　）。

A. “利润分配”　B. “管理费用”　C. “盈余公积”　D. “应付股利”

2. 下列关于利润分配相关内容的表述，正确的有（　　）。

A. 企业应设置“利润分配”账户，其贷方登记企业已分配的利润数额

B. 应设置“盈余公积”账户，其贷方登记提取的盈余公积数额

C. “应付股利”账户用以核算企业分配的现金股利或利润，期末余额一般在贷方

D. 企业在向投资者分配利润后，剩余部分可以按规定提取盈余公积

3. 下列关于未分配利润的相关表述，正确的有（　　）。

A. 未分配利润是企业历年实现的净利润经过弥补亏损、提取盈余公积和向投资者分配利润后留存在企业的利润

B. 历年结存的未分配利润是指定用途的利润

C. “利润分配——未分配利润”账户如为贷方余额，表示累积未分配的利润数额；如为借方余额，则表示累积未弥补的亏损数额

D. 企业对于未分配利润的使用不会受指定用途的限制

4. 下列科目中，（　　）与“利润分配”科目借方发生对应关系。

A. “本年利润”　B. “应付利润”　C. “盈余公积”　D. “所得税费用”

5. 下列各项中，不会引起留存收益变动的有（　　）。

A. 盈余公积补亏　　B. 计提法定盈余公积

C. 盈余公积转增资本　　D. 计提任意盈余公积

三、判断题

1. “未分配利润”明细账户的借方余额为历年累积的未分配利润（即可供以后年度分配的利润），贷方余额为历年累积的未弥补亏损（即留待以后年度弥补的亏损）。（　　）

2. 未分配利润有两层含义：一是留待以后年度分配的利润；二是未指定用途的利润。（　　）

3. 企业用当年实现的利润弥补亏损时，应单独作出相应的会计处理。（　　）

4. 利润分配的顺序是计算可供分配的利润、提取法定盈余公积、提取任意盈余公积、向投资者分配利润。（　　）

5．“盈余公积”账户属于所有者权益类账户，该账户借方登记提取的盈余公积，贷方登记实际使用的盈余公积，期末借方余额反映结余的盈余公积。（　　）

四、业务题

某企业2019年年初未分配利润余额为0，2019年实现净利润600 000元，以净利润的10%提取法定盈余公积，以8%提取任意盈余公积，向投资者宣告分配现金股利300 000元，编制相关会计分录并计算2019年年末“利润分配”的余额。

任务6.3　结　　账

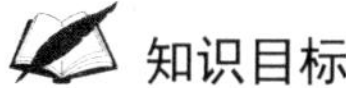

知识目标

1. 了解结账的内容。
2. 掌握结账的程序和方法。

技能目标

1. 正确理解结账的概念，进而了解结账的内容，以更好地掌握结账的程序。
2. 熟练对各种账簿进行结账，为编制会计报表提供数据。

任务情境

有一天，李伟经过财务部，看到刘会计在账簿中用红笔划来划去，“你在干什么呢？写错了？”刘会计告诉他是在结账。“什么是结账？为什么要结账？怎么结账呢？”李伟很想了解这些。

知识准备

结账是一项将账簿记录定期结算清楚的账务工作。在一定时期结束时（如月末、季末或年末），为了编制财务报表，需要进行结账，具体包括月结、季结和年结。

结账工作是以会计分期为前提的，为了了解某一会计期间（月份、季度、年度）的经济活动情况，考核经营成果，在每一会计期间终了时必须进行结账。它是一项对账簿记录定期结算、了结账务的工作。同时，结账工作也是编制会计报表的先决条件。

1．结账的内容与程序

结账的内容通常包括两个方面：一是结清各种损益类账户，并据以计算确定本期利润；二是结出各资产、负债和所有者权益类账户的本期发生额合计和余额。

结账的程序如下。

（1）结账前，将本期发生的经济业务事项全部登记入账，并保证其完整与准确。对于发现的错误，应采用适当的方法进行更正。

（2）在本期经济业务全面入账的基础上，根据权责发生制要求，调整有关账项，合理确定应计入本期应计的收入和应计的费用。必须正确划分会计期间，不得为赶编会计报表而提前结账，不得将本期发生的经济业务延至下期登账，也不得先编会计报表后结账。

例如，月末计息时，当期利息费用应按规定标准预先提取，记入本期“财务费用”账户。属于本期的各种应付费用支出应确认记入“本期费用支出”账户等；属于本期的应收收益应确认记入“本期收入”账户等。

（3）将损益类账户转入“本年利润”账户，结平所有损益类账户。在本期全部业务登记入账的基础上，结清各项收入和费用账户。通过本期的各项收入和各项费用相比较，计算确定经营成果，将各项收入和各项费用账户分别转入“本年利润”账户。

（4）结出资产、负债和所有者权益类账户的本期发生额和余额，分别进行试算平衡，以保证账簿的正确性。在账簿记录真实、准确的前提下，才可进行结账，并将账簿信息结转下期。

2．结账的方法

根据结账时间不同，结账具体包括月结、季结和年结。

1）月结

微课：结账

月结的方法有以下几种方法。

（1）对不需要按月结计发生额的账户（如各项应收、应付款明细账和财产物资明细账等），在每次记账后都要随时结出余额，每月最后一笔余额是月末余额，即月末余额就是本月最后一笔经济业务记录的同一行内余额。月末结账时，只需要在最后一笔经济业务记录之下通栏划单红线，不需要再次结计余额。具体操作见二维码资源：实际工作中的“应收账款”明细账月结操作。

（2）库存现金、银行存款日记账和需要按月结计发生额的收入、费用等明细账，每月结账时，在本月最后一笔经济业务记录下通栏划单红线，在下一行的“摘要”栏内注明“本月合计”字样，同时结出本月发生额及余额，并在下面通栏划单红线。具体操作见二维码资源：实际工作中的“库存现金”日记账月结操作。

（3）对于需要结计本年累计发生额的某些明细账户，每月结账时，应在“本月合计”行下结出自年初起至本月末止的累计发生额，登记在月份发生额下面，在“摘要”栏内注明“本年累计”字样，并在下面通栏划单红线。具体操作见二维码资源：实际工作中的“管理费用”明细账月结操作。

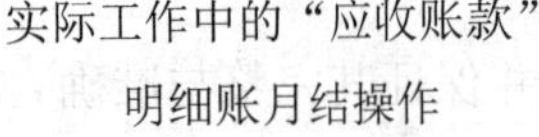

实际工作中的“应收账款”明细账月结操作

实际工作中的“库存现金”日记账月结操作

实际工作中的“管理费用”明细账月结操作

（4）总账账户平时只需结出月末余额。为了便于年终结账计算本年合计，每月结账时，在本月最后一笔经济业务记录下通栏划单红线，在下一行的“摘要”栏内注明“本月合计”字样，同时结出本月发生额及余额，并在下面通栏划单红线。具体操作与库存现金日记账的月结操作是一样的。

2）季结

季结和月结的结账方法一样，根据反映的会计信息不同，《会计基础工作规范》对其进行结账的方法规定也不同。

（1）库存现金、银行存款日记账和需要按月结计发生额的收入、费用等明细账，每季结账时，在“摘要”栏内注明“本季合计”字样，同时结出本季发生额及余额，并在下面通栏划单红线。

（2）对于需要结计本年累计发生额的某些明细账户，每季结账时，在“摘要”栏内注明“本季合计”字样，同时结出本季发生额及余额，并在下面通栏划单红线。还应在“本季合计”下一行的“摘要”栏内注明“本年累计”字样，结出自年初起至本月末止的累计发生额，并在下面通栏划单红线。

3）年结

年结时，则要注意两类账的结账方法。

（1）对于需要结计本年累计发生额的某些明细账户，结账是发生在 12 月末，则此时的“本年累计”就是全年累计发生额，全年累计发生额下通栏划双红线。具体操作见二维码资源：实际工作中的“管理费用”明细账年结操作。

（2）总账账户年终结账时，将所有总账账户结出全年发生额和年末余额，在“摘要”栏内注明“本年合计”字样，并在合计数下通栏划双红线。具体操作见二维码资源：实际工作中的“库存现金”总账年结操作。

实际工作中的“管理费用”明细账年结操作

实际工作中的“库存现金”总账年结操作

任务解析

为保证结账工作的顺利进行，同时保证向报表传递的会计信息完整、准确，对各类账户进行最后的处理，计算出发生额合计和余额，且在结账前要完成 4 项程序：①保证本期发生的经济业务事项完整与准确登记入账；②合理确定应记入本期应计的收入和应计的费用；③结平所有损益类账户；④结出资产、负债和所有者权益类账户的本期发生额和余额，并结转下期。

根据结账时间不同，结账具体包括月结、季结和年结。一般月结、季结的结账方法是一样的。在“摘要”栏内注明“本月（季）合计”字样，同时结出本月（季）发生额及余额，并在下面通栏划单红线；年结时，总账账户 12 月末在“摘要”栏内注明“本年合计”字样，同时结出本年发生额及余额，并在下面通栏划双红线；对于需要结计本年累计发生额的某些明细账户，12 月末在“摘要”栏内注明“本年累计”字样，同时结出本年累计发生额及余额，并在下面通栏划双红线。

巩固与训练

一、单选题

1．（　　）就是在会计期末（月末、季末、年末）将本期内所有发生的经济业务全部登记入账以后，计算出本期发生额和期末余额。

A．对账　　B．结账　　C．错账更正　　D．试算平衡

2．企业结账的时间应为（　　）。

A．每项交易或事项办理完毕时　　B．每一个工作日终了时

C．一定时期终了时　　D．会计报表编制完成时

3．下列结账方法中，不正确的是（　　）。

A．对于不需要按月结计发生额的账户，每月最后一笔余额即为月末余额。月末结账时，只需要在最后一笔经济业务记录之下通栏划单红线

B．结账时，在“全年累计”发生额下通栏划双红线

C．总账账户在年终结账时，在“本年合计”栏下通栏划双红线

D．现金、银行存款日记账，每月结账时，在“摘要”栏注明“本月合计”字样，并在下面通栏划双红线

4．下列关于年终结账的表述，正确的是（　　）。

A．不需要编制记账凭证，但应将上年账户的余额反向结平才能结转下年

B．应编制记账凭证，并将上年账户的余额反向结平

C．不需要编制记账凭证，也不需要将上年账户的余额结平，直接注明“结转下年”即可

D．应编制记账凭证予以结转，但不需要将上年账户的余额反向结平

5．以下明细账中，不需要按月结计本期发生额的是（　　）。

A．“应收账款”明细账　　B．“主营业务收入”明细账

C．“主营业务成本”明细账　　D．“销售费用”明细账

二、多选题

1．结账是一项将账簿记录定期结算清楚的账务工作。在一定时期结束，为了编制财务报表，需要进行结账，具体包括（　　）。

A．月结　　B．季结　　C．年结　　D．半月结

2．结账的内容通常包括（　　）。

A．在会计期末将本期所有发生的经济业务事项全部登记入账

B．结清各种损益类账户，并据以计算确定本期利润

C．结清各资产、负债和所有者权益账户，分别结出本期发生额合计和余额

D．期末有余额的账户，要将其余额结转下一期间

3. 结账的程序包括（　　）。

A. 将本期内发生的经济业务全部计入有关账簿

B. 根据权责发生制的要求，调整有关账项，合理确定本期应计的收入和应计的费用

C. 将各损益类账户余额全部转入“本年利润”账户，结平所有损益类账户

D. 结算出日记账、总账、明细账的本期发生额和期末余额

4. 下列结账方法中，正确的有（　　）。

A. 现金、银行存款日记账，每月要结出本月发生额和余额，在“摘要”栏内注明“本月合计”字样，并在下面通栏划单红线

B. 需要结计本年累计发生额的明细账，每月结账时，应在“本月合计”行下结出自年初起至本月末的累计发生额

C. 总账账户平时只需结出月末余额。年终结账时，将所有总账账户结出全年发生额和年末余额，在“摘要”栏内注明“本年合计”字样，并在合计数下通栏划双红线

D. 年度终了时，对有余额的账户，要将其余额结转下年，并在“摘要”栏注明“结转下年”字样

5. 以下说法正确的有（　　）。

A. 总账账户平时只需结出月末余额

B. 年度终了结账时，有余额的账户，要将其余额结转下年

C. 对不需按月结计本期发生额的账户，每月最后一笔余额为月末余额

D. 库存现金日记账需要按月结计发生额

三、判断题

1. 实际工作中，为使财务报表及时报送，企业可以提前结账。（　　）

2. 结账是一项将账簿记录定期结算清楚的账务工作。（　　）

3. 结账时，对于没有余额的账户，应当在“借或贷”栏内用“θ”表示。（　　）

4. 库存现金和银行存款日记账月末结账时一般只需在最后一笔业务下通栏划单红线即可。（　　）

5. 总账账户平时只需结出月末余额。（　　）

任务6.4　账簿的更换与保管

知识目标

1. 了解账簿的更换要求，掌握更换账簿的具体操作。
2. 了解账簿的保管期限，掌握账簿的保管规则。

技能目标

账簿是重要的会计档案之一，在实际工作中要及时更换和妥善保管会计账簿，通过学习了解并掌握更换与保管的有关规定。

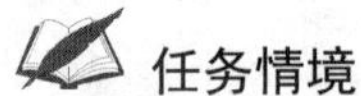 任务情境

李伟想起前一段时间会计主管让刘会计去买会计账簿的事，就问王主管：“是不是全部账在年终结账后都要换新账簿？”王主管回答道：“不是，虽然大多数账簿要换，但还是有些账簿是不用更换的。”为什么有些账簿需要更换，而有些不用换？账簿的更换有什么规定呢？李伟又有了新的疑问。

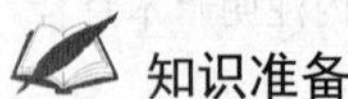 知识准备

1．账簿的更换

会计账簿的更换通常在新会计年度建账时进行。一般来说，总账、日记账和多数明细账应每年更换一次。

年度终了，有余额的账户无须填制记账凭证或科目结转表，可在年结双红线下一行“摘要”栏内注明“结转下年”字样（金额不再抄写），以下空格从右上角至左下角划斜线注销。如果次年度会计科目名称有变化，还应在“摘要”栏内注明“结转下年×××新账户”。

结转新账时，直接将上年结转的余额转到下一会计年度新建有关会计账户的第一行“余额”栏内，日期填写 1 月 1 日，同时在“摘要”栏内注明“上年结转”字样，使年末有余额账户的余额如实地在新账账户中加以反映，以免混淆有余额的账户和无余额的账户。

凡涉及债权债务及待处理事项的账户，填写“上年结转”时，还应在“摘要”栏内填写组成余额的发生日期及主要经济业务内容，一行写不完的，可以在次行继续填写。在最后一行的“余额”栏内填写上年度余额。

相关内容如表 6-4 所示。

表 6-4　总分类账

账户名称：应收账款　　　　第×页

2020 年		凭证号	摘要	借方金额/元	贷方金额/元	借或贷	余额/元
月	日						
1	1		上年结转			借	170 000
12	31		本年合计	960 000	700 000	借	260 000
			结转下年				

但有些财产物资明细账和债权、债务明细账，由于材料品种、规格和往来单位较多，更换新账页，重抄一次工作量大，可以不必每年更换一次，可以跨年度继续使用。对于部分变动较少的明细账，可以连续使用，不必每年更换，如固定资产明细账等。各种备查账簿也可以跨年度连续使用。

2．账簿的保管

年度终了，各种账户在结转下年、建立新账后，一般要把旧账送交总账会计集中统一管理，被更换下来的旧会计账簿是会计档案的主要组成部分，其保管应遵守《会计档案管理办法》相关规定。

1）账簿的日常保管

账簿的日常保管应由各自分管的记账人员专门保管。例如，库存现金、银行存款日记账由出纳人员保管，总账由总账会计人员保管，明细账由各明细账会计人员保管。

除非出于特殊需要（如与外单位核对账目或司法介入），一律不允许携带会计账簿外出。需要携带外出时，必须经单位负责人和会计机构负责人（会计主管人员）批准，并指定专人负责，不准交给其他人员管理，以保证账簿的安全，防止任意涂改账簿等现象的发生。

2）账簿的归档保管

会计账簿应当按年度分类归档，编造目录，按照国家统一规定的保管期限妥善保管。既保证在需要时迅速查阅，又保证各种账簿的安全和完整，不得在保管期限未满时销毁账簿。各种账簿根据其特点保管。除了固定资产卡片账在固定资产报废清理后要求保管5年，总账、日记账、明细账和辅助账簿的保管期限均要求保管30年。

单位应当定期对已到保管期限的会计账簿等会计档案进行鉴定，并形成会计档案鉴定意见书。经鉴定可以销毁的会计账簿等会计档案，单位档案管理机构编制会计档案销毁清册，单位负责人、档案管理机构负责人、会计管理机构负责人、档案管理机构经办人、会计管理机构经办人在会计档案销毁清册上签署意见。

保管期满但未结清的债权债务会计凭证和涉及其他未了事项的会计凭证不得销毁，纸质会计档案应当单独抽出立卷，电子会计档案单独转存，保管到未了事项完结时为止。

任务解析

一般来说，会计账簿的中的总账、日记账和多数明细账应每年更换一次，但固定资产明细账和债权、债务明细账，可以不必每年更换一次，各种备查账簿也可以跨年度连续使用。

当年形成的会计账簿，在会计年度终了后，可暂由会计机构保管1年，期满之后，应当由会计机构编制移交清册，移交本单位档案机构统一保管。单位会计管理机构临时保管会计档案最长不超过3年。根据现行会计档案管理的规定，除了固定资产卡片账在固定资产报废清理后要求保管5年，其余账簿均要求保管30年。

巩固与训练

一、单选题

1．年终结账，将余额结转下年时（　　）。

A．不需要编制记账凭证，但应将上年科目的余额结平

B．应编制记账凭证，并将上年科目的余额结平

C．不需要编制记账凭证，只要将上年科目的余额直接结转下年即可

D．应编制记账凭证予以结转

2．会计账簿的更换通常在（　　）进行。

A．更换会计人员时　　B．会计主体变更时

C．年终结账时　　D．新会计年度建账时

3．下列各项中，不符合账簿平时管理具体要求的是（　　）。

A．各种账簿应指定专人管理

B．年度终了，一般要把旧账交给总账会计集中统一管理

C．会计账簿经过批准也不允许外借

D．会计账簿不能随意交与其他人管理

4．会计账簿暂由本单位财务会计部门保管（　　）年，期满之后，由财务会计部门编造清册移交本单位的档案部门保管。

A．1　　B．3　　C．5　　D．10

5．现金和银行存款日记账保管期限为（　　）年。

A．10　　B．20　　C．25　　D．30

二、多选题

1．下列关于会计账簿的更换和保管的说法，正确的有（　　）。

A．总账、日记账和多数明细账每年更换一次

B．变动较小的明细账可以连续使用，不必每年更换

C．备查账不可以连续使用

D．会计账簿由本单位财务会计部门保管半年后，交由本单位档案管理部门保管

2．以下说法正确的有（　　）。

A．备查账簿可以连续使用

B．会计账簿暂由本单位财务会计部门保管一年，期满之后，由档案部门编造清册移交本单位的档案部门保管

C．材料品种、规格较多，重抄一次工作量大，可以不必每年更换一次，可以跨年度继续使用

D．在新旧账户之间转记金额不需填制凭证

3．下列选项中，应每年进行更换的账簿有（　　）。

A．固定资产卡片　　B．总分类账　　C．日记账　　D．大部分明细分类账

4．出纳人员可以登记和保管（　　）。

A．库存现金日记账　　B．银行存款日记账

C．库存现金总账　　D．银行存款总账

5．经鉴定可以销毁的会计账簿等会计档案，单位档案管理机构编制会计档案销毁清册，（　　）、会计管理机构经办人在会计档案销毁清册上签署意见。

A．单位负责人　　B．档案管理机构负责人

C．会计管理机构负责人　　D．档案管理机构经办人

三、判断题

1. 各单位在更换旧账簿、启用新账簿时，应当填制账簿启用表。（ ）

2. 使用活页式账簿应当按账户顺序编号，不必定期装订成册。（ ）

3. 年终结账时，有余额的账户，要将其余额都要以同方向直接记入新账的账户中，并注明“上年结转”字样，无须编制记录凭证。（ ）

4. 会计账簿可由本单位财务会计部门长期保管。（ ）

5. 各种账簿应当按年度分类归档，编造目录，妥善保管。既保证在需要时迅速查阅，又保证各种账簿的安全和完整。保管期满后，还要按照规定的审批程序经批准后才能销毁。（ ）

项目 7
编制会计报表

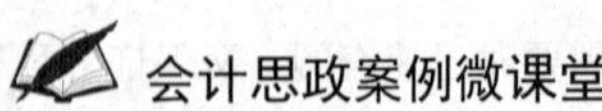

会计思政案例微课堂

康美药业财务造假案

2019 年 4 月，康美药业主动承认其 2017 年的年报数据存在重大差错，存货少计 195 亿元，现金多计 299 亿元，康美药业的资产负债表、利润表、现金流量表都需做出重大调整。2019 年 5 月，证监会查明康美药业披露的 2016～2018 年财务报告存在重大虚假。随着调查深入，A 股历史上规模最大的财务造假舞弊案浮出水面。康美药业董事长、总经理马兴田组织安排相关人员将上市公司资金转移到其控制的关联方，组织策划康美药业相关人员通过虚增营业收入、虚增货币资金等方式实施财务造假；时任康美药业副总经理邱锡伟根据马兴田的授意安排，亲自参与实施财务造假行为；时任康美药业财务负责人温少生根据马兴田、邱锡伟的授意安排，组织协调相关人员将上市公司资金转移至控股股东及其关联方，实施财务造假违法行为。

康美药业《2016 年年度报告》中虚增营业收入 89.99 亿元，虚增营业利润 6.56 亿元。《2017 年年度报告》中虚增营业收入 100.32 亿元，虚增营业利润 12.51 亿元。《2018 年半年度报告》中虚增营业收入 84.84 亿元，虚增营业利润 20.29 亿元。截至 2019 年 12 月，康美药业市值仅剩 186 亿元，缩水 60%。2020 年 5 月，中国证券监督管理委员会发布了行政处罚决定书〔2020〕24 号，对康美药业股份有限公司责令改正，给予警告，并处以 60 万元的罚款；对马兴田处以 90 万元的罚款等。

（资料来源：张斌，2019. 财务造假大案水落石出 康美药业累计虚增营收近 300 亿[EB/OL].（2019-08-16）[2020-10-26].http://finance.sina.com.cn/roll/2019-08-16/doc-ihytcern1381419.shtml?source=cj&dv=1.）

感悟：《会计法》规定，单位负责人应对本单位财务会计报告的真实性、完整性负责。任何人不得授意、指使、强令会计机构、会计人员及其他人员伪造、变造会计凭证、会计账簿，编制虚假财务会计报告。康美药业负责人马兴田漠视法律，肆意组织实施财务造假，忽视年度报告内容的真实、准确、完整。高级管理人员盲目听从安排，不敢坚持原则，最后一并受到中国证券监督管理委员会处罚。

任务 7.1　会计报表的认识

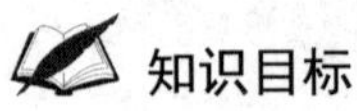

知识目标

1. 熟悉财务会计报告、财务报表和会计报表之间的关系。

2. 了解会计报表的作用。
3. 掌握会计报表的分类。
4. 理解会计报表的编制要求。

技能目标

1. 能够准确区分和确认财务会计报告、财务报表和会计报表。
2. 能够熟练分析判断会计报表的种类。

任务情境

随着经营规模的不断扩大，广州迪奥公司也得到了快速发展。临近期末，李伟去财务部门查看一份销售合同及相关发票，顺便查看了公司上一年度的财务会计报告，发现会计报表除了资产负债表和利润表，还有现金流量表和所有者权益变动表，以及文字说明的报表附注和财务情况说明书。李伟有了新的疑问：会计报告和会计报表难道不是一回事？

知识准备

1. 会计报表概述

1）财务会计报告和财务报表

财务会计报告是指企业对外提供的反映企业某一特定日期的财务状况和某一会计期间的经营成果、现金流量等会计信息的文件。《会计法》规定，财务会计报告由会计报表、会计报表附注和财务情况说明书组成。会计报表附注和财务情况说明书相关知识见二维码资源：会计报表附注和财务情况说明书。

会计报表附注和财务情况说明书

动画：会计报表的认识

《企业会计准则》规定，财务报表是对企业财务状况、经营成果和现金流量的结构性表述。一套完整的财务报表至少应当包括“四表一注”，即资产负债表、利润表、现金流量表、所有者权益变动表和报表附注。

2）会计报表

会计报表是会计人员根据日常会计核算资料归集、加工、汇总而形成的结果，是会计核算的最终产品。会计报表是指综合反映企业财务状况、经营成果、现金流量和所有者权益变动情况的表格文件。

会计报表由主表与附表组成。主表包括资产负债表、利润表、现金流量表和所有者权益变动表。附表包括资产减值准备明细表、利润分配表等。主表与有关附表存在着勾稽关系，从不同的角度说明企业的财务状况、经营成果、现金流量和所有者权益变动情况，附表是对主表的进一步补充。

会计报表是财务会计报告、财务报表的主体和核心内容。根据上述内容，可以总结出财务会计报告、财务报表和会计报表三者之间的关系，如图 7-1 所示。

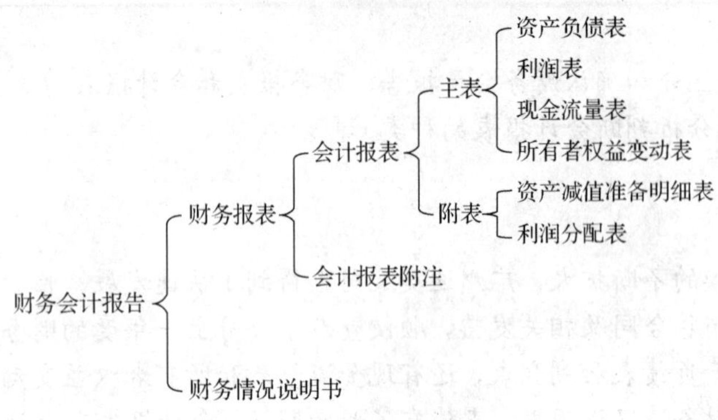

图 7-1　财务会计报告结构图

3）会计报表的作用

财务会计的一个重要职能是向与企业有利害关系的各个方面及其他相关的机构提供决策有用的信息。决策有用的会计信息主要是指企业财务状况、经营成果、现金流量等信息，这些信息分别通过资产负债表、利润表和现金流量表等会计报表反映。会计报表的目标就是向报表使用者提供会计信息。会计报表的重要作用主要有以下几点。

（1）会计报表是与企业有经济利害关系的外部单位和个人了解企业的财务状况和经营成果等，并据以作出决策的重要依据。

（2）会计报表是国家经济管理部门进行宏观调控和管理的信息源。

（3）会计报表提供的经济信息是企业内部加强和改善经营管理的重要依据。

2．会计报表的分类

1）按经济内容和资金运动状态分类

会计报表按经济内容，可分为四大报表：资产负债表，是反映某一特定日期企业资产、负债及所有者权益等财务状况的报表；利润表，是反映一定时期内企业经营成果的报表；现金流量表，是反映一定时期内企业现金流量情况的报表；所有者权益变动表，是反映一定时期企业所有者权益各组成部分增减变动情况的报表。会计报表按资金运动状态，分为静态报表和动态报表两大类。静态报表是反映资金运动处于某一相对静止状态情况的报表，动态报表是反映资金运动状况的会计报表。

2）按编制时间分类

会计报表按编制时间，可分为年度会计报表和中期会计报表。

年度会计报表是以一个会计年度（公历 1 月 1 日～12 月 31 日）为基础编制的会计报表，年度报表应包括“四表一注”。

中期会计报表是指会计期间短于一个完整的会计年度的会计报表，具体包括半年度报表、季度报表、月度报表。

3）按编报主体分类

会计报表按编报主体，分为个别会计报表和合并会计报表。个别会计报表是以独立核算单位作为会计主体编制的会计报表；合并会计报表是以母子公司形成的企业集团作为一个会计主体，并由母公司来编制的会计报表。

4）按服务对象分类

会计报表按服务对象，可分为外部报表和内部报表。外部报表有统一的格式和编报要求，如资产负债表、利润表、现金流量表和所有者权益变动表。内部报表无规定的格式和指标体系，是根据企业内部管理需要编制的报表，主要用于内部成本控制、定价决策、投资或筹资方案选择等。

综上，会计报表的分类多种多样，不同的依据有不同的分类，具体如表7-1所示。

表7-1　会计报表分类简表

分类依据	报表名称	内容
经济内容和资金运动状态	静态报表	资产负债表
	动态报表	利润表、现金流量表、所有者权益变动表
编制时间	年度会计报表	以会计年度为基础
	中期会计报表	半年度报表、季度报表、月度报表
编报主体	个别会计报表	以独立核算企业作为会计主体
	合并会计报表	以企业集团作为会计主体
服务对象	外部报表	资产负债表、利润表、现金流量表、所有者权益变动表
	内部报表	成本报表

3. 会计报表的编制要求

为了使会计报表能够最大限度地满足报表使用者的信息需求，实现编制会计报表的基本目的，充分发挥会计报表的作用，企业在编制会计报表时应做到以下要求。

1）真实可靠

会计报表指标应当如实反映企业的财务状况、经营成果和现金流量等情况。会计报表必须根据核实无误的账簿及相关资料编制，不得以任何方式弄虚作假。

2）全面完整

会计报表应当反映企业生产经营活动的全貌，全面反映企业的财务状况、经营成果和现金流量。企业应按规定编报国家要求提供的各种会计报表，对于国家要求填报的有关指标和项目，应按照有关规定填列。

3）前后一致

编制会计报表依据的会计方法，前后期应当遵循一致性原则，不能随意变更。如果确需改变某些会计方法，应在报表附注中说明改变的原因及改变后对报表指标的影响。

4）编报及时

会计报表具有很强的时效性，企业应根据有关规定，按月、季、半年、年及时对外报送会计报表。会计报表的报送期限由国家统一规定。

5）相关可比

会计报表所提供的财务会计信息必须与会计报表使用者的决策相关，并且便于报表使用者在不同企业之间及同一企业前后各期之间进行比较。

6）便于理解

会计报表所提供的会计信息应当清晰明了，便于使用者理解和利用。当然，这一要求是建立在报表使用者具有一定的会计报表阅读能力的基础上的。

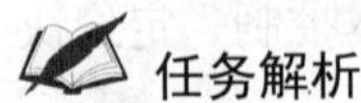

任务解析

李伟的看法不正确。因为编制完整的财务会计报告是企业的会计责任，一般企业财务会计报告由会计报表、会计报表附注和财务情况说明书组成。财务会计报告、财务报表和会计报表之间既有区别，又紧密联系。一套完整的财务报表至少应当包括“四表一注”，即资产负债表、利润表、现金流量表、所有者权益变动表和报表附注。

巩固与训练

一、单选题

1．可以反映企业某一特定日期财务状况的报表是（　　）。

A．资产负债表　　B．利润表　　C．现金流量表　　D．所有者权益变动表

2．财务会计报告由（　　）、会计报表附注和财务情况说明书组成。

A．财务报表　　B．会计报表　　C．主表　　D．附表

3．以资金运动的状态为依据的（　　）属于静态报表。

A．资产负债表　　B．利润表　　C．现金流量表　　D．所有者权益变动表

4．（　　）是以一个完整的会计年度为基础编制的会计报表。

A．半年度报表　　B．季度报表　　C．月度报表　　D．年度报表

5．会计报表指标应当如实反映企业的财务状况、经营成果和现金流量等情况，指的是（　　）。

A．真实可靠　　B．编报及时　　C．全面完整　　D．便于理解

二、多选题

1．下列选项中，属于财务会计报告构成内容的有（　　）。

A．资产负债表　　B．利润表　　C．会计报表附注　　D．财务状况说明书

2．根据《企业会计准则》的规定，称为会计中期的有（　　）。

A．半年度　　B．季度　　C．月度　　D．旬

3．会计报表应包括（　　）。

A．资产负债表　　B．利润表　　C．现金流量表　　D．所有者权益变动表

4．会计报表按服务对象分为（　　）。

A．个别报表　　B．合并报表　　C．内部报表　　D．外部报表

5．企业在编制会计报表时的编制要求有（　　）。

A．真实可靠　　B．编报及时　　C．全面完整　　D．便于理解

三、判断题

1．一套完整的会计报表至少应当包括资产负债表、利润表、现金流量表、所有者权益变动表和报表附注。（　　）

2．会计报表是财务会计报告、财务报表的主体和核心内容。（　　）

3．会计报表的目标就是向报表使用者提供会计信息。（　　）

4．中期会计报表是指会计期间长于一个完整的会计年度的会计报表。（　　）

5．外部报表没有统一的格式和编报要求。（　　）

6．会计报表所提供的会计信息应当清晰明了，便于使用者理解和利用。（　　）

任务 7.2　编制资产负债表

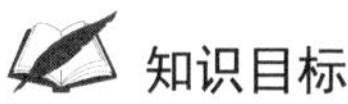

知识目标

1．理解资产负债表的概念和作用。
2．熟悉资产负债表的结构格式。
3．掌握资产负债表各项目的填写和资产负债表的编制方法。

技能目标

1．能够准确区分和确认资产负债表中各项目的填写。
2．能够根据资产权益科目资料分析编制资产负债表。

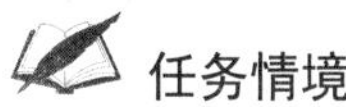

任务情境

经过咨询本公司财务人员，李伟对会计报表有了更深入的认识。他决定弄明白资产负债表，弄清楚广州迪奥公司在本期期末的财务状况。为此，他翻阅了本期生成的记账凭证，也查看了本期已完成结账工作的总账、明细账、日记账等账簿资料，但是仅仅依靠这些凭证和账簿，他还是无法清晰地了解公司整体财务状况。那么，资产负债表是什么类型的报表？它又是如何编制的呢？

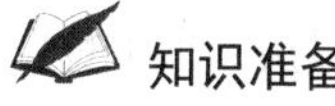

知识准备

1．资产负债表概述

1）资产负债表的概念

资产负债表是反映企业某一特定日期（如月末、季末、半年末、年末）财务状况的

会计报表。资产负债表能够提供资产、负债和所有者权益的全貌，表明企业在某一特定日期所拥有或控制的经济资源、承担的债务和投资者对净资产的所有权。

资产负债表反映的是某一特定日期关于财务状况的静态信息，是一种静态报表，其编制理论依据为会计第一等式，即会计恒等式：

资产=负债+所有者权益

2）资产负债表的作用

资产负债表可以提供以下财务信息。

（1）某一日期的资产总额及其结构，表明企业拥有或控制的资源及其分布情况。

（2）某一日期的负债总额及其结构，表明企业未来需要用多少资产或劳务清偿债务，以及清偿时间。

（3）可以反映所有者所拥有的权益，据以判断资本保值、增值的情况，以及对负债的保障程度。

资产负债表是分析企业生产经营能力的重要资料，通过对资产负债表各项目可计算流动比率、速动比率等财务指标，可以帮助报表使用者全面了解企业的资产状况、变现能力、盈利能力、偿债能力和资金周转能力等，从而为其经济决策提供有用信息。

2．资产负债表的结构与格式

1）资产负债表的结构

资产负债表一般由表头、正表两个部分组成。

表头部分应列明报表名称、编制单位名称、资产负债表日、报表编号和计量单位。

正表部分是资产负债表的主体，列示用以说明企业财务状况的各项目。正表按资产、负债和所有者权益三大类别分类列报，资产和负债按流动性列报，资产按流动性强弱列示，负债按偿还期限的长短列示。资产负债表的表体格式一般有两种：报告式资产负债表和账户式资产负债表。

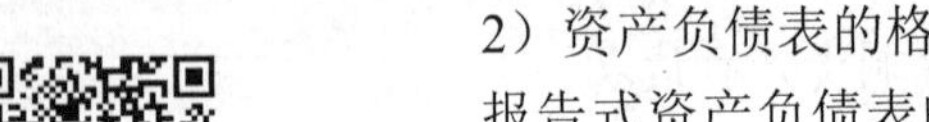

报告式资产负债表格式

2）资产负债表的格式

报告式资产负债表的格式见二维码资源：报告式资产负债表格式。

账户式资产负债表（左右式资产负债表）是左右结构，左边列示资产各项目，反映全部资产的分布及存在状态；右边列示负债和所有者权益各项目，反映全部负债和所有者权益的内容及构成情况。资产项目按流动性强弱排列，流动性强的排在前面，流动性弱的排在后面。负债项目按偿债时间的长短顺序排列，偿债时间短的排在前面，偿债时间长的排在后面。所有者权益按永久性程度高低的顺序排列。

不管采取什么格式，资产各项目的合计一定都等于负债和所有者权益各项目的合计。我国会计法律规定，企业的资产负债表格式采用账户式资产负债表，如表 7-2 所示。

表 7-2　资产负债表（账户式）

编制单位：　　　　　　　　　　　　　　　　年　月　日　　　　　　　　　　　　　　　单位：元

资产	期末余额	年初余额	负债和所有者权益（或股东权益）	期末余额	年初余额
流动资产：			流动负债：		
货币资金			短期借款		
交易性金融资产			交易性金融负债		
			衍生金融负债		
			……		
衍生金融资产			流动负债合计		
……			非流动负债：		
流动资产合计			长期借款		
非流动资产：					
债权投资			非流动负债合计		
……			负债合计		
固定资产			所有者权益（或股东权益）：		
……			实收资本（或股本）		
非流动资产合计			……		
			所有者权益（或股东权益）合计		
资产总计			负债和所有者权益（或股东权益）总计		

3．资产负债表的编制

微课：编制资产负债表

1）资产负债表的列示要求

（1）分类别列报。

资产负债表应当按照资产、负债和所有者权益三大类别分类列报。

（2）资产、负债按流动性列报。

资产和负债应当按照流动性分别分为流动资产和非流动资产、流动负债和非流动负债列示。

（3）列报相关的合计、总计项目。

资产类至少应当列示流动资产和非流动资产的合计项目；负债类至少应当列示流动负债、非流动负债及负债的合计项目；所有者权益类应当列示所有者权益的合计项目。

资产负债表应当分别列示资产总计项目和负债与所有者权益之和的总计项目，并且这二者的金额应当相等。

2）资产负债表的编制方法

资产负债表的各项目均需填列“年初余额”和“期末余额”两栏。“年初余额”栏通常根据上年年末有关项目的期末余额填列，且与上年年末资产负债表的“期末余额”栏一致。

如果企业上年度资产负债表规定的项目名称和内容与本年度不一致，应当对上年年末资产负债表相关项目的名称和数字按照本年度的规定进行调整，填入“年初余额”栏。

期末余额根据资产、负债和所有者权益类科目的期末余额分析填列。

（1）根据一个或几个总账科目的期末余额填列。

① 根据总账科目余额直接填列，如“短期借款”“资本公积”等项目。

② 根据几个总账科目的期末余额计算填列，如“货币资金”项目，计算公式为

货币资金=库存现金+银行存款+其他货币资金

（2）根据明细账科目的期末余额计算填列。

① “往来款项”项目。四大“往来款项”项目的计算公式为

应收账款=应收账款（借方余额）+预收账款（借方余额）-坏账准备

应付账款=应付账款（贷方余额）+预付账款（贷方余额）

预付款项=应付账款（借方余额）+预付账款（借方余额）-坏账准备

预收款项=应收账款（贷方余额）+预收账款（贷方余额）

② “开发支出”项目。根据研发支出科目中所属的资本化支出明细科目期末余额计算填列。

③ “应付职工薪酬”项目。根据“应付职工薪酬”科目中所属的明细科目贷方余额计算填列。

④ “一年内到期的非流动资产（负债）”项目。根据有关非流动资产和非流动负债项目的明细科目期末余额计算填列。

⑤ “未分配利润”项目。根据利润分配所属明细科目未分配利润的期末余额计算填列。

（3）根据总账科目和明细账科目余额分析计算填列。

① “长期借款”项目，计算公式为

长期借款=长期借款（总账科目）余额-长期借款（将在一年内到期的明细科目）

② “其他非流动资产（负债）”项目，计算公式为

其他非流动资产（负债）=其他非流动资产（负债）余额

-一年内（含一年）收回（到期偿还）的金额

（4）根据有关科目余额减去其备抵科目余额后的净额填列。

① “应收票据”“应收账款”“长期股权投资”等项目。应根据“应收票据”“应收账款”“长期股权投资”等科目的期末余额减去“坏账准备”“长期股权投资减值准备”等科目余额后的净额填列。

② “固定资产”项目，计算公式为

固定资产=固定资产-累计折旧-固定资产减值准备

+固定资产清理（借方余额为+，贷方余额为-）

③ “无形资产”项目，计算公式为

无形资产=无形资产-累计摊销-无形资产减值准备

④ “在建工程”项目，计算公式为

在建工程=在建工程-在建工程减值准备+工程物资-工程物资减值准备

（5）综合运用上述填列方法分析填列。

例如，“存货”项目，计算公式为

存货=原材料+库存商品+委托加工物资+周转材料+材料采购+在途物资+发出商品+材料成本差异（借方余额为+，贷方余额为-）-存货跌价准备

（6）其他资产负债表项目的填列说明。

例如，“应收票据”“其他应收款”“其他应付款”等项目，计算公式为

应收票据=应收票据-坏账准备

其他应收款=应收利息+应收股利+其他应收款-坏账准备

其他应付款=应付利息+应付股利+其他应付款

【例 7-1】广州迪奥公司是一家从事生产和销售皮包、皮箱等皮革制品的工业企业，根据 2020 年 3 月的经济业务，该公司 2020 年 3 月 31 日总账科目期末余额如表 7-3 所示。

表 7-3 总账科目余额表

单位：元

账户名称	期初余额		期末余额	
	借方余额	贷方余额	借方余额	贷方余额
库存现金	12 000		9 730	
银行存款	168 000		326 910	
应收账款	59 600		466 400	
其他应收款	2 500		3 530	
坏账准备		1 000		1 000
原材料	697 500		575 800	
库存商品	775 000		741 000	
固定资产	2 707 000		2 752 000	
累计折旧		130 000		153 000
无形资产	340 000		340 000	
累计摊销		220 000		220 000
短期借款		100 000		235 000
应付利息				750
应付账款		22 000		37 950
应付股利				20 000
应交税费		19 600		104 725.38
应付职工薪酬		110 000		110 000
实收资本		4 070 000		4 170 000
盈余公积		52 000		66 091.69
利润分配		37 000		96 852.93
合计	4 761 600	4 761 600	5 215 370	5 215 370

根据上述资料，可以编制广州迪奥公司 2020 年 3 月 31 日的资产负债表，如表 7-4 所示。

表 7-4　资产负债表

编制单位：广州迪奥公司　　2020 年 3 月 31 日　　单位：元

资产	期末余额	期初余额	负债和所有者权益	期末余额	期初余额
流动资产：			流动负债：		
货币资金	336 640	180 000	短期借款	235 000	100 000
交易性金融资产	0	0	应付票据	0	0
应收票据	0	0	应付账款	37 950	22 000
应收账款	465 400	58 600	预收款项	0	0
预付款项	0	0	应付职工薪酬	110 000	110 000
其他应收款	3 530	2 500	应交税费	104 725.38	19 600
存货	1 316 800	1 472 500	其他应付款	20 750	0
一年内到期的非流动资产	0	0	一年内到期的非流动负债	0	0
其他流动资产	0	0	其他流动负债	0	0
流动资产合计	2 122 370	1 713 600	流动负债合计	508 425.38	251 600
非流动资产：			非流动负债：		
长期应收款	0	0	长期借款	0	0
长期股权投资	0	0	长期应付款	0	0
投资性房地产	0	0	其他非流动负债	0	0
固定资产	2 599 000	2 577 000	非流动负债合计	0	0
在建工程	0	0	负债合计	508 425.38	251 600
无形资产	120 000	120 000	所有者权益（或股东权益）：		
开发支出	0	0	实收资本	4 170 000	4 070 000
长期待摊费用	0	0	资本公积	0	0
其他非流动资产	0	0	盈余公积	66 091.69	52 000
非流动资产合计	2 719 000	2 697 000	未分配利润	96 852.93	37 000
			所有者权益（或股东权益）合计	4 332 944.62	4 159 000
资产总计	4 841 370	4 410 600	负债和所有者权益（或股东权益）总计	4 841 370	4 410 600

任务解析

资产负债表是反映企业某一特定日期（如月末、季末、半年末、年末）财务状况的会计报表。资产负债表能够提供资产、负债和所有者权益的全貌，表明企业在某一特定日期所拥有或控制的经济资源、承担的债务和投资者对净资产的所有权。资产负债表的编制应严格按照国家统一规定的方法，表中各项目应根据资产、负债和所有者权益类科目的期末余额分析填列。

巩固与训练

一、单选题

1．下列关于资产负债表的格式的说法，不正确的是（　　）。

A．资产负债表主要有账户式和报告式

B．我国的资产负债表采用报告式

C．账户式资产负债表分左右两方，左方为资产，右方为负债和所有者权益

D．资产按照变现能力的强弱大小排列

2．下列项目中，不属于流动资产的是（　　）。

A．货币资金　　B．应收账款　　C．预付账款　　D．累计折旧

3．下列项目中，属于非流动负债的是（　　）。

A．应付票据　　B．长期借款　　C．应付股利　　D．应付职工薪酬

4．资产负债表中负债项目的顺序是按（　　）排列的。

A．项目的重要性程度　　B．项目的金额大小

C．项目的支付性大小　　D．清偿债务的先后顺序

5．2020 年 12 月 31 日，生产成本借方余额 500 万元，原材料借方余额 300 万元，库存商品借方余额 20 万元，存货跌价准备贷方余额 10 万元，工程物资借方余额 200 万元。资产负债表中存货项目金额为（　　）万元。

A．1 100　　B．810　　C．820　　D．830

6．2020 年 5 月 31 日，某企业应付账款总账科目贷方余额为 1 255 万元，其中“应付账款——甲公司”明细科目贷方余额为 1 260 万元，“应付账款——乙公司”明细科目借方余额为 5 万元。预付账款总账科目借方余额为 5 万元，其中“预付账款——丙公司”明细科目借方余额为 20 万元，“预付账款——丁公司”明细科目贷方余额为 15 万元。不考虑其他因素，该企业 5 月 31 日资产负债表中预付款项项目期末余额为（　　）万元。

A．20　　B．25　　C．18.5　　D．23.5

7．下列资产负债表项目中，根据有关账户余额减去其备抵账户余额后的净额填列的是（　　）。

A．“预收款项”　　B．“短期借款”　　C．“无形资产”　　D．“长期借款”

8．2020 年 12 月 31 日，“无形资产”账户借方余额为 200 万元，“累计摊销”账户贷方余额为 40 万元，“无形资产减值准备”账户贷方金额为 20 万元，不考虑其他因素，则无形资产项目余额为（　　）万元。

A．200　　B．140　　C．160　　D．180

二、多选题

1．下列各项中，应根据总账账户期末余额直接填列的资产负债表项目有（　　）。

A．“长期应付款”　　B．“资本公积”

C．“短期借款”　　D．“长期借款”

2．下列选项中，属于企业资产负债表“应付职工薪酬”项目列报内容的有（　　）。

A．因解除劳动关系而应给予职工的现金补偿

B．向职工提供的异地安家费

C．应提供给已故职工遗属的福利

D．应支付给临时员工的短期薪酬

3．下列各项中，通过“存货”项目核算的有（　　）。

A．发出商品　　B．存货跌价准备　　C．材料成本差异　　D．在途物资

4．下列各项中，导致企业资产负债表“存货”项目期末余额发生变动的有（　　）。

A．计提存货跌价准备

B．用银行存款购入的包装材料

C．已经发出但不符合收入确认条件的商品

D．收到受托代销的商品

5．直接根据总账账户余额填列的资产负债表项目有（　　）。

A．“应付账款”　　B．“应收票据”　　C．“短期借款”　　D．“应交税费”

三、判断题

1．资产负债表的格式主要有账户式和报告式两种，我国采用的是报告式，因此才出现“财务会计报告”这个名词。（　　）

2．资产负债表中的所有者权益内部各项目按照流动性或变现能力排列。（　　）

3．资产负债表中的“固定资产”项目应根据“固定资产”账户余额直接填列。（　　）

4．资产负债表中的“应收账款”项目，应根据“应收账款”账户所属各明细账户的期末借方余额合计填列。（　　）

5．资产负债表中的期末余额栏通常根据上年末有关项目的年初余额填列。（　　）

6．资产负债表中的“存货”项目包含“原材料”“在途物资”“周转材料”“工程物资”“库存商品”等科目。（　　）

四、业务题

1．2020 年 12 月 31 日，甲公司“库存现金”账户余额为 0.1 万元，“银行存款”账户余额为 100.9 万元，“其他货币资金”账户余额为 99 万元，则 2020 年 12 月 31 日，甲公司资产负债表中的“货币资金”项目期末余额的列报金额=________。

2．2020 年 12 月 31 日，甲公司“应收账款”账户的余额为 1 300 万元；“坏账准备”账户中有关应收账款计提的坏账准备余额为 45 万元，则 2020 年 12 月 31 日，甲公司资产负债表中的“应收账款”项目期末余额的列报金额=________。

3．2020 年 12 月 31 日，甲公司应付职工薪酬科目显示，所欠的薪酬项目包括：工资、奖金、津贴和补贴 70 万元，社会保险费共 5 万元，设定提存计划 2.5 万元，住房公积金 2 万元，工会经费和职工教育经费 0.5 万元，2020 年 12 月 31 日，甲公司资产负债表中应付职工薪酬项目期末余额的列报金额=________。

4．某企业 2020 年 12 月 31 日，甲公司“长期借款”账户余额为 155 万元，其中自乙银行借入的 5 万元借款将于 1 年内到期，甲公司不具有自主展期清偿的权利，则资产负债表中长期借款项目的列报金额为=________。

5．2020 年 12 月 31 日，甲公司“无形资产”账户借方余额为 800 万元，“累计摊销”账户贷方余额为 200 万元，“无形资产减值准备”账户贷方余额为 100 万元，则 2020 年 12 月 31 日，甲公司资产负债表中的“无形资产”项目期末余额的列报金额=________。

6．2020 年 12 月 31 日，甲公司有关科目余额如下：“工程物资”账户借方余额为 90 万元，“发出商品”账户借方余额为 800 万元，“生产成本”账户借方余额为 300 万元，“原材料”账户借方余额为 100 万元，“委托加工物资”借方余额为 200 万元，“材料成本差异”账户贷方余额为 25 万元，“存货跌价准备”账户贷方余额为 100 万元。该企业 2020 年 12 月 31 日资产负债表中的“存货”项目金额=________。

7．资料：三笑集团有限公司 2020 年 10 月的余额试算平衡表如表 7-5 所示。

表 7-5 余额试算平衡表

2020 年 10 月 31 日 单位：元

会计科目	期末余额	
	借方	贷方
库存现金	2 000	
银行存款	94 500	
其他货币资金	10 000	
应收账款	54 500	
坏账准备		3 000
原材料	50 000	
库存商品	140 000	
材料成本差异		1 000
固定资产	300 000	
累计折旧		30 000
固定资产清理		2 000
长期待摊费用	35 000	
应付账款		35 000
预收账款		4 000
长期借款		150 000
实收资本		400 000
盈余公积		2 000
利润分配		9 000
本年利润		50 000
合计	686 000	686 000

（1）长期待摊费用中含将于半年内摊销的金额 4 000 元。

（2）长期借款期末余额中将于一年到期归还的长期借款数为 30 000 元。

（3）应收账款有关明细账期末余额情况：“应收账款——A 公司”贷方余额 5 500 元，“应收账款——B 公司”借方余额 60 000 元。

（4）应付账款有关明细账期末余额情况：“应付账款——C 公司”贷方余额 50 000 元，“应付账款——D 公司”借方余额 15 000 元。

（5）预收账款有关明细账期末余额情况为：“预收账款——E 公司”贷方余额 9 000 元，“预收账款——F 公司”借方余额 5 000 元。

要求：根据上述资料，计算三笑集团有限公司 2020 年 10 月 31 日资产负债表中下列报表项目的期末数。

（1）货币资金（　　）元；　　（2）应收账款（　　）元；

（3）预付款项（　　）元；　　（4）存货（　　）元；

（5）流动资产合计（　　）元；　　（6）固定资产（　　）元；

（7）非流动资产合计（　　）元；　　（8）资产合计（　　）元；

（9）应付账款（　　）元；　　（10）预收款项（　　）元；

（11）流动负债合计（　　）元；　　（12）长期借款（　　）元；

（13）负债合计（　　）元；

（14）所有者权益合计（　　）元；

（15）负债及所有者权益合计（　　）元。

任务 7.3　编制利润表

知识目标

1. 理解利润表的概念和作用。
2. 熟悉利润表的结构格式。
3. 掌握利润表各项目的填写和利润表的编制方法。

技能目标

1. 能够准确区分和确认利润表中各项目的填写。
2. 能够根据损益科目资料分析编制利润表。

任务情境

通过对资产负债表的学习，李伟对广州迪奥公司的资产规模、负债水平和所有者权益情况有了更深层次的理解，他希望了解更多的财务会计知识。除了任职于广州迪奥公司，他作为公司合伙人之一，更关心公司近段时间的经营情况，希望了解公司一个月以来是赚了还是亏了，利润是多少；如果盈利了，交完所得税后的税后利润是多少。

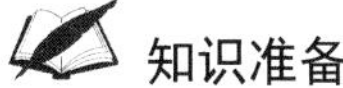

知识准备

1. 利润表概述

1）利润表的概念

利润表又称损益表，是反映企业在一定会计期间（如月份、季度、半年度、年度）的经营成果的财务会计报表。利润表编制的原理是收入与费用的配比原则，企业将经营成果的核算过程和结果编成报表，即利润表。

利润表强调一定会计期间，意味着它是一张动态报表，反映的内容是企业的经营成果，其编制理论依据是会计第二等式：

收入-费用=利润

2）利润表的作用

通过利润表，可以反映企业一定会计期间收入的实现情况；反映企业一定会计期间成本费用的耗费情况；反映企业经营成果的实现情况。

利润表将某一特定会计期间的营业收入与同期的营业成本和费用相比，得到某一特定会计期间的净利润，通过利润表反映的信息资料，可以评价企业的经营业绩，分析其获利能力。将利润表信息和资产负债表信息相结合，可以进行财务分析，反映企业资金周转能力、企业盈利能力等情况，有助于报表使用者判断企业未来发展趋势，作出经济决策。

2. 利润表的结构格式

1）利润表的结构

利润表一般分为表头和正表两个部分。

表头部分应列明报表名称、编制单位名称、编制日期、报表编号和计量单位。与资产负债表类似，不同之处在于编制日期，资产负债表的编制日期是特定的时间，反映的是时间点；而利润表是一定的会计期间，反映的是时间段。

正表部分为利润表的主体，列示形成经营成果的各项目和计算过程。正表的格式一般有两种，即单步式利润表和多步式利润表。

2）利润表的格式

单步式利润表格式见二维码资源：单步式利润表格式。

单步式利润表编制简单，易于理解，但是缺点明显，收入和费用不按性质区分，硬性归为一类，不利于报表分析。

多步式利润表，是通过对当期的收入、费用、支出项目按性质加以归类，按利润形成的主要环节列示一些中间性利润指标，分步计算当期净损益，以便财务报表使用者理解企业经营成果的不同来源。

单步式利润表格式

由多步式利润表可知，利润指标分别是营业利润、利润总额和净利润 3 个，我国会计法律规定，企业的利润表格式应当采用多步式利润表，如表 7-6 所示。

表 7-6　利润表（多步式）

编制单位：　　　　年　月　　　　单位：元

项目	本期金额	上期金额
一、营业收入		
减：营业成本		
……		
二、营业利润（亏损以“-”填列）		
加：营业外收入		
减：营业外支出		
三、利润总额（亏损总额以“-”填列）		
减：所得税费用		
四、净利润（净亏损以“-”填列）		
五、其他综合收益的税后净额		
六、综合收益总额		
七、每股收益		
（一）基本每股收益		
（二）稀释每股收益		

3．利润表的编制

1）利润表的编制方法

（1）利润表的编制步骤。

微课：编制利润表

① 以营业收入为基础，计算营业利润。

② 以营业利润为基础，计算利润总额。

③ 以利润总额为基础，计算净利润（或净亏损）。

④ 以净利润（或净亏损）为基础，计算每股收益。

其中，营业利润、利润总额和净利润的计算公式不再重述，具体可参看项目 6 任务 6.2.1 的内容。

（2）本期金额和上期金额。

利润表各项目均需填列“本期金额”“上期金额”两栏。其中“上期金额”栏内各项数字，应根据上年该期利润表的“本期金额”栏内所列数字填列。如果上年该期利润表规定的各个项目的名称和内容同本期不一致，应对上年该期利润表各项目的名称和数字按本期的规定进行调整，填入利润表“上期金额”栏内。

“本期金额”栏内各期数字，除基本每股收益和稀释每股收益项目外，应当按照相关科目的发生额分析填列。

2）利润表项目的填列说明

由于利润表是反映企业一定时期经营成果的动态报表，因此，各项目一般根据账户的本期发生额分析填列。

（1）“营业收入”和“营业成本”项目。

“营业收入”和“营业成本”项目分别反映企业经营业务所得的收入总额和发生的

实际成本。“营业收入”项目根据主营业务收入和其他业务收入账户的发生额分析填列，“营业成本”项目根据“主营业务成本”和“其他业务成本”账户的发生额分析填列。

（2）“税金及附加”和“所得税费用”项目。

税金及附加反映企业经营业务应负担的消费税、城市维护建设税、资源税、土地增值税和教育费附加等。所得税费用反映企业按规定从本期损益中减去的所得税。两项目应根据各自账户的发生额分析填列。

（3）“销售费用”“管理费用”“财务费用”项目。

销售费用反映企业在销售商品和商品流通企业在购入商品等过程中发生的费用；管理费用反映企业行政管理等部门所发生的费用；财务费用反映企业发生的利息费用等。3 项期间费用项目都应根据各自账户的发生额分析填列。

（4）“投资收益”“公允价值变动损益”“资产减值损失”项目。

投资收益反映企业以各种方式对外投资所取得的收益。公允价值变动损益反映企业交易性金融资产等公允价值变动所形成的当期利得和损失。资产减值损失反映企业发生的各项减值损失。这 3 个项目应根据各自账户的发生额分析填列，如为损失，以“-”号填列。

（5）“营业外收入”和“营业外支出”项目。

营业外收入和营业外支出分别反映企业发生的与其生产经营无直接关系的各项利得和损失。这两个项目应分别根据各自账户的发生额分析填列。

（6）“营业利润”“利润总额”“净利润”项目。

“营业利润”“利润总额”“净利润”项目为利润的构成分类项目，应根据利润表有关项目计算填列。

【例 7-2】广州迪奥公司根据 2020 年 3 月的经济业务，该公司损益类科目发生额如表 7-7 所示。

表 7-7 损益类账户本期发生额表

单位：元

账户名称	本期借方发生额	本期贷方发生额
主营业务收入		488 000
其他业务收入		12 000
主营业务成本	320 000	
其他业务成本	10 000	
税金及附加	4 889.5	
销售费用	13 000	
管理费用	29 310	3 000
财务费用	750	
营业外收入		1 000
营业外支出	791	
所得税费用	31 314.88	

根据上述资料，可以编制广州迪奥公司 2020 年 3 月的利润表，如表 7-8 所示。

表 7-8 利润表

编制单位：广州迪奥公司　　　　2020 年 3 月　　　　单位：元

项目	本期金额	上期金额
一、营业收入	500 000	
减：营业成本	330 000	
税金及附加	4 889.5	
销售费用	13 000	
管理费用	26 310	
财务费用	750	
加：投资收益（损失以“-”填列）	0	
公允价值变动损益（损失以“-”填列）	0	
资产减值损失（损失以“-”填列）	0	
二、营业利润（亏损以“-”填列）	125 050.5	
加：营业外收入	1 000	
减：营业外支出	791	
三、利润总额（亏损以“-”填列）	125 259.5	
减：所得税费用	31 314.88	
四、净利润（净亏损以“-”填列）	93 944.62	
五、每股收益		
（一）基本每股收益		
（二）稀释每股收益		

任务解析

要在充分理解企业财务会计报告的基础上，真正掌握利润表。利润表又称损益表，是反映企业在一定会计期间（如月份、季度、半年度、年度）的经营成果的财务会计报表。利润表的编制理论依据是会计第二等式“收入-费用=利润”，利润小于零是亏损，大于零是盈利，等于零则是保本。在编制利润表的过程中，以营业收入为基础，计算营业利润；以营业利润为基础，计算利润总额；以利润总额为基础，计算净利润（或净亏损）。

巩固与训练

一、单选题

1．我国的利润表采用（　　）。

A．单步式　　B．多步式　　C．账户式　　D．报告式

2．编制利润表所依据的会计等式是（　　）。

A．收入-费用=利润

B．资产=负债+所有者权益

C．借方发生额=贷方发生额

D．期末余额=期初余额+本期借方发生额-本期贷方发生额

3. 多步式利润表中利润总额是以（　　）为基础来计算的。

A. 营业收入　　B. 营业成本　　C. 营业利润　　D. 净利润

4. 下列各项中，应列入一般企业利润表中的“营业收入”项目的是（　　）。

A. 固定资产出售净收益　　B. 经营租赁租金收入

C. 接受捐赠利得　　D. 债券投资利息收入

5. 2020 年 12 月，甲公司的主营业务收入 60 万元，其他业务收入 10 万元，营业外收入 5 万元，则甲公司 12 月应确认的营业收入金额为（　　）万元。

A. 70　　B. 60　　C. 75　　D. 65

6. 下列各项中，不应列入利润表中“财务费用”项目的是（　　）。

A. 计提的短期借款利息　　B. 筹建期间发生的长期借款利息

C. 销售商品发生的现金折扣　　D. 经营活动中支付银行借款的手续费

二、多选题

1. 下列关于利润表项目本期金额填列方法的表述，正确的有（　　）。

A. “管理费用”项目应根据“管理费用”账户的本期发生额分析填列

B. “营业利润”项目应根据“本年利润”账户的本期发生额分析填列

C. “税金及附加”项目应根据“应交税费”账户的本期发生额分析填列

D. “营业收入”项目应根据“主营业务收入”和“其他业务收入”账户的本期发生额分析填列

2. 下列各项中，影响利润表中的“营业成本”项目本期金额的有（　　）。

A. 销售原材料的成本　　B. 转销已售商品相应的存货跌价准备

C. 出租非专利技术的摊销额　　D. 出售商品的成本

3. 下列各项中，应列入利润表中的“资产减值损失”项目的有（　　）。

A. 原材料盘亏损失　　B. 固定资产减值损失

C. 存货减值损失　　D. 无形资产处置净损失

4. 下列各项中，影响企业营业利润的有（　　）。

A. 出售原材料损失　　B. 计提无形资产减值准备

C. 固定资产盘亏净损失　　D. 计提短期借款利息

5. 下列各项中，属于企业利润表项目的是（　　）。

A. 利润总额　　B. 未分配利润　　C. 每股收益　　D. 公允价值变动收益

三、判断题

1. 利润表是反映一定时期资产、负债和所有者权益情况的会计报表。（　　）

2. 净利润是指营业利润减去所得税费用后的金额。（　　）

3. 营业利润减去销售费用、管理费用、财务费用等于企业净利润。（　　）

4. 我国会计法律规定，企业的利润表格式可以不采用多步式利润表。（　　）

5. 利润表的编制时间是一定的会计期间，反映的是时间段。（　　）

6. 以营业利润为基础，考虑营业外收支，可以计算利润总额。（　　）

四、业务题

1. 2020 年 12 月 31 日，广州市风华电子有限公司损益类账户本期发生额（结账前）如表 7-9 所示，假设该公司适用所得税税率为 25%，假设该公司不存在税收调整项目。

表 7-9　损益类账户累计发生额

2020 年 12 月　　　　单位：元

账户名称	本期借方发生额	本期贷方发生额
主营业务收入		2 000 000
主营业务成本	1 400 000	
其他业务收入		100 000
其他业务成本	50 000	
税金及附加	30 000	
销售费用	150 000	
管理费用	130 000	
财务费用	30 000	
投资收益		150 000
营业外收入	10 000	
营业外支出	30 000	
所得税费用		

结账前发现下列问题：结转销售商品成本 1 400 000 元，实际应为 1 500 000 元；收入 2 100 000 元记为 2000 000 元，少记 100 000 元；漏记购买办公用品费 1 000 元；漏记借款利息 500 元（财务费用）；漏提办公设备折旧 2 000 元；要求更正错误后填制简易利润表。

要求：根据以上资料，编制广州市风华电子有限公司 2020 年 12 月的利润表（表 7-10）。

表 7-10　利润表

编制单位：广州市风华电子有限公司　　2020 年 12 月　　单位：元

项目	本期金额	上期金额（略）
一、营业收入		
营业成本		
税金及附加		
销售费用		
管理费用		
财务费用		
投资收益		
二、营业利润		
营业外收入		
营业外支出		
三、利润总额		
所得税费用		
四、净利润		

2．广州市华联公司损益类账户2020年1～11月发生额（结账前）如表7-11所示，假设该公司适用所得税税率为25%，假设该公司不存在税收调整项目。

表7-11 损益类账户累计发生额

2020年1～11月 单位：元

账户名称	本期借方发生额	本期贷方发生额
主营业务收入		3 000 000
主营业务成本	1 500 000	
其他业务收入		100 000
其他业务成本	60 000	
税金及附加	50 000	
销售费用	250 000	
管理费用	200 000	
财务费用	40 000	
所得税费用	190 000	

2020年12月业务如下（假设不考虑增值税）。

（1）销售商品200 000元，收到商业汇票。

（2）结转销售商品成本140 000元。

（3）分配工资30 000元，其中，管理部门20 000元，销售部门10 000元。

（4）计提管理部门折旧5 000元。

（5）接受捐赠的机器设备一台，该设备价值7 000元。

（6）结转损益类账户。

要求：根据以上资料编制2020年度广州市华联公司的简易利润表（表7-12）。

表7-12 利润表

编制单位：广州市华联公司 2020年 单位：元

项目	本期金额
一、营业收入	
营业成本	
税金及附加	
销售费用	
管理费用	
财务费用	
投资收益	
二、营业利润	
营业外收入	
营业外支出	
三、利润总额	
所得税费用	
四、净利润	

项目 8

账务处理程序

 会计思政案例微课堂

上市公司执行企业内部控制规范体系情况分析报告（节选）

截至 2018 年 12 月 31 日，沪深证券交易所共有上市公司 3 584 家。根据财政部、证监会《关于 2012 年主板上市公司分类分批实施企业内部控制规范体系的通知》（财办会〔2012〕30 号），主板上市公司自 2014 年起全部实施企业内部控制规范体系。

2018 年，48 家上市公司财务报告内部控制无效、非财务报告内部控制有效，40 家上市公司财务报告内部控制和非财务报告内部控制均无效。2013～2018 年，主动披露内部控制非整体有效的上市公司比例越来越高。

2018 年，在 3 456 家披露内部控制评价报告的上市公司中，披露内部控制存在缺陷的有 1 200 家。92 家上市公司披露了 203 个财务报告内部控制重大缺陷，31 家上市公司披露了 39 个财务报告内部控制重要缺陷。

对财务报告内部控制重大缺陷和重要缺陷的内容进行分析，会计系统方面的缺陷最多，有 51 个，占比 21.07%，主要表现为收入确认和成本结转、重大会计事项处理、资产减值损失计提等方面；资金活动方面的缺陷有 34 个，占比 14.05%，主要表现在资金保管不善、募集资金未按照恰当用途使用等方面；销售及收款方面的缺陷有 14 个，占比 5.79%，主要表现在对客户的信用授权审批不严等方面。

（资料来源：财政部会计司，证监会会计部，证监会上市部，等，2019. 我国上市公司 2018 年执行企业内部控制规范体系情况分析报告[EB/OL].（2019-12-27）[2020-09-28]. http://kjs.mof.gov.cn/diaochayanjiu/201912/t20191227_3451144.htm.）

感悟：建立健全内部控制制度有利于提高会计信息质量，提升企业竞争力是现代化企业管理的要求。实际工作中，各单位应健全内部控制制度，完善实施措施，建立规范体系，提升管理水平。财务人员应立足企业长远发展和岗位职责，坚持办事客观公正，强化参与管理意识，维护会计数据的可靠性。

任务 8.1　账务处理程序概述

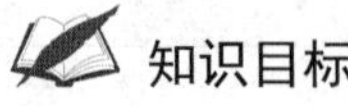

知识目标

1. 掌握财务处理程序的概念及种类。
2. 熟悉财务处理程序的内容。
3. 理解财务处理程序的意义。

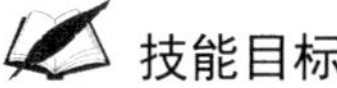

技能目标

能区分不同的账务处理程序。

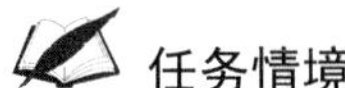

任务情境

本书以广州迪奥公司为例，处理了企业在筹资环节、供应环节、生产环节、销售环节和利润形成及分配等环节的日常业务，以原始凭证为起点，编制记账凭证，再根据记账凭证登记日记账、明细分类账和总账，编制财务报表。这一完整的会计处理程序就是一个会计循环。李伟了解了财务报表是怎样编制出来的。

那么，是不是所有的企业或单位，不论规模大小、业务多少都是同样的流程来处理经济业务呢？有没有更好的方法在不影响会计信息质量的前提下可以简化账务处理工作，提高工作效率呢？勤于动脑的李伟在工作之余陷入了思考……

知识准备

1．账务处理程序的概念

账务处理程序又称会计核算组织程序或会计核算形式，是指在会计循环中，会计主体所采用的会计凭证、会计账簿、会计报表的种类和格式与一定的记账程序有机结合的方法和步骤，具体如图 8-1 所示。不同的账簿组织、记账程序和记账方法及其不同的结合方式，形成了不同种类的账务处理程序。

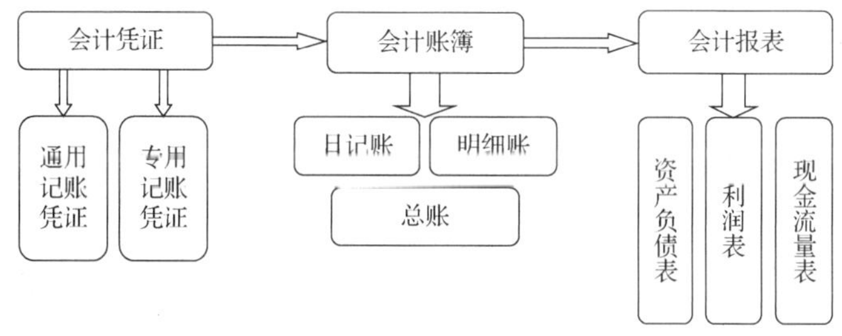

图 8-1 财务处理程序

2．账务处理程序的内容

账务处理程序一般包括以下两个部分的内容。

（1）凭证、账簿和报表组织体系。凭证组织是指会计凭证的种类、格式及各种凭证之间的关系。账簿组织是指账簿的种类、格式及各种账簿之间的关系。报表组织是指报表的种类、格式及各种报表之间的关系。这 3 种组织构成了一个完整的体系，其核心是账簿组织。

（2）记账程序。记账程序也称记账步骤，是指根据原始凭证填制记账凭证，再根据记账凭证登记日记账、明细分类账和总分类账，最后编制财务报表的工作程序和方法等。

3．账务处理程序的意义

一个单位的经济性质、经营特点、规模大小及业务频繁程度不同，适合的账务处理程序也不同。科学、合理地选择账务处理程序的意义如下。

（1）有利于规范会计工作，保证会计信息加工过程的严密性，提高会计信息质量。

（2）有利于会计信息的形成和传递，使会计数据的处理过程有条不紊地进行，确保会计记录的完整性和正确性，增强会计信息的可靠性。

（3）有利于减少不必要的会计核算环节，提高会计工作效率，保证会计信息的及时性。

4．账务处理程序的种类

企业常用的账务处理程序主要有记账凭证账务处理程序、汇总记账凭证账务处理程序和科目汇总表账务处理程序等。它们的主要区别为登记总分类账的依据和方法不同。

（1）记账凭证账务处理程序。记账凭证账务处理程序对发生的经济业务，先根据原始凭证或汇总原始凭证填制记账凭证，再直接根据记账凭证登记总分类账。

（2）汇总记账凭证账务处理程序。汇总记账凭证账务处理程序先根据原始凭证或汇总原始凭证填制记账凭证，定期根据记账凭证分类编制汇总收款凭证、汇总付款凭证和汇总转账凭证，再根据汇总记账凭证登记总分类账。

（3）科目汇总表账务处理程序。科目汇总表账务处理程序根据记账凭证定期编制科目汇总表，再根据科目汇总表登记总分类账。

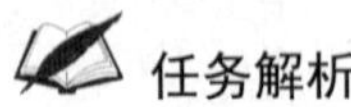

任务解析

会计账务处理程序分为3类，分别是记账凭证账务处理程序、汇总记账凭证账务处理程序和科目汇总表账务处理程序。每种账务处理程序的不同之处主要在于登记总账的依据和方法，进而造成各种程序的工作量和总账反映的信息详细程度的不同。一般来说，规模小、业务量少的单位可以选用记账凭证账务处理程序，而规模较大、业务量多的单位适合选用汇总记账凭证账务处理程序和科目汇总表账务处理程序。其中，科目汇总表账务处理程序的应用较为广泛。

巩固与训练

一、单选题

1．各种账务处理程序的主要区别在于（　　）。

A．登记总账的依据和方法不同　　B．登记日记账的依据和方法不同

C．会计凭证的种类不同　　D．登记明细账的依据和方法不同

2．在不同的账务处理程序中，不能作为登记总账依据的是（　　）。

A．记账凭证　　B．汇总记账凭证　　C．汇总原始凭证　　D．科目汇总表

3．以下不是常见的账务处理程序的是（　　）。

A．记账凭证账务处理程序　　B．汇总记账凭证账务处理程序

C．科目汇总表账务处理程序　　D．原始凭证账务处理程序

4．下列各项中，属于选择总分类账登记方法的依据的是（　　）。

A．会计核算形式　　B．会计凭证的类别

C．账簿体系　　D．会计科目的设置

二、多选题

1．账务处理程序是对（　　）按照一定的形式和方法相结合的方式。

A．会计报表　　B．会计凭证　　C．会计账簿　　D．会计科目

2．不同会计核算程序所具有的相同之处是（　　）。

A．编制记账凭证的直接依据相同　　B．编制会计报表的直接依据相同

C．登记总分类账簿的直接依据相同　　D．登记明细分类账簿的直接依据相同

3．在我国，常用的账务处理程序主要有（　　）。

A．记账凭证账务处理程序　　B．汇总记账凭证账务处理程序

C．多栏式日记账账务处理程序　　D．科目汇总表账务处理程序

4．影响企业选择账务处理程序的因素包括（　　）。

A．经济活动和财务收支的实际情况　　B．企业规模和经济业务量

C．经营管理的需要　　D．会计核算手续

5．一个单位的账务处理程序，应该具备的特征有（　　）。

A．与单位的经营特点和形式等情况相适应

B．要能够及时、正确和完整地提供会计信息

C．有利于会计人员及单位内部各部门之间的协作

D．可以简化核算程序，提高工作效率，节约人力和物力

三、判断题

1．账务处理程序是指记账程序与会计凭证有机结合的方法和步骤，它贯穿会计核算的全过程，从原始凭证的取得和审核、记账凭证的填制、明细分类账及总分类账的登记，最后是会计报表的编制。（　　）

2．账务处理程序也称会计核算形式，是指会计凭证、会计账簿、会计报表相结合的方式。（　　）

3．不同的凭证、账簿组织及与之相适应的记账程序和方法相结合，构成不同的账务处理程序。（　　）

4．各种账务处理程序的主要区别在于登记总账的依据和方法不同。（　　）

5．企业采用的财务处理程序不同，编制会计报表的依据也不相同。（　　）

任务 8.2　记账凭证账务处理程序

知识目标

1. 理解记账凭证账务处理程序的概念。
2. 熟悉记账凭证账务处理程序的核算步骤及流程。
3. 掌握记账凭证账务处理程序的优缺点及适用范围。

技能目标

掌握记账凭证账务处理程序的应用。

任务情境

记账凭证账务处理程序是基本的账务处理程序，其他各种账务处理程序都是在此基础上发展演变而成的。以广州迪奥公司为例，要进行其他账务处理程序，在不影响会计信息质量的情况下简化账务处理工作，提高工作效率，就需要先学习记账凭证账务处理程序。在项目 4 中，我们已经学习了简单的登账方法及流程，本任务将就具体案例来讲解整个账务处理程序的流程。那么在记账凭证账务处理程序下进行账务处理适用于什么类型的企业？

知识准备

1．记账凭证账务处理程序的概念

记账凭证账务处理程序是指对发生的经济业务事项，根据原始凭证或汇总原始凭证编制记账凭证，然后据以逐笔登记总分类账，并定期编制会计报表的一种账务处理程序。记账凭证账务处理程序的特点是直接根据记账凭证逐笔登记总分类账。

2．记账凭证账务处理程序下凭证与账簿的设置

1）记账凭证账务处理程序下凭证的设置

在记账凭证账务处理程序下，记账凭证一般使用收款凭证、付款凭证和转账凭证等专用记账凭证，也可采用通用记账凭证。

2）记账凭证账务处理程序下账簿的设置

在记账凭证处理程序下，应当设置现金日记账、银行存款日记账、明细分类账和总分类账。日记账和总账可采用三栏式，明细分类账可根据需要采用三栏式、数量金额式和多栏式等。

3．记账凭证账务处理程序的核算步骤及操作

记账凭证账务处理程序的核算步骤如图 8-2 所示。

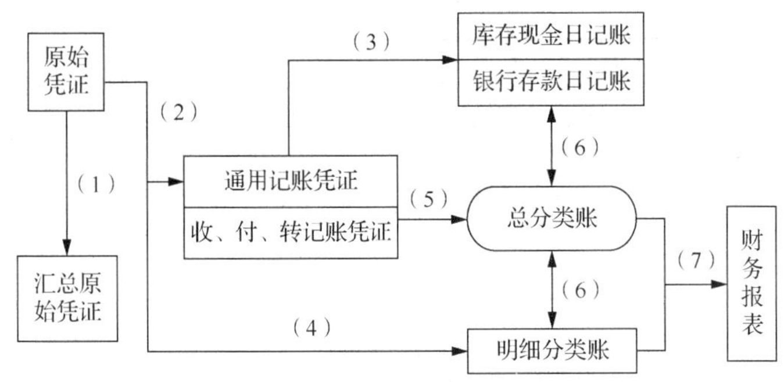

图 8-2　记账凭证账务处理程序的核算步骤

（1）根据原始凭证编制汇总原始凭证。

（2）根据原始凭证或汇总原始凭证，填制收款凭证、付款凭证和转账凭证，也可以填制通用记账凭证。

（3）根据收款凭证和付款凭证，逐笔登记库存现金日记账和银行存款日记账。

（4）根据原始凭证、汇总原始凭证和记账凭证，登记各种明细分类账。

（5）根据记账凭证逐笔登记总分类账。

（6）期末，将库存现金日记账、银行存款日记账和明细分类账的余额与有关总分类账的余额核对相符。

（7）期末，根据总分类账和明细分类账的记录，编制财务报表。

4．记账凭证账务处理程序的优缺点及适用范围

1）优缺点

（1）优点：记账凭证账务处理程序流程简单明了，易于理解和运用。总分类账由于是直接根据各种记账凭证逐笔登记的，可以详细具体地反映经济业务的发生情况，便于查账。

（2）缺点：由于要根据记账凭证逐笔登记总分类账，登记总分类账的工作量比较大。

2）适用范围

记账凭证账务处理程序一般适用于规模较小、经济业务量较少且记账凭证不多的单位。

5．记账凭证账务处理程序的应用

为了便于理解和阅读，本任务只对“库存现金”“原材料”“应付账款”“销售费用”4 个科目进行记账凭证账务处理程序。具体的账务资料继续使用广州迪奥公司 2020 年 3 月的经济业务案例（附录 2）。相关账户的期初余额如表 8-1 所示。

表 8-1　广州迪奥公司 2020 年 3 月初相关账户的余额

单位：元

资产	期初借方余额	负债及所有者权益	期初贷方余额
库存现金	12 000	短期借款	100 000
银行存款	168 000	应付利息	

续表

资产	期初借方余额	负债及所有者权益	期初贷方余额
应收账款	59 600	应付账款	22 000
其他应收款	2 500	应交税费	19 600
坏账准备	1 000（贷）	应付职工薪酬	110 000
在途物资		实收资本	4 070 000
原材料	697 500	盈余公积	52 000
库存商品	775 000	本年利润	
固定资产	2 707 000	利润分配	37 000
累计折旧	130 000（贷）		
无形资产	340 000		
累计摊销	220 000（贷）		
合计	4 761 600	合计	4 761 600

具体工作步骤如下。

步骤 1：将 3 月发生的现金收付业务，逐笔登记“库存现金”日记账，如图 8-3 所示。

库存现金 日记账

2020 年 月	日	凭证编号	摘要	对方科目	借方	贷方	借或贷	余额
3	1		期初余额				借	1200000
	12	记10	购买行政部门办公用品	管理费用		56500	借	1143500
	14	记14	李伟预借差旅费	其他应收款		200000	借	943500
	26	记22	李伟报销差旅费交回余款	其他应收款	94000		借	1037500
	31	记32	购买行政部门办公用品	管理费用		55600	借	981900
	31	记36	调记32号凭证错账	应交税费		900	借	981000
	31	记37	发现现金短款	待处理财产损溢		8000	借	973000
			本日小计			64500	借	973000
			本月合计		94000	321000	借	973000

图 8-3 “库存现金”日记账

步骤 2：根据 3 月发生的库存商品领用及购进业务、销售部门的费用发生和期初有关明细账资料，登记“库存商品”“应付账款”“销售费用”等明细账，如图 8-4～图 8-8 所示。

库存商品 明细账

明细科目：女式手提包　　计量单位：件

2020 年 月	日	凭证编号	摘要	收入 数量	收入 单位成本	收入 金额	发出 数量	发出 单位成本	发出 金额	结存 数量	结存 单位成本	结存 金额
3	1		期初余额							1000	30000	30000000
	20	记17	结转销售成本				800	30000	24000000	200	30000	6000000
	30	记27	完工入库	540	30000	16200000				740		22200000
	31	记38	盘盈	10	30000	300000				750		22500000
	31		本月合计	550	30000	16500000	800	30000	24000000	750	30000	22500000

图 8-4 “库存商品（女式手提包）”明细账

库存商品 明细账

明细科目：男式公文包　　　　　　　　　　　　　　　　　　　　计量单位：件

2020 年 月	日	凭证编号	摘要	收入 数量	收入 单位成本	收入 金额	发出 数量	发出 单位成本	发出 金额	结存 数量	结存 单位成本	结存 金额
3	1		期初余额							500	20000	10000000
	20	记17	结转销售成本				400	20000	8000000	100	20000	2000000
	30	记28	完工入库	605	20000	12100000				300	20000	14100000
	31		本月合计	605	20000	12100000	400	20000	8000000	300	20000	14100000

图 8-5 “库存商品（男式公文包）”明细账

应付账款 明细账

明细科目：珠海皮革厂

2020 年 月	日	凭证编号	摘要	借方	贷方	借或贷	余额
3	1		期初余额			贷	1400000
	8	记6	采购原材料，款未付		1695000	贷	3095000
			本月合计		1695000	贷	3095000

图 8-6 “应付账款（珠海皮革厂）”明细账

应付账款 明细账

明细科目：联成五金厂

2020 年 月	日	凭证编号	摘要	借方	贷方	借或贷	余额
3	1		期初余额			贷	700000
	10	记7	采购原材料，款未付		791000	贷	1491000
	11	记9	付前欠货款	791000		贷	700000
			本月合计	791000	791000	贷	700000

图 8-7 “应付账款（联成五金厂）”明细账

销售费用 明细账

2020 年 月	日	凭证编号	摘要	借方发生额	明细项目 广告费	明细项目 工资薪金	明细项目	明细项目	明细项目
3	14	记15	支付广告费	300000	300000				
	31	记24	分配工资	1000000		1000000			
	31		本月合计	1300000	300000	1000000			
	31	记47	结转本月费用	1300000	300000	1000000			

图 8-8 “销售费用”明细账

步骤 3：根据记账凭证登记“库存现金”“库存商品”“应付账款”“销售费用”总分类账，如图 8-9～图 8-12 所示。

总　账

总页码 1
本户页次 33

会计科目名称及编号　库存现金 1001

2020年 月	日	凭证编号	摘要	借方	贷方	借或贷	余额	核对号
3	1		期初余额			借	1200000	
	12	记10	购买行政部门办公用品		56500	借	1143500	
	14	记14	李伟预借差旅费		200000	借	943500	
	26	记22	李伟报销差旅费交回余款	94000		借	1037500	
	31	记32	购买行政部门办公用品		55600	借	981900	
	31	记36	调记32号凭证错账		900	借	981000	
	31	记37	发现现金短款		8000	借	973000	
			本月合计	94000	321000	借	973000	

图 8-9　“库存现金”总账

总　账

总页码 8
本户页次 33

会计科目名称及编号　库存商品 1405

2020年 月	日	凭证编号	摘要	借方	贷方	借或贷	余额	核对号
3	1		期初余额			借	77500000	
	20	记17	结转销售成本		24000000	借	53500000	
	24	记19	结转销售成本		8000000	借	45500000	
	30	记27	女手提包完工入库	16200000		借	61700000	
	30	记28	男公文包完工入库	12100000		借	73800000	
	31	记36	盘盈女手提包10件	300000		借	74100000	
			本月合计	28600000	32000000	借	74100000	

图 8-10　“库存商品”总账

总　账

总页码 8
本户页次 33

会计科目名称及编号　应付账款 2202

2020年 月	日	凭证编号	摘要	借方	贷方	借或贷	余额	核对号
3	1		期初余额			贷	2200000	
	8	记6	购原材料款未付		1695000	贷	3895000	
	10	记7	购原材料款未付		791000	贷	4686000	
	11	记9	支付前欠货款	791000		贷	3895000	
			本月合计	791000	2486000	贷	3895000	

图 8-11　应付账款总账

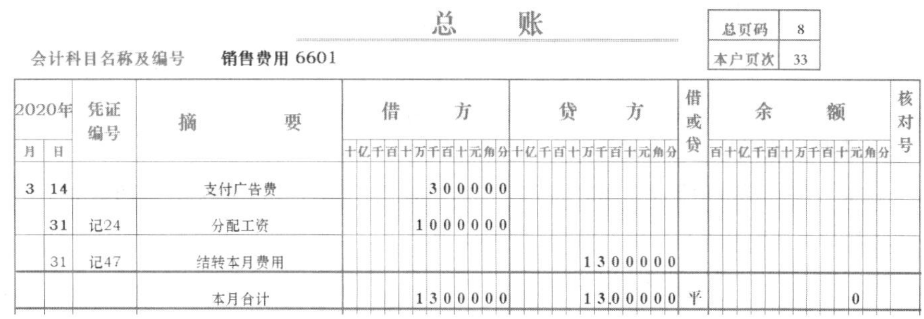

总 账

总页码	8
本户页次	33

会计科目名称及编号 **销售费用 6601**

2020年 月	日	凭证编号	摘要	借方（十亿千百十万千百十元角分）	贷方（十亿千百十万千百十元角分）	借或贷	余额（百十亿千百十万千百十元角分）	核对号
3	14		支付广告费	300000				
	31	记24	分配工资	1000000				
	31	记47	结转本月费用		1300000			
			本月合计	1300000	1300000	平	0	

图 8-12 “销售费用”总账

任务解析

记账凭证账务处理程序是3种账务处理程序中最基本的一种，它操作起来简单明了，易于理解，只是因为总分类账的登记是根据每张记账凭证一一登记，所以登记总账的工作量大。总账反映的经济业务信息详细明了，方便查账，但每张记账凭证要登两次账，容易出错。因此，记账凭证账务处理程序适用于规模较小、经济业务量较少且记账凭证不多的单位，在实际工作中应用并不广泛。

巩固与训练

一、单选题

1．在记账凭证账务处理程序下，登记总账的直接依据是（　　）。

A．记账凭证　　B．汇总记账凭证　　C．科目汇总表　　D．原始凭证

2．记账凭证账务处理程序的特点是根据记账凭证逐笔登记（　　）。

A．日记账　　B．明细分类账

C．总分类账　　D．总分类账和明细分类账

3．记账凭证账务处理程序的适用范围是（　　）。

A．规模较大、经济业务量较多的单位　　B．采用单式记账的单位

C．规模较小、经济业务量较少的单位　　D．会计基础工作薄弱的单位

4．记账凭证账务处理程序的缺点是（　　）。

A．不便于分工记账　　B．程序复杂、不易掌握

C．不便于查账、对账　　D．登记总分类账的工作量大

5．甲公司是一家小规模企业，使用记账凭证账务处理程序记账，工作流程设计以下环节：①根据原始凭证或者原始凭证汇总表填制记账凭证；②根据原始凭证或原始凭证汇总表、记账凭证登记明细账；③根据明细账和总分类账编制会计报表；④根据收款凭证和付款凭证登记现金日记账和银行存款日记账；⑤根据记账凭证登记总分类账。正确的环节顺序是（　　）。

A．①⑤③④②　　B．①②③④⑤　　C．①④②⑤③　　D．⑤③④①②

二、多选题

1．下列关于记账凭证账务处理程序的说法，不正确的是（　　）。

A．根据记账凭证直接登记总账　　B．账务处理程序比较复杂

C．总账比较详细地记录业务，便于查阅　　D．不适合经济业务量较少的单位

2．在记账凭证账务处理程序中，登记总账的依据是（　　）。

A．转账凭证　　B．原始凭证汇总表　　C．收款凭证　　D．付款凭证

3．下列关于记账凭证账务处理程序的说法，正确的是（　　）。

A．根据记账凭证逐笔登记总分类账，是最基本的账务处理程序

B．简单明了，易于理解，总分类账可以较详细地反映经济业务的发生情况

C．登记总分类账的工作量较大

D．适用于规模较大、经济业务量较多的单位

4．记账凭证账务处理程序，登记明细账的依据可以是（　　）。

A．原始凭证　　B．汇总原始凭证　　C．汇总记账凭证　　D．记账凭证

5．记账凭证账务处理程序的优点有（　　）。

A．登记总分类账的工作量较小　　B．账务处理程序简单明了，易于理解

C．分类账登记详细，便于查账、对账　　D．适用于规模大、业务量多的大中型企业

三、判断题

1．记账凭证账务处理程序是最基本的账务处理程序，其特点就是登记账簿的工作量较小。（　　）

2．记账凭证账务处理程序的主要特点就是直接根据各种记账凭证登记总账。（　　）

3．记账凭证汇总表账务处理程序既能保持账户的对应关系，又能减轻登记总分类账的工作量。（　　）

4．记账凭证汇总表账务处理程序简单明了、易于理解，总分类账可以较详细地反映经济业务的发生情况。（　　）

5．现金日记账和银行存款日记账不论在何种会计核算形式下，都是根据与收、付款有关的记账凭证逐日逐笔顺序登记的。（　　）

任务 8.3　汇总记账凭证账务处理程序

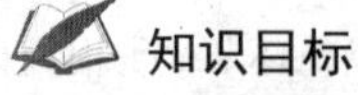

知识目标

1. 理解汇总记账凭证账务处理程序的概念。
2. 熟悉汇总记账凭证账务处理程序的核算步骤及流程。
3. 掌握汇总记账凭证账务处理程序的优缺点及适用范围。

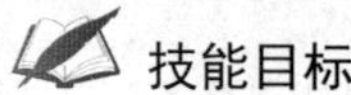

技能目标

了解汇总记账凭证的编制方法及汇总记账凭证账务处理程序的应用。

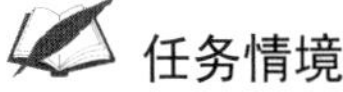

任务情境

经过前面的学习，李伟对凭证、账簿的关系有了一定了解。既然原始凭证可以汇总，那么记账凭证可不可以也进行汇总，再来据以登记账簿，从而减轻登账的工作量呢？带着这个问题，他去请教财务人员，财务人员告诉他还有汇总记账凭证账务处理程序。那么，这种核算程序对凭证的编制有什么要求？汇总记账凭证又应怎样填写？它有怎样的特点？是否适合广州迪奥公司呢？

知识准备

1．汇总记账凭证业务处理程序的概念

汇总记账凭证账务处理程序是指对发生的经济业务事项，先根据原始凭证或汇总原始凭证编制记账凭证，再根据记账凭证分类编制汇总记账凭证（汇总收款凭证、汇总付款凭证和汇总转账凭证），最后根据汇总记账凭证登记总分类账的一种账务处理程序。

汇总记账凭证账务处理程序是在记账凭证账务处理程序的基础上发展演变而来的。特点是按照会计账户之间的对应关系，定期根据记账凭证分类编制汇总收款凭证、汇总付款凭证和汇总转账凭证，再根据汇总记账凭证登记总分类账。

2．汇总记账凭证账务处理程序下的凭证和账簿设置

1）汇总记账凭证账务处理程序下的凭证设置

在汇总记账凭证账务处理程序下，记账凭证一般采用收款凭证、付款凭证和转账凭证，也可采用通用记账凭证，同时应设置汇总记账凭证。如果记账凭证是收、付、转 3 种专用格式，则应分别设置汇总收款凭证、汇总付款凭证和汇总转账凭证。如果记账凭证采用通用的统一格式，设置的汇总记账凭证也应采用通用的统一格式。记账凭证的分类如图 8-13 所示。

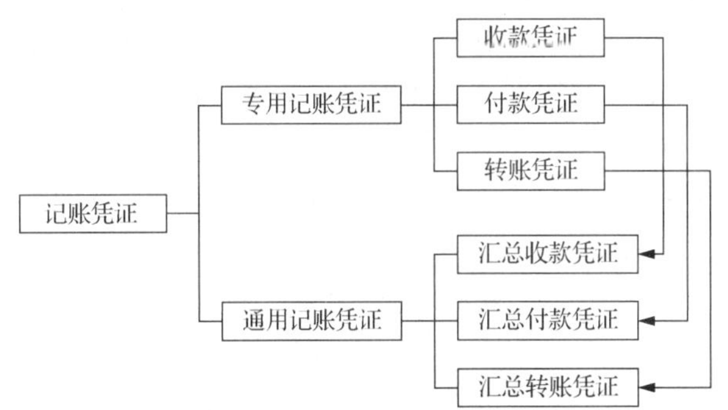

图 8-13　记账凭证的分类

2）汇总记账凭证账务处理程序下的账簿设置

在汇总记账凭证处理程序下，应当设置现金日记账、银行存款日记账、明细分类账和总分类账。日记账和总账可采用三栏式，明细分类账可根据需要采用三栏式、数量金额式和多栏式等。

注意：汇总记账凭证处理程序下的账簿组织与记账凭证账务处理程序下的账簿组织基本相同。

3．汇总记账凭证的种类及编制方法

汇总记账凭证是指对一段时期内同类记账凭证进行定期汇总而编制的记账凭证。汇总收款凭证、汇总付款凭证和汇总转账凭证的编制方法有所不同。

汇总收款凭证的一般要求

1）汇总收款凭证的编制

汇总收款凭证根据收款凭证的“库存现金”和“银行存款”账户的借方分别进行设置，并按各账户对应的贷方科目归类后，进行汇总编制，月末结计出合计数。总分类账根据各汇总收款凭证的合计数进行登记，分别记入“库存现金”“银行存款”总分类账户的借方，并将汇总收款凭证上各账户贷方的合计数分别记入有关总分类账户的贷方。汇总收款凭证的格式如表 8-2 所示。

表 8-2　汇总收款凭证

借方科目：　　　　　　　　　　年　月　　　　　　　　　　第　号

贷方科目	金额				总账页数	
	日至　日 收款凭证 号至　号	日至　日 收款凭证 号至　号	日至　日 收款凭证 号至　号	合计	借方	贷方
本月合计						

2）汇总付款凭证的编制

汇总付款凭证根据“库存现金”和“银行存款”账户的贷方进行编制。汇总付款凭证是在对各账户对应的借方分类之后，进行汇总编制。总分类账根据各汇总付款凭证的合计数进行登记，分别记入“库存现金”“银行存款”总分类账户的贷方，并将汇总付款凭证上各账户借方的合计数分别记入有关总分类账户的借方。汇总付款凭证的格式如表 8-3 所示。

汇总付款凭证的一般要求

表 8-3　汇总付款凭证

贷方科目：　　　　　　　　　　年　月　　　　　　　　　　第　号

借方科目	金额				总账页数	
	日至　日 付款凭证 号至　号	日至　日 付款凭证 号至　号	日至　日 付款凭证 号至　号	合计	借方	贷方
本月合计						

3）汇总转账凭证的编制

汇总转账凭证
的一般要求

汇总转账凭证通常根据所设置账户的贷方进行编制。汇总转账凭证是在对所设置账户相对应的借方账户分类之后，进行汇总编制。总分类账根据各汇总转账凭证的合计数进行登记，分别记入对应账户的总分类账户的贷方，并将汇总转账凭证上各账户借方的合计数分别记入有关总分类账户的借方。汇总转账凭证的格式如表 8-4 所示。

表 8-4 汇总转账凭证

贷方科目： 年 月 第 号

借方科目	金额				总账页数	
	日至 日 转账凭证 号至 号	日至 日 转账凭证 号至 号	日至 日 转账凭证 号至 号	合计	借方	贷方
本月合计						

4．汇总记账凭证业务处理程序的核算步骤

汇总记账凭证账务处理程序的核算步骤如图 8-14 所示。

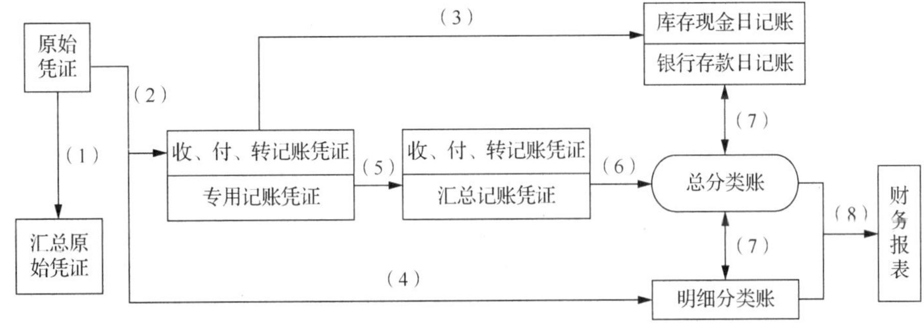

图 8-14 汇总记账凭证账务处理程序的核算步骤

（1）根据原始凭证填制汇总原始凭证。

（2）根据原始凭证或汇总原始凭证，填制收款凭证、付款凭证和转账凭证，也可以填制专用记账凭证。

（3）根据收款凭证、付款凭证逐笔登记库存现金日记账和银行存款日记账。

（4）根据原始凭证、汇总原始凭证和记账凭证，登记各种明细分类账。

（5）根据各种记账凭证编制有关汇总记账凭证。

（6）根据各种汇总记账凭证登记总分类账。

（7）期末，将库存现金日记账、银行存款日记账和明细分类账的余额与有关总分类账的余额核对相符。

（8）期末，根据总分类账和明细分类账的记录，编制财务报表。

5. 汇总记账凭证账务处理程序的优缺点及适用范围

1）优点和缺点

（1）优点。

汇总记账凭证账务处理程序通过编制汇总记账凭证将大量的记账凭证整理工作分散在平时完成，可以分次或月末一次登入总账，减轻了登记总分类账的工作量。另外，汇总记账凭证是按照科目对应关系进行归类汇总编制的，能够清晰地反映账户之间的对应关系，便于查账和分析经济业务的来龙去脉。

（2）缺点。

当转账凭证较多时，编制汇总转账凭证的工作量较大，并且按每一贷方账户编制汇总转账凭证，不利于会计核算的日常分工。另外，对汇总过程中可能出现的错误难以发现。

2）适用范围

汇总记账凭证账务处理程序适用于规模较大、经济业务较多的单位。

6. 汇总记账凭证账务处理程序的应用

为了便于理解和阅读，本任务选取“库存现金”（贷方）、“银行存款”（借方）、“应付账款”3 个科目进行汇总记账凭证账务处理程序。具体的账务资料使用广州迪奥公司 2020 年 3 月发生的经济业务案例，各账户的期初余额如表 8-1 所示。

具体工作步骤如下。

步骤 1：将 3 月发生的现金付款业务，逐笔登记库存现金日记账，这种方法与任务 8.2 中的工作过程相同。

步骤 2：将 3 月发生的银行收款业务，逐笔登记银行存款日记账，这种方法与任务 4.3.1 中的工作过程相同。

步骤 3：根据 3 月发生的现金付款、银行收款及“应付账款”的相关业务及期初有关明细账资料，登记“管理费用”“其他应收款”“应交税费”等明细账。这些明细账的登记方法与任务 4.3 中明细账的登记相同。

步骤 4：按照上、下半月编制以上“库存现金”（贷方）、“银行存款”（借方）及“应付账款”（转账）的汇总记账凭证，如表 8-5～表 8-7 所示。

表 8-5 汇总付款凭证

贷方科目：库存现金　　　　2020 年 3 月　　　　汇付字 第 1 号

借方科目	金额/元			总账页数	
	1 日至 15 日 付款凭证 1 号至 16 号	16 日至 31 日 付款凭证 17 号至 53 号	合计	借方	贷方
管理费用	565	556	1 121	略	略
其他应收款	2 000		2 000		
应交税费		9	9		
待处理财税损溢		80	80		
本月合计	2 565	645	3 210		

表 8-6 汇总收款凭证

借方科目：银行存款　　　　2020 年 3 月　　　　汇收字 第 2 号

贷方科目	金额/元			总账页数	
	1 日至 15 日 付款凭证 1 号至 16 号	16 日至 31 日 付款凭证 17 号至 53 号	合计	借方	贷方
实收资本	100 000		100 000	略	略
短期借款	150 000		150 000		
主营业务收入		128 000	128 000		
其他业务收入		12 000	12 000		
应交税费		18 200	18 200		
本月合计	250 000	158 200	408 200		

表 8-7 汇总转账凭证

贷方科目：应付账款　　　　2020 年 3 月　　　　汇转字 第 1 号

借方科目	金额/元			总账页数	
	1 日至 15 日 付款凭证 1 号至 16 号	16 日至 31 日 付款凭证 17 号至 53 号	合计	借方	贷方
原材料	15 000		15 000	略	略
在途物资	7 000		7 000		
应交税费	2 860		2 860		
本月合计	24 860		24 860		

步骤 5：根据以上编制的汇总记账凭证登记“库存现金”“银行存款”“应付账款”“应交税费”等总分类账，其他的总账登记方法同上（在此省略）。具体登账方法如图 8-15～图 8-18 所示。

注意：由于没有登记完全部业务，不进行月末的结账。

总　　账

总页码	1
本户页次	33

会计科目名称及编号　库存现金 1001

2020年 月	日	凭证编号	摘要	借方（十亿千百十万千百十元角分）	贷方（十亿千百十万千百十元角分）	借或贷	余额（百十亿千百十万千百十元角分）	核对号
3	1		期初余额			借	1200000	
	31	汇付1	1-31日发生额		321000	借	879000	

图 8-15 “库存现金”总账

总　账

总页码	2
本户页次	33

会计科目名称及编号　银行存款 1002

2020年 月	日	凭证编号	摘　要	借方	贷方	借或贷	余额	核对号
3	1		期初余额			借	16800000	
	31	汇收2	1-31日发生额	40820000		借	57620000	

图 8-16　“银行存款”总账

总　账

总页码	8
本户页次	33

会计科目名称及编号　应付账款 2202

2020年 月	日	凭证编号	摘　要	借方	贷方	借或贷	余额	核对号
3	1		期初余额			贷	2200000	
	31	汇转1	1-31日发生额		2486000	贷	4686000	

图 8-17　“应付账款”总账

总　账

总页码	17
本户页次	33

会计科目名称及编号　应交税费 2221

2020年 月	日	凭证编号	摘　要	借方	贷方	借或贷	余额	核对号
3	1		期初余额			贷	1960000	
	31	汇付1	1-31日发生额	900		贷	1959100	
	31	汇收2	1-31日发生额		1820000	贷	3779100	
	31	汇转1	1-31日发生额	286000		贷	3493100	

图 8-18　“应交税费”总账

任务解析

汇总记账凭证账务处理程序要求日常会计核算过程中填制收、付、转专用记账凭证，并且对每种专用凭证的填制有一定要求，不能填写多借多贷的分录。按照专用记账凭证的种类，采用特定的方法定期编制汇总记账凭证。期末算出汇总的合计数，再根据汇总记账凭证上的汇总数字登记有关的总分类账，而不必根据各种记账凭证再逐笔登记总分类账。这无疑简化了后期工作的处理，从而减轻了登记总分类的工作量，但在转账业务多的情况下，编制汇总转账凭证比较麻烦，也容易出错。这种账务处理程序应用也不广泛。

巩固与训练

一、单选题

1．在汇总记账凭证账务处理程序下，登记总分类账的依据是（　　）。

A．汇总原始凭证　B．汇总记账凭证　C．记账凭证　D．原始凭证

2．下列选项中，属于既能汇总登记总分类账，减轻总账登记工作，又能明确反映账户对应关系，便于查账、对账的账务处理程序是（　　）。

A．科目汇总表账务处理程序　B．日记账账务处理程序

C．汇总记账凭证账务处理程序　D．多栏式日记账账务处理程序

3．汇总收款凭证的借方科目可能是（　　）。

A．“库存现金”或“银行存款”　B．“生产成本”或“制造费用”

C．“固定资产”或“无形资产”　D．“短期借款”或“长期借款”

4．汇总转账凭证一般按（　　）科目设置。

A．借方　B．贷方　C．借方或贷方　D．借方和贷方

5．对规模较大、经济业务较多的公司，为了了解账户的对应关系，一般应采用的账务处理程序是（　　）。

A．记账凭证账务处理程序　B．汇总记账凭证账务处理程序

C．科目汇总表账务处理程序　D．记账凭证汇总表账务处理程序

二、多选题

1．下列有关汇总记账凭证账务处理程序的说法，正确的有（　　）。

A．减轻了登记总分类账的工作量

B．便于了解账户之间的对应关系

C．不利于会计核算的日常分工

D．主要适用于规模较大、经济业务较多的单位使用

2．由于汇总转账凭证是按每一贷方科目设置的，为了便于汇总，编制转账凭证可以是（　　）。

A．一借一贷的会计分录　B．一贷多借的会计分录

C．一借多贷的会计分录　D．多借多贷的会计分录

3．下列关于汇总记账凭证编制的表述，正确的是（　　）。

A．汇总收款凭证，应分别按库存现金、银行存款账户的借方设置，并按其对应的贷方账户归类汇总

B．汇总付款凭证，应分别按库存现金、银行存款账户的贷方设置，并按其对应的借方账户归类汇总

C．汇总收款凭证，应分别按库存现金、银行存款账户的贷方设置，并按其对应的借方账户归类汇总

D．汇总付款凭证，应分别按库存现金、银行存款账户的借方设置，并按其对应的贷方账户归类汇总

4. 在汇总记账凭证账务处理程序下，编制汇总记账凭证并据以登记总账，可作为汇总付款凭证贷方科目的是（　　）。

A. “应付账款”　　B. “银行存款”　　C. “库存现金”　　D. “原材料”

5. 下列关于汇总记账凭证账务处理程序的说法，正确的有（　　）。

A. 便于对经济业务进行分析和检查

B. 不利于会计核算的日常分工

C. 当转账凭证较多时，编制汇总转账凭证的工作量较大

D. 适用于生产规模较大、经济业务量较多的单位

三、判断题

1. 汇总记账凭证账务处理程序就是将各种原始凭证汇总后填制记账凭证，据以登记总账的账务处理程序。（　　）

2. 汇总记账凭证账务处理程序和科目汇总表账务处理程序的根本区别在于汇总记账凭证和科目汇总表的编制方法不同。（　　）

3. 汇总记账凭证账务处理程序不利于会计核算的日常分工，并且当转账凭证较多时，编制汇总转账凭证的工作量较大。（　　）

4. 汇总记账凭证账务处理程序一般适用于规模较大、经济业务较多、专用记账凭证也比较多的会计主体。（　　）

5. 汇总记账凭证账务处理程序的优点：可以简化总分类账的登记工作，减轻了登记总分类账的工作量，并可做到试算平衡。（　　）

6. 汇总记账凭证是指按每一个贷方科目分别设置，用来汇总一定时期内转账业务的一种记账凭证。（　　）

四、实训题

请参照本书的全套案例，按照汇总记账凭证账务处理程序的核算要求，分上、下半月编制广州迪奥公司 2020 年 3 月的“库存现金”汇总收款凭证、“银行存款”汇总付款凭证，以及“库存商品”“原材料”的汇总转账凭证，并登记相关的总账，完成现金和银行存款日记账的期末结账工作。

任务 8.4　科目汇总表账务处理程序

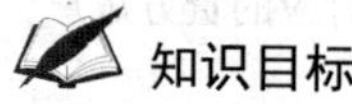

知识目标

1. 理解科目汇总表账务处理程序的概念。
2. 掌握科目汇总表账务处理程序的核算步骤及流程。
3. 掌握科目汇总表账务处理程序的优缺点及适用范围。

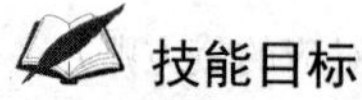

技能目标

掌握汇总表的编制方法及科目汇总表账务处理程序的应用。

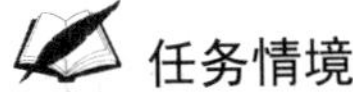

任务情境

经过一番了解和动手实操后，李伟认为记账凭证账务处理程序和汇总记账凭证账务处理程序各有利弊，前者几乎是重复登两次账簿，而后者编制汇总记账凭证更费时且容易出错。于是，他询问财务人员，有没有账务处理程序能更简化后期的账务工作，既提高工作效率又具有科学性和实用性呢？于是，财务部门提出了科目汇总表账务处理程序，它在实际工作中的应用非常广泛。那么，它较之前两种流程有什么不同？是否适用于广州迪奥公司呢？

1．科目汇总表账务处理程序的概念

科目汇总表账务处理程序又称记账凭证汇总表处理程序，是指各种记账凭证先按会计科目定期编制科目汇总表，再根据科目汇总表登记总分类账，再定期编制会计报表的一种账务处理程序。科目汇总表账务处理程序是在记账凭证账务处理程序的基础上发展和演变而来的，特点是定期将所有的记账凭证编制成科目汇总表（即记账凭证汇总表），然后根据科目汇总表登记总分类账。

2．科目汇总表账务处理程序下凭证和账簿的设置

1）科目汇总表账务处理程序下凭证的设置

在科目汇总表账务处理程序下，记账凭证可以采用通用记账凭证，也可以采用收款、付款和转账专用记账凭证，同时应设置科目汇总表。

微课：科目汇总表账务处理程序

2）科目汇总表账务处理程序下账簿的设置

在科目汇总表账务处理程序下，应当设置现金日记账、银行存款日记账、明细分类账和总分类账。日记账和总账可采用三栏式，明细分类账可根据需要采用三栏式、数量金额式和多栏式等。

3．科目汇总表的概念和编制方法

1）科目汇总表的概念

科目汇总表又称记账凭证汇总表，是企业根据一定时期内的全部记账凭证，按相同的会计科目进行归类，汇总总账科目本期借方发生额和贷方发生额的表格，如表 8-8 所示。

表 8-8　科目汇总表

年　月　日至　日　　　　科汇字第　号

会计科目	本期发生额		总账页数	记账凭证起讫号数
	借方金额	贷方金额		
合计				

2）科目汇总表的编制方法

科目汇总表的编制方法：根据一定时期内的全部记账凭证，按照会计科目进行归类，定期汇总计算出每个账户的借方本期发生额和贷方本期发生额合计数，填写在科目汇总表的相关栏内。全部科目的借方发生额合计数应与全部账户贷方发生额的合计数相等。

科目汇总表的编制时间，应根据单位业务量的大小而定。业务量较多的可以按旬汇总，业务量较少的可以半个月或一个月汇总编制一张。任何格式的科目汇总表，都只反映各个账户的借方本期发生额和贷方本期发生额，不反映各账户之间的对应关系。

4．科目汇总表账务处理程序的核算步骤

科目汇总表账务处理程序的核算步骤如图 8-19 所示。

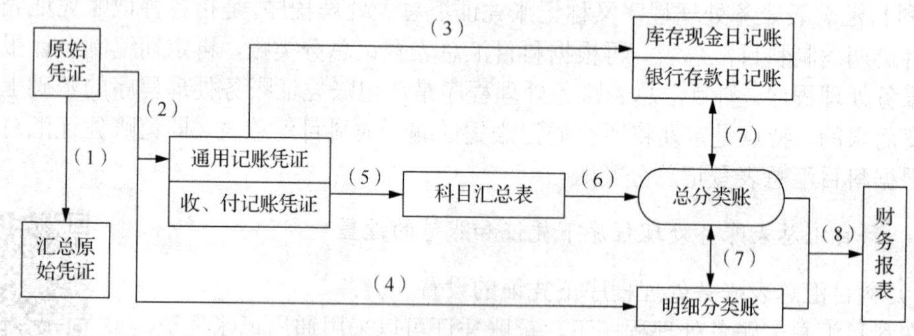

图 8-19　科目汇总表处理程序的核算步骤

（1）根据原始凭证填制汇总原始凭证。

（2）根据原始凭证或汇总原始凭证填制记账凭证。

（3）根据收款凭证、付款凭证或通用记账凭证逐笔登记库存现金日记账和银行存款日记账。

（4）根据原始凭证、汇总原始凭证和记账凭证，登记各种明细分类账。

（5）根据各种记账凭证编制科目汇总表。

（6）根据科目汇总表登记总分类账。

（7）期末，将库存现金日记账、银行存款日记账和明细分类账的余额同有关总分类账的余额核对相符。

（8）期末，根据总分类账和明细分类账的记录，编制财务报表。

5．科目汇总表账务处理程序的优缺点及适用范围

1）优点和缺点

（1）优点。

由于采用了汇总登记总分类账的方式，简化了登记总账的工作；同时，在登记总分类账之前，通过编制科目汇总表，起到了试算平衡的作用，有利于保证总账记录的正确性；科目汇总表的编制比较容易、简便，适用性较强，任何规模的会计主体都可以采用。

（2）缺点。

科目汇总表不能反映各账户之间的对应关系，因而不利于对账目进行检查和分析经济业务的来龙去脉。

2）适用范围

科目汇总表账务处理程序一般适用于规模较大、经济业务较多的单位。

6．科目汇总表账务处理程序的应用

为了便于理解和阅读，本任务仍以广州迪奥公司 2020 年 3 月发生的全部经济业务为例（共 53 笔）进行重点讲解。本任务分上、下半月进行科目汇总，编制科目汇总表，并举例登记“库存现金”“银行存款”“应付账款”“原材料”“管理费用”等总分类账，其他的总账登记在此省略。

具体工作步骤如下。

步骤 1：将 3 月发生的现金付款业务，逐笔登记库存现金日记账；根据本月发生的银行收款业务，逐笔登记银行存款日记账。

步骤 2：分上、下半月分别编制科目汇总表（1）和（2），如表 8-9 和表 8-10 所示。

表 8-9 科目汇总表（1）

2020 年 3 月 1 日至 15 日　　科汇字第 1 号

会计科目	本期发生额		总账页数	记账凭证起讫号数
	借方金额	贷方金额		
库存现金		2 565	略	记 1～记 16
银行存款	250 000	234 090		
应收账款	406 800			
其他应收款	2 000			
在途物资	7 000	7 000		
原材料	72 000	183 000		
库存商品				
固定资产	50 000			
短期借款		150 000		
应付账款	7 910	24 860		
应交税费	16 105	46 800		
应付职工薪酬	110 000			
实收资本		100 000		
生产成本	183 000			
主营业务收入		360 000		
管理费用	500			
合计	1 108 315	1 108 315		

表 8-10 科目汇总表（2）

2020 年 3 月 16 日至 31 日　　　　科汇字第 2 号

会计科目	本期发生额		总账页数	记账凭证起讫号数
	借方金额	贷方金额		
库存现金	940	645	略	记 17～记 53
银行存款	158 200	15 200		
应收账款				
其他应收款	1 030	2 000		
在途物资				
原材料		10 700		
库存商品	286 000	320 000		
固定资产		5 000		
累计折旧	4 000	27 000		
短期借款	15 000			
应付利息		750		
应付账款	1 000			
应付股利		20 000		
应交税费	65	54 495.38		
应付职工薪酬		110 000		
实收资本				
盈余公积		14 091.69		
本年利润	501 000	501 000		
利润分配	68 183.38	128 036.31		
生产成本	100 000	283 000		
制造费用	30 000	30 000		
主营业务收入	488 000	128 000		
其他业务收入	12 000	12 000		
主营业务成本	320 000	320 000		
其他业务成本	10 000	10 000		
税金及附加	4 889.5	4 889.5		
销售费用	10 000	13 000		
管理费用	28 810	29 310		
财务费用	750	750		
营业外收入	1 000	1 000		
营业外支出	791	791		
所得税费用	31 314.88	31 314.88		
待处理财产损益	4 871	4 871		
合计	2 077 845	2 077 845		

步骤 3：根据以上两张科目汇总表登记“库存现金”“银行存款”“应付账款”“原材料”“管理费用”等总分类账，如图 8-20～图 8-24 所示。

总 账

总页码	1
本户页次	33

会计科目名称及编号 **库存现金** 1001

2020年 月	日	凭证编号	摘要	借方	贷方	借或贷	余额	核对号
3	1		期初余额			借	1200000	
	15	科汇1	1-15日发生额		256500	借	943500	
	31	科汇2	16-31日发生额	94000	64500	借	973000	
3	31		本月合计	94000	321000	借	973000	

图 8-20 “库存现金”总账

总 账

总页码	2
本户页次	33

会计科目名称及编号 **银行存款** 1002

2020年 月	日	凭证编号	摘要	借方	贷方	借或贷	余额	核对号
3	1		期初余额			借	16800000	
	15	科汇1	1-15日发生额	25000000	23409000	借	18391000	
	31	科汇2	16-31日发生额	15820000	1520000	借	32691000	
3	31		本月合计	40820000	24929000	借	32691000	

图 8-21 “银行存款”总账

总 账

总页码	8
本户页次	33

会计科目名称及编号 **应付账款** 2202

2020年 月	日	凭证编号	摘要	借方	贷方	借或贷	余额	核对号
3	1		期初余额			贷	2200000	
	15	科汇1	1-15日发生额	791000	2486000	贷	3895000	
	31	科汇2	16-31日发生额	100000		贷	3795000	
3	31		本月合计	891000	2486000	贷	3795000	

图 8-22 “应付账款”总账

总 账

总页码	7
本户页次	33

会计科目名称及编号 **原材料** 1403

2020年 月	日	凭证编号	摘要	借方	贷方	借或贷	余额	核对号
3	1		期初余额			借	69750000	
	15	科汇1	1-15日发生额	7200000	18300000	借	58650000	
	31	科汇2	16-31日发生额		1070000	借	57580000	
3	31		本月合计	7200000	19370000	借	57580000	

图 8-23 “原材料”总账

总　　账

总页码	30
本户页次	33

会计科目名称及编号　**管理费用 6602**

2020年 月	日	凭证编号	摘要	借方（十亿千百十万千百十元角分）	贷方（十亿千百十万千百十元角分）	借或贷	余额（百十亿千百十万千百十元角分）	核对号
3	15	科汇1	1-15日发生额	50000				
	31	科汇2	16-31日发生额	2881000	2931000			
3	31		本月合计	2931000	2931000	平	0	

图 8-24　“管理费用”总账

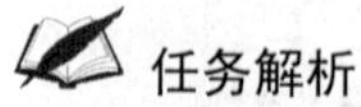
任务解析

科目汇总表是根据一定时期内的全部记账凭证，按照相同的会计科目归类，汇总每一总账科目本期借方发生额和本期贷方发生额所编制的汇总表，并根据该表登记总分类账。科目汇总表财务处理程序相比记账凭证账务处理程序，登记总账的工作量小很多，而且相比汇总记账凭证账务处理程序，编制科目汇总表也更简便，不易出错，还有进行发生额试算平衡的作用，能更好地保证登记总账的正确性，所以它在实际工作中的应用非常广泛。经过比较和分析，广州迪奥公司的财务部决定选用科目汇总表账务处理程序进行会计核算的工作。

巩固与训练

一、单选题

1. 在科目汇总表账务处理程序中，会计报表是根据（　　）资料编制的。

   A. 日记账、总分类账和明细分类账　　B. 日记账和明细分类账

   C. 明细分类账和总分类账　　D. 日记账和总分类账

2. 下列选项中，不符合科目汇总表账户处理程序的特点的是（　　）。

   A. 能够减少登记总账的工作量

   B. 不能反映账户间的对应关系

   C. 简单易懂，方便易学

   D. 适应于规模小、业务量少、凭证不多的单位

3. 下列属于科目汇总表账务处理程序的优点的是（　　）。

   A. 便于反映各账户的对应关系　　B. 便于检查核对账目

   C. 便于进行试算平衡　　D. 便于进行分工核算

4. 与记账凭证账务处理程序相比，科目汇总表账务处理程序主要增设的步骤是（　　）。

   A. 根据原始凭证、汇总原始凭证和记账凭证，登记各种明细分类账

   B. 根据原始凭证编制汇总原始凭证

   C. 根据各种记账凭证编制科目汇总表

   D. 根据原始凭证编制原始凭证汇总表

5．下列各项中，属于科目汇总表账务处理程序的缺点的是（　　）。

A．反映不出账户的对应关系　　B．不能进行试算平衡

C．不利于会计核算分工　　D．会计科目数量受限制

二、多选题

1．科目汇总表账务处理程序的基本步骤包括（　　）。

A．根据原始凭证编制记账凭证　　B．根据记账凭证编制汇总记账凭证

C．根据记账凭证或原始凭证登记明细账　　D．根据科目汇总表定期登记总账

2．在科目汇总表账务处理程序下，不能作为登记总账直接依据的是（　　）。

A．原始凭证　　B．汇总记账凭证　　C．科目汇总表　　D．记账凭证

3．在科目汇总表账务处理程序下，月末应将（　　）与总分类账进行核对。

A．库存现金日记账　　B．银行存款日记账

C．明细分类账　　D．备查账

4．科目汇总表账务处理程序的主要特点是（　　）。

A．定期编制科目汇总表　　B．根据科目汇总表登记总账

C．直接根据记账凭证登记总账　　D．直接根据记账凭证登记明细账

5．下列表述中，符合科目汇总表账务处理程序的特点的是（　　）。

A．大大减少了登记总账的工作量

B．总账上不能反映经济业务的来龙去脉，不便于查账

C．对应关系明确、简单明了、手续简便、容易掌握

D．适用于规模较小、业务量较少、记账凭证不多的单位

三、判断题

1．采用科目汇总表账务处理程序，总账、明细账和日记账都应根据科目汇总表登记。（　　）

2．科目汇总表账务处理程序的缺点主要是编制科目汇总表比较麻烦。（　　）

3．企业不论采用哪种账务处理程序，都必须设置日记账、总分类账和明细分类账。（　　）

4. 科目汇总表账务处理程序和汇总记账凭证账务处理程序的主要相同点在于记账凭证都需要汇总并且记账步骤相同。（　　）

5．在各种账务处理程序下，其登记库存现金日记账的直接依据都是相同的。（　　）

参考文献

程淮中，李群，2019．基础会计与实务[M]．北京：人民邮电出版社．

李海波，蒋瑛，2017．新编会计学原理：基础会计[M]．上海：立信会计出版社．

李文静，2018．基础会计[M]．北京：人民邮电出版社．

王艳霞，靳鑫，2015．会计基础[M]．西安：西安交通大学出版社．

赵红英，孙金平，2015．会计基础与实务[M]．北京：经济科学出版社．

赵丽生，常洁，高慧芸，2019．基础会计[M]．6版．大连：东北财经大学出版社．

附　录

附录1　案 例 背 景

本书中涉及的案例背景见二维码资源：附录1　案例背景。

附录1　案例背景

附录2　广州迪奥公司2020年3月全部业务及分录

本书中案例企业——广州迪奥公司涉及2020年3月的业务及分录见二维码资源：附录2　广州迪奥公司2020年3月全部业务及分录。

附录2　广州迪奥公司2020年3月全部业务及分录